RUDOLF STEINER GESAMTAUSGABE

VORTRÄGE

VORTRÄGE VOR MITGLIEDERN
DER ANTHROPOSOPHISCHEN GESELLSCHAFT

RUDOLF STEINER

Die Offenbarungen des Karma

Ein Zyklus von elf Vorträgen
gehalten in Hamburg
zwischen dem 16. und 28. Mai 1910

1992

RUDOLF STEINER VERLAG
DORNACH/SCHWEIZ

Nach vom Vortragenden nicht durchgesehenen Nachschriften
herausgegeben von der Rudolf Steiner-Nachlaßverwaltung
Die Herausgabe besorgte Robert Friedenthal

1. Auflage (Großes Format) Berlin (1911) (Zyklus XII)
2. (1. buchförmige) Auflage Dornach 1932
3. Auflage Dornach 1944
4. Auflage Dornach 1949
5. Auflage, durchgesehen und mit den vorhandenen Unterlagen verglichen, Gesamtausgabe Dornach 1956
6. Auflage, durchgesehen, im wesentlichen unverändert, Gesamtausgabe Dornach 1968
7. Auflage, Gesamtausgabe Dornach 1975
8. Auflage, Gesamtausgabe Dornach 1992

Bibliographie-Nr. 120
Einbandgestaltung von Assja Turgenieff

Printed in Germany by Konkordia Druck GmbH, 7580 Bühl
ISBN 3-7274-1200-3

Zu den Veröffentlichungen aus dem Vortragswerk von Rudolf Steiner

Die Grundlage der anthroposophisch orientierten Geisteswissenschaft bilden die von Rudolf Steiner (1861–1925) geschriebenen und veröffentlichten Werke. Daneben hielt er in den Jahren 1900 bis 1924 zahlreiche Vorträge und Kurse, sowohl öffentlich wie auch für die Mitglieder der Theosophischen, später Anthroposophischen Gesellschaft. Er selbst wollte ursprünglich, daß seine durchwegs frei gehaltenen Vorträge nicht schriftlich festgehalten würden, da sie als «mündliche, nicht zum Druck bestimmte Mitteilungen» gedacht waren. Nachdem aber zunehmend unvollständige und fehlerhafte Hörernachschriften angefertigt und verbreitet wurden, sah er sich veranlaßt, das Nachschreiben zu regeln. Mit dieser Aufgabe betraute er Marie Steiner-von Sivers. Ihr oblag die Bestimmung der Stenographierenden, die Verwaltung der Nachschriften und die für die Herausgabe notwendige Durchsicht der Texte. Da Rudolf Steiner aus Zeitmangel nur in ganz wenigen Fällen die Nachschriften selbst korrigieren konnte, muß gegenüber allen Vortragsveröffentlichungen sein Vorbehalt berücksichtigt werden: «Es wird eben nur hingenommen werden müssen, daß in den von mir nicht nachgesehenen Vorlagen sich Fehlerhaftes findet.»

Über das Verhältnis der Mitgliedervorträge, welche zunächst nur als interne Manuskriptdrucke zugänglich waren, zu seinen öffentlichen Schriften äußert sich Rudolf Steiner in seiner Selbstbiographie «Mein Lebensgang» (35. Kapitel). Der entsprechende Wortlaut ist am Schluß dieses Bandes wiedergegeben. Das dort Gesagte gilt gleichermaßen auch für die Kurse zu einzelnen Fachgebieten, welche sich an einen begrenzten, mit den Grundlagen der Geisteswissenschaft vertrauten Teilnehmerkreis richteten.

Nach dem Tode von Marie Steiner (1867–1948) wurde gemäß ihren Richtlinien mit der Herausgabe einer Rudolf Steiner Gesamtausgabe begonnen. Der vorliegende Band bildet einen Bestandteil dieser Gesamtausgabe. Soweit erforderlich, finden sich nähere Angaben zu den Textunterlagen am Beginn der Hinweise.

INHALT

Ausführliche Inhaltsangaben siehe Seite 234 ff.

ERSTER VORTRAG

Hamburg, 16. Mai 1910

Dieser Zyklus von Vorträgen soll Fragen behandeln aus dem Gebiete der Geisteswissenschaft, die tief in das Leben einschneidend sind. Aus den verschiedenen Darstellungen, die im Laufe der Zeit gegeben worden sind, ist es uns ja geläufig, daß Geisteswissenschaft nicht eine abstrakte Theorie sein soll, nicht eine bloße Doktrin oder Lehre, sondern ein Quell für Leben und Lebenstüchtigkeit, und sie erfüllt erst dann ihre Aufgabe, wenn durch das, was sie an Erkenntnissen zu geben vermag, etwas hineinfließt in unsere Seelen, was das Leben reicher, verständlicher, was unsere Seelen tüchtiger und tatkräftiger machen kann. Wenn sich nun allerdings derjenige, der sich zu dieser unserer Weltanschauung bekennt, jenes Ideal, das eben mit ein paar Worten gekennzeichnet worden ist, vorhält und in der Gegenwart dann ein wenig Umschau hält, inwiefern er imstande ist, das, was ihm aus der Theosophie erfließt, in diesem Leben umzusetzen, dann könnte er vielleicht zu einem recht wenig erfreulichen Eindruck kommen. Denn wenn man unbefangen alles betrachtet, was heute die Welt meint zu «wissen», was in unserer Gegenwart die Menschen zu diesen oder jenen Gefühlen oder Handlungen treibt, so könnte man sagen, daß dies alles von den theosophischen Ideen und Idealen so unendlich weit verschieden ist, daß der Theosoph gar keine Möglichkeit habe, unmittelbar in das Leben einzugreifen mit dem, was er aus den Quellen der Geisteswissenschaft heraus sich aneignet. – Das wäre aber dennoch eine recht oberflächliche Betrachtung der Sachlage, oberflächlich aus dem Grunde, weil bei einer solchen Betrachtung nicht gerechnet würde mit dem, was wir aus unserer Weltanschauung selber dadurch entnehmen müssen, daß wir uns sagen: Wenn einmal wirklich jene Kräfte, die wir durch Theosophie aufnehmen, stark genug sein werden, dann werden sie auch die Möglichkeit finden, in die Welt einzugreifen; wenn aber niemals etwas dazu getan würde, diese Kräfte immer stärker und stärker zu machen, so würde eben ihr Eingreifen in die Welt unmöglich sein.

Aber es ist noch etwas anderes, was uns sozusagen Trost geben kann, selbst wenn wir durch eine solche Betrachtung trostlos werden möchten, und das ist es gerade, was uns aus den Betrachtungen dieses Vortragszyklus folgen soll: Betrachtungen über das, was man menschliches Karma und Karma überhaupt nennt. Denn wir werden mit jeder Stunde, die wir hier verbringen, mehr sehen, wie wir gar nicht genug tun können an der Herbeiführung der Möglichkeit, mit theosophischen Kräften in das Leben einzugreifen, und wie wir, wenn wir ernsthaft an Karma glauben und festhalten, voraussetzen müssen, daß uns Karma selber dasjenige zuwerfen wird, was wir über kurz oder lang zu tun haben werden für unsere Kräfte. Wir werden sehen: Wenn wir vermeinen, wir könnten die aus unserer Weltanschauung gewonnenen Kräfte noch nicht anwenden, dann haben wir eben diese Kräfte noch nicht genügend stark gemacht, damit sie bewirken können, daß Karma es uns auch ermögliche, in die Welt mit diesen Kräften einzugreifen. So soll nicht nur eine Summe von Erkenntnissen über Karma in diesen Vorträgen leben, sondern es soll mit jeder Stunde mehr das Vertrauen in Karma geweckt werden, die Gewißheit, daß, wenn die Zeit gekommen sein wird, ob es nun morgen oder übermorgen oder nach vielen Jahren sein wird, unser Karma uns Aufgaben bringen wird, insofern wir als Bekenner unserer Weltanschauung Aufgaben zu verrichten haben. Karma wird sich uns darstellen als eine Lehre, welche uns nicht nur sagt, wie dieses oder jenes in der Welt sich verhält, sondern welche mit den Aufschlüssen, die sie uns bringt, zu gleicher Zeit uns Lebensbefriedigung und Lebenserhöhung bringen kann.

Allerdings, wenn Karma eine solche Aufgabe erfüllen soll, ist es schon notwendig, daß wir das damit gemeinte Gesetz etwas tiefer ins Auge fassen, sozusagen in seiner Ausbreitung über die Welt. Dazu ist aber diesmal etwas notwendig, was sonst nicht eigentlich in meinem Gebrauche liegt bei geisteswissenschaftlichen Betrachtungen, nämlich eine Definition, eine Worterklärung zu geben. Ich pflege das sonst nicht zu tun, weil mit solchen Worterklärungen in der Regel nicht viel getan ist. Bei unseren Betrachtungen wird in der Regel begonnen mit der Darstellung von Tatsachen, und wenn diese Tatsachen in der entsprechenden Weise gruppiert und geordnet sind, ergeben sich die Begriffe und Vorstellungen von selbst. Wollten wir nun allerdings für die umfassenden

Fragen, die wir in den nächsten Tagen zu besprechen haben, einen ähnlichen Gang einschlagen, so müßten wir viel mehr Zeit zur Verfügung haben, als uns geboten ist. Deshalb ist es diesmal zur Verständigung notwendig, daß wir, wenn auch nicht eine Definition, so doch eine Art Beschreibung des Begriffes geben, der uns längere Zeit beschäftigen wird. Definitionen haben ja auch nur den Zweck, sich darüber zu verständigen, was man meint, wenn man dieses oder jenes Wort anschlägt oder ausspricht. In diesem Stile soll eine Beschreibung des Begriffes «Karma» gegeben werden, damit wir wissen, wovon wir sprechen, wenn in diesen Vorträgen der Ausdruck «Karma» gebraucht wird.

Aus mancherlei Betrachtungen hat wohl ein jeder von uns sich schon einen Begriff gebildet von dem, was Karma ist. Ein recht abstrakter Begriff von Karma ist wohl der, wenn man Karma das «geistige Ursachengesetz» nennt, das Gesetz, wonach auf gewisse Ursachen, die im geistigen Leben liegen, gewisse Wirkungen folgen. Das ist aber ein zu abstrakter Begriff von Karma, weil er zum Teil zu eng, zum Teil aber auch viel zu weit sein würde. Wenn wir Karma überhaupt auffassen wollen als ein Ursachengesetz, so stellen wir es zusammen mit dem, was wir sonst in der Welt als das Gesetz der Kausalität, als das Gesetz von Ursache und Wirkung bezeichnen. Verständigen wir uns einmal darüber, was wir sonst unter dem Ursachengesetz auf dem allgemeinen Gebiete verstehen, wo wir noch nicht von geistigen Tatsachen und geistigen Ereignissen sprechen.

Es wird heute so oft von der äußeren Wissenschaft betont, daß die eigentliche Bedeutung dieser Wissenschaft darinnen liege, daß sie baue auf das umfassende Ursachengesetz, daß sie überall Wirkungen auf entsprechende Ursachen zurückführe. Wie dieses Zurückführen von Wirkungen auf Ursachen geschieht, darüber sind sich allerdings die Menschen schon viel weniger klar. Denn Sie werden wohl auch heute noch in Büchern, die da glauben, recht gelehrt zu sein und recht philosophisch die Begriffe klarzulegen, immer noch Aussprüche finden können wie etwa den: Eine Wirkung ist dasjenige, was aus einer Ursache folgt. – Wenn man aber sagt, daß eine Wirkung aus einer Ursache folge, dann redet man an den Tatsachen ganz gewaltig vorbei. Denn wenn wir zum Beispiel den erwärmenden Sonnenstrahl betrachten, der auf eine Metallplatte auffällt, so daß diese Metallplatte dadurch wärmer geworden ist, dann werden wir von Ursache und Wirkung in der Welt draußen reden. Aber werden wir jemals sagen können, daß die Wirkung – die Erwärmung der Metallplatte – aus der Ursache des warmen Sonnenstrahles folge? Wenn der warme Sonnenstrahl diese Wirkung schon in sich hätte, so würde es die Tatsache nicht geben, da der warme Sonnenstrahl eine Metallplatte gar nicht erwärmt, wenn sie ihm nicht entgegenkommt. Damit in der Welt der Erscheinungen, in der leblosen Welt, die wir zunächst um uns herum haben, eine Wirkung auf eine Ursache folge, ist stets notwendig, daß dieser Ursache etwas entgegenkommt. Und ohne daß etwas der Ursache entgegenkommt, ist niemals von dem Folgen einer Wirkung auf eine Ursache zu sprechen. – Es ist nicht überflüssig, daß wir eine solche scheinbar recht philosophisch und abstrakt klingende Bemerkung vorausschicken; denn man muß sich schon einmal angewöhnen, wenn man fruchtbar vorwärtskommen will auf theosophischem Gebiete, die Begriffe recht genau zu fassen und nicht so nachlässig, wie sie zuweilen in den andern Wissenschaften gefaßt werden.

Nun aber dürfte niemand von Karma sprechen, wenn bloß in einer solchen Weise eine Wirkung eintreten würde, wie sie vorhanden ist, wenn der wärmende Sonnenstrahl eine Metallplatte erwärmt. Da ist zwar die Kausalität vorhanden, der Zusammenhang von Ursache und Wirkung, aber wir würden niemals zu einem gehörigen Begriff von Karma kommen, wenn wir nur auf diesem Gebiete von Karma sprechen würden. Wir können also nicht von Karma sprechen, wenn bloß eine Wirkung mit einer Ursache in Zusammenhang steht.

Wir können nun weitergehen und uns einen etwas höheren Begriff von dem Zusammenhang zwischen Ursache und Wirkung bilden. Wenn wir zum Beispiel einen Bogen haben, ihn spannen und dann mit diesem Bogen einen Pfeil abschießen, dann ist durch das Spannen des Bogens eine Wirkung eingetreten. Diese Wirkung des abgeschossenen Pfeiles im Zusammenhang mit seiner Ursache werden wir ebensowenig mit dem Ausdruck «Karma» belegen dürfen wie das, was eben gesagt worden ist. Wenn wir aber bei diesem Vorgang etwas anderes betrachten, kommen wir in gewisser Weise schon dem Karma nahe, wenn wir auch dabei noch immer nicht den Karmabegriff fassen: wenn wir nämlich bedenken, daß der Bogen, wenn er recht oft gespannt wird, mit der Zeit schlaff wird. Da wird durch das, was der Bogen tut, was mit ihm geschieht, nicht bloß eine Wirkung folgen, die sich nach außen hin zeigt, sondern es wird eine Wirkung folgen, die auf den Bogen selber zurückgeht. Es geschieht durch das fortwährende Spannen des Bogens etwas mit dem Bogen selbst. Etwas, das durch das Spannen geschieht, fällt also sozusagen wieder auf den Bogen selbst zurück. Eine Wirkung wird also erzielt, welche auf den Gegenstand zurückfällt, von dem diese Wirkung selbst veranlaßt worden ist.

Das gehört nun schon in den Karmabegriff hinein. Ohne daß eine Wirkung erzeugt wird, die wieder zurückfällt auf das Ding oder die Wesenheit, welche diese Wirkung hervorbringt, ohne diese Eigentümlichkeit des Zurückwirkens der Wirkung auf das verursachende Wesen ist der Karmabegriff nicht zu denken. Da kommen wir also dem Karmabegriff schon insofern etwas näher, als uns klar wird, daß die von einem Ding oder Wesen verursachte Wirkung wieder zurückschlagen muß auf dieses Ding oder Wesen selber. Aber dennoch dürfen wir das Schlaffwerden des Bogens durch das fortwährende Spannen nicht das Karma des Bogens nennen, und zwar aus folgendem Grunde nicht: Wenn wir den Bogen etwa drei bis vier Wochen recht oft gespannt haben, und er ist nach vier Wochen schlaff geworden, dann haben wir in dem schlaffen Bogen eigentlich etwas ganz anderes vor uns, als vor vier Wochen in dem straffen Bogen; der Bogen ist etwas anderes geworden, er ist nicht dasselbe geblieben. Wenn also die zurückschlagende Wirkung so ist, daß sie durchaus etwas anderes aus dem Ding oder Wesen macht, dann dürfen wir doch noch nicht von einem Karma sprechen. Wir dürfen erst von einem Karma sprechen, wenn die Wirkung, die auf das Wesen zurückschlägt, beim Zurückschlagen auf dasselbe Wesen trifft, oder wenn das Wesen wenigstens in einem gewissen Sinne dasselbe geblieben ist.

So also sind wir dem Karmabegriff wieder um ein Stück nähergekommen. Aber wir bekommen, wenn wir den Karmabegriff so beschreiben wollen, im Grunde genommen von ihm doch nur eine recht abstrakte Vorstellung. Dennoch werden wir diesen Begriff, wenn wir ihn abstrakt fassen wollen, kaum genauer fassen können, als wenn wir ihn in der Weise ausdrücken, wie wir es eben jetzt getan haben. Nur das eine müssen wir zum Karmabegriff noch hinzufügen: Wenn die Wirkung, die auf das Wesen zurückschlägt, in demselben Zeitpunkte erfolgt, wenn also Verursachung und zurückschlagende Wirkung in demselben Zeitpunkte stattfinden, dann werden wir kaum von Karma sprechen können. Denn in diesem Falle würde das Wesen, von dem die Wirkung ausgeht, im Grunde genommen die Wirkung unmittelbar hervorbringen wollen, würde also diese Wirkung voraussetzen, würde durchschauen alle Elemente, die zu dieser Wirkung führen. Wenn das der Fall ist, sprechen wir doch nicht von Karma. So zum Beispiel werden wir nicht von Karma sprechen, wenn wir einen Menschen vor uns haben, der eine bestimmte Tat vollbringt, mit der er dieses oder jenes beabsichtigt, und wenn dann – gemäß seiner Absicht – diese oder jene Wirkung, die er eben gewollt hat, eintritt. Das heißt, es muß zwischen der Ursache und der Wirkung etwas liegen, was sich dem Wesen bei der Herbeiführung der Ursache unmittelbar entzieht, so daß der Zusammenhang von Ursache und Wirkung zwar vorhanden ist, aber nicht eigentlich von dem Wesen selber beabsichtigt ist. Wenn dieser Zusammenhang von dem Wesen, das verursacht, nicht beabsichtigt ist, dann muß der Grund, warum ein Zusammenhang besteht zwischen Ursache und Wirkung, woanders liegen als in den Absichten des betreffenden Wesens. Das heißt, es muß dieser Grund liegen in einer bestimmten Gesetzmäßigkeit. Das gehört also noch zum Karma dazu, daß der Zusammenhang zwischen Ursache und Wirkung ein gesetzmäßiger ist, der hinübergeht über das, was das Wesen unmittelbar beabsichtigt.

So hätten wir einige Elemente zusammengetragen, welche uns den Karmabegriff erläutern können. Aber wir müssen alle diese Elemente in dem Karmabegriff darinnen haben und nicht bei einer abstrakten Definition stehenbleiben. Denn sonst werden wir nicht die Offenbarungen des Karma auf den verschiedenen Gebieten der Welt begreifen können. Diese Offenbarungen des Karma werden wir nun zuerst dort aufzusuchen haben, wo uns Karma zunächst entgegentritt: im einzelnen Menschenleben.

Können wir im einzelnen Menschenleben so etwas finden und wann können wir es finden, was wir jetzt eben durch unsere Erläuterung des Karmabegriffes dargestellt haben?

Wir würden so etwas finden, wenn zum Beispiel ein Erlebnis in unser Leben hineinträte, bei dem wir uns sagen könnten: Dieses Erlebnis, das da für uns auftritt, steht in einem gewissen Zusammenhange mit einem früheren Erlebnis, an dem wir selber beteiligt sind, zu dem wir selber Veranlassung gegeben haben. Versuchen wir einmal – zunächst rein durch Beobachtung des Lebens – festzustellen, ob es so etwas gibt. Wir wollen uns jetzt also rein auf den Standpunkt der äußeren Beobachtung stellen. Wer solche Beobachtungen nicht anstellt, kann auch nie zum Erkennen eines gesetzmäßigen Zusammenhanges im Leben kommen; er kann es ebensowenig, wie derjenige das Gesetz des elastischen Stoßes an zwei Billardkugeln kennenlernen kann, der diesen Stoß nicht beobachten wird. Beobachtung des Lebens kann uns in der Tat zu der Anschauung eines gesetzmäßigen Zusammenhanges führen. Greifen wir dazu gleich einen bestimmten Zusammenhang heraus.

Sagen wir, ein junger Mensch wäre im achtzehnten Jahre seines Lebens aus dem Berufe, der ihm bis dahin vorgezeichnet zu sein schien, durch irgendein Ereignis herausgeworfen worden. Nehmen wir an, dieser Mensch hätte bis dahin ein Studium betrieben, hätte sich durch das Studium vorbereitet zu einem Berufe, wie er aus solchem Studium hervorgehen kann, und nun wäre er, zum Beispiel durch einen Unglücksfall seiner Eltern, daraus herausgeworfen worden und mit achtzehn Jahren in den Kaufmannsberuf hineingetrieben worden. Wer solche Fälle unbefangen im Leben beobachtet – mit einem solchen Blick, wie man in der Physik die Erscheinung des Stoßes elastischer Kugeln betrachtet –, der wird dann zum Beispiel finden, daß die Erlebnisse des Kaufmannsberufes, in den der junge Mensch hineingetrieben worden ist, zunächst anregend wirken, daß er darin seine Pflichten ausführt, etwas lernt, vielleicht auch etwas ganz Tüchtiges wird. Aber man kann auch beobachten, daß nach einiger Zeit etwas ganz anderes auch eintritt: ein gewisser Überdruß, eine gewisse Unzufriedenheit. Nicht gleich wird eine solche Unzufriedenheit eintreten. Wenn mit achtzehn Jahren sich der Berufswechsel vollzogen hat, werden vielleicht die nächsten Jahre ruhig vorübergehen. Aber vielleicht um das dreiundzwanzigste

Jahr herum wird es deutlich werden, daß sich etwas in der Seele festsetzt, was sich wie etwas Unerklärliches zeigt. Wenn man dann weiter nachforscht, kann man häufig bemerken, wenn der Fall klarliegt, daß der Überdruß fünf Jahre nach dem Berufswechsel seine Erklärung findet durch das dreizehnte oder vierzehnte Jahr. Denn die Ursachen für eine solche Erscheinung werden wir sehr häufig zu suchen haben ungefähr eine ebensolche Zeitspanne vor dem Berufswechsel, wie nach demselben ein Ereignis eingetreten ist, wie wir es eben beschrieben haben. Da kann der betreffende Mensch in seinem dreizehnten Jahre während seiner Lernzeit – also fünf Jahre vor seinem Berufswechsel – etwas in seine Gefühlswelt aufgenommen haben, was ihm eine gewisse innere Beseligung gewährte. Nehmen wir an, der Berufswechsel wäre nicht eingetreten; dann würde das, woran sich der junge Mensch im dreizehnten Jahre gewöhnt hatte, im späteren Leben sich ausgelebt und diese oder jene Frucht getragen haben. Nun kam aber der Berufswechsel, der zunächst den jungen Menschen interessiert hat, der seine Seele eingenommen hat. Was dadurch in sein Seelenleben gekommen ist, das hat zurückgedrängt, was früher darinnen war. Eine gewisse Zeit hindurch kann das zurückgedrängt werden, aber indem es zurückgedrängt wird, gewinnt es gerade im Inneren eine besondere Kraft; da sammelt es sozusagen Spannkraft im Inneren an. Da ist es ähnlich, wie wenn wir einen elastischen Ball zusammendrücken: Wir können ihn bis zu einer gewissen Grenze drücken, dann leistet er Widerstand; und wenn er zum Zurückschnellen veranlaßt wird, wird er mit einer um so größeren Kraft zurückschnellen, je mehr wir ihn vorher zusammengedrückt haben. Solche Erlebnisse, wie die eben angedeuteten, die ein junger Mensch aufgenommen hat im dreizehnten Jahre seines Lebens und welche sich dann bis zum Berufswechsel befestigt haben, können auch in gewisser Weise zurückgedrängt werden; dann aber macht sich nach einiger Zeit ein Widerstand in der Seele geltend. Und dann kann man sehen, wie dieser Widerstand stark genug geworden ist, um sich nun in seiner Wirkung zu zeigen. Weil der Seele das fehlt, was sie sonst haben würde, wenn der Berufswechsel nicht gekommen wäre, macht sich das Zurückgedrängte geltend und kommt jetzt so zum Vorschein, daß Unbefriedigung, Überdruß an dem, was die Umgebung bietet, eintritt.

Da also haben wir einen Fall, wo der betreffende Mensch etwas erlebt hat, etwas getan hat in seinem dreizehnten bis vierzehnten Lebensjahre, und wo er später etwas anderes getan hat, nämlich den Berufswechsel vollzogen hat, und wir sehen, wie diese Ursachen so sich ausleben, daß sie in ihrer Wirkung später zurückfallen, zurückschlagen auf dasselbe Wesen. In einem solchen Falle würden wir den Karmabegriff zunächst auf das Einzelleben des Menschen anwenden müssen. – Man sollte aber nun nicht dagegen einwenden: Wir haben aber Fälle kennengelernt, wo sich so etwas ganz und gar nicht zeigte! – Das kann sein. Aber es wird auch keinem Physiker einfallen, wenn er die Gesetze des fallenden Steines untersuchen will, der mit dieser oder jener Geschwindigkeit fällt, daß er sich sagen müßte, das Gesetz wäre nicht richtig, wenn der Stein etwa durch einen Schlag aus seiner Richtung geschleudert würde. Man muß lernen, in der richtigen Weise zu beobachten, und diejenigen Erscheinungen ausschließen, welche nicht zur Bildung des Gesetzes gehören. Gewiß würde ein solcher Mensch, der, wenn nichts anderes eintreten würde, mit dreiundzwanzig Jahren die Eindrücke seines dreizehnten Jahres in ihrer Wirkung als Überdruß empfindet, zu diesem Überdruß nicht kommen, wenn er zum Beispiel in der Zwischenzeit geheiratet hätte. Aber da hätten wir es mit etwas zu tun, was für die Feststellung des Grundgesetzes ohne Einfluß ist. Darauf aber kommt es an, daß wir die richtigen Faktoren finden, die uns auf ein Gesetz führen können. Beobachtung an sich ist noch gar nichts; erst geregelte Beobachtung bringt uns zur Erkenntnis des Gesetzes. Nun handelt es sich aber auch darum, solche geregelte Beobachtungen, wenn wir das Gesetz des Karma studieren wollen, in der rechten Weise anzustellen.

Nehmen wir an, um für einen einzelnen Menschen das Karma zu erkennen, jemanden träfe im fünfundzwanzigsten Lebensjahre ein schwerer Schicksalsschlag, der ihm Schmerz und Leid verursacht. Wenn wir nun einfach unsere Beobachtungen so anstellen, daß wir sagen, dieser schwere Schicksalsschlag ist eben in das Leben hereingebrochen und hat es mit Schmerz und Leid erfüllt, wenn wir also bei der bloßen Beobachtung stehenbleiben, werden wir nie zum Erkennen des karmischen Zusammenhanges kommen. Wenn wir aber weiterschreiten und das

Leben eines solchen Menschen, der im fünfundzwanzigsten Jahre einen derartigen Schicksalsschlag erlebt hat, in seinem fünfzigsten Jahre betrachten, dann werden wir vielleicht zu einer Anschauung kommen, die wir etwa so ausdrücken können: Der Mensch, den wir da betrachten, ist ein Mensch geworden, fleißig und regsam, der tüchtig im Leben dasteht; jetzt schauen wir weiter zurück in sein Leben. Mit zwanzig Jahren – so finden wir dann – war er noch ein Taugenichts und hat überhaupt nichts tun wollen; mit fünfundzwanzig Jahren hat ihn dann der schwere Schicksalsschlag getroffen. Hätte ihn dieser Schlag nicht getroffen – so können wir jetzt sagen –, so wäre er ein Taugenichts geblieben. Also ist der schwere Schicksalsschlag die Ursache dazu gewesen, daß wir im fünfzigsten Jahre einen regsamen und tüchtigen Menschen vor uns haben.

Eine solche Tatsache lehrt uns, daß wir fehlgehen, wenn wir den Schicksalsschlag vom fünfundzwanzigsten Jahre als eine bloße Wirkung betrachten. Denn wenn wir fragen: Was hat er verursacht?, können wir nicht bei der bloßen Beobachtung stehenbleiben. Wenn wir aber einen solchen Schlag nicht als Wirkung betrachten und an das Ende der Erscheinungen stellen, die vorausgegangen sind, sondern wenn wir ihn an den Anfang der nachfolgenden Ereignisse stellen und ihn als Ursache betrachten, dann lernen wir erkennen, daß wir allerdings sogar unser Gefühlsurteil, unser Empfindungsurteil ganz wesentlich ändern können gegenüber diesem Schicksalsschlag. Wir werden vielleicht traurig sein, wenn wir ihn bloß als Wirkung betrachten, daß diesen Menschen dieser Schlag getroffen hat. Betrachten wir ihn dagegen als Ursache eines Späteren, dann können wir vielleicht froh sein und Freude darüber empfinden. Denn diesem Schicksalsschlag ist es zu verdanken – so können wir sagen –, daß der Betreffende ein ordentlicher Mensch geworden ist.

So sehen wir, daß es an unseren Empfindungen etwas Wesentliches ändern kann, je nachdem wir eine Tatsache des Lebens als Wirkung oder als Ursache betrachten. Es ist also nicht gleichgültig, ob wir irgend etwas, was im Leben den Menschen trifft, als bloße Wirkung oder als Ursache betrachten. Freilich, wenn wir in dem Zeitpunkt die Beobachtung anstellen, wo das schmerzliche Ereignis eingetreten ist, können wir noch nicht die unmittelbare Wirkung wahrnehmen. Wenn wir uns aber das Karmagesetz gebildet haben aus ähnlichen Beobachtungen, dann kann dieses Karmagesetz selber uns sagen: Jetzt ist vielleicht ein Ereignis schmerzlich, weil es uns bloß als Wirkung des Vorhergehenden entgegentritt; aber es kann auch so betrachtet werden, daß es als Ausgangspunkt für ein Folgendes angesehen wird. Dann können wir sagen: Wir ahnen, daß hier der Ausgangspunkt die Ursache ist von Wirkungen, welche die Sache in ein ganz anderes Licht stellen! So kann das Karmagesetz selber der Quell sein einer Tröstung. Die Tröstung wäre nicht da, wenn wir uns gewöhnten, ein Ereignis nur an das Ende und nicht an den Anfang einer Erscheinungsreihe zu setzen.

Es kommt also darauf an, daß wir lernen, das Leben geregelt zu beobachten und in entsprechender Weise die Dinge als Wirkung und Ursache zueinander zu stellen. Wenn wir solche Beobachtungen wirklich durchgreifend anstellen, werden uns im einzelnen Menschenleben Ergebnisse zutage treten, die mit einer gewissen Regelmäßigkeit für das einzelne Menschenleben ablaufen, und andere Ergebnisse werden zutage treten, die uns unregelmäßig in diesem Leben erscheinen. So kann der, welcher das Menschenleben beobachtet – und zwar nicht nur so weit, als gerade die Nase reicht –, merkwürdige Zusammenhänge in diesem Menschenleben finden. Nur werden die Erscheinungen des menschlichen Lebens leider heute nur über kurze Zeitspannen, kaum über einige Jahre, beobachtet; und was nach einer größeren Anzahl von Jahren eintritt, das ist man nicht gewohnt, mit dem in Zusammenhang zu bringen, was etwa früher als Ursache vorhanden sein konnte. Daher werden nur wenige Menschen sich heute finden, die Anfang und Ende des Menschenlebens in einen gewissen Zusammenhang bringen. Dennoch ist dieser Zusammenhang außerordentlich lehrreich.

Nehmen wir an, wir haben ein Kind in den ersten sieben Jahren seines Lebens so erzogen, daß also wir nicht das getan haben, was gewöhnlich geschieht, daß wir nicht von dem Glauben ausgegangen sind: Wenn einer ein ordentlicher Mensch im Leben werden soll, muß er so und so sein, muß unseren Anschauungen von einem ordentlichen Menschen unbedingt entsprechen. Denn in einem solchen Falle würden wir dem Kinde möglichst genau das alles eintrichtern wollen, was es eben in unserem Sinne zu einem ordentlichen Menschen machen sollte. Wenn wir aber von der Erkenntnis ausgehen, daß man ein ordentlicher Mensch auf vielerlei Arten sein kann und daß man noch gar keine Vorstellung zu haben braucht, auf welche Art der, der als Kind erst heranwächst, ein ordentlicher Mensch werden soll nach seiner individuellen Anlage, dann werden wir sagen: Was ich auch immer für Begriffe von einem ordentlichen Menschen habe, der Mensch, der aus diesem Kinde entstehen soll, muß dadurch entstehen, daß die besten Anlagen aus ihm herausgeholt werden – was ich vielleicht erst als Rätsel lösen muß! Und man wird sich daher sagen: Was kommt es darauf an, daß ich diesen oder jenen Geboten und dergleichen verpflichtet bin? Das Kind selbst muß ein Bedürfnis fühlen, dieses oder jenes zu tun! Wenn ich das Kind nach seinen individuellen Anlagen entwickeln will, werde ich versuchen, diejenigen Bedürfnisse, die in ihm veranlagt sind, zu entwickeln, herauszuholen, so daß vor allen Dingen ein Bedürfnis nach den Handlungen eintritt, das Kind also die Handlungen aus eigenem Bedürfnis tut. – Wir sehen daraus, daß es zwei ganz verschiedene Methoden gibt, auf ein Kind in den ersten sieben Jahren seines Lebens zu wirken.

Wenn wir nun das weitere Leben des Kindes beobachten, wird sich uns lange Zeit nicht zeigen, was die ausgesprochenste Wirkung dessen sein wird, was wir in den ersten Jahren auf diese Weise in das Kind hineingebracht haben. In der Lebensbeobachtung ergibt sich nämlich, daß die eigentlichen Wirkungen dessen, was als Ursachen in die kindliche Seele hineingelegt worden ist, am allerspätesten erst eintreten, das heißt am Lebensabend. Der Mensch kann einen in sich regen Geist bis an sein Lebensende dadurch haben, daß wir ihn als Kind in der Weise erzogen haben, wie es jetzt eben beschrieben worden ist: daß wir auf sein Seelenleben, auf alles, was lebendig in ihm sitzt, Rücksicht genommen haben. Wenn wir das herausgeholt und zur Entwickelung gebracht haben, was an inneren Kräften in ihm vorhanden ist, dann werden wir die Früchte am Lebensabend herauskommen sehen in Gestalt eines reichen Seelenlebens. Dagegen in einer verdorrten und verarmten Seele und demgemäß auch – weil, wie wir später sehen werden, eine verdorrte Seele auch auf den Leib wirkt – in den leiblichen Gebresten des Alters tritt das auf, was wir in der frühesten Kindheit an dem Menschen Unrichtiges getan haben. Da sehen wir etwas, was sich in gewisser Weise regulär, so daß es für jeden Menschen gültig ist, im Menschenleben als Zusammenhang von Ursache und Wirkung darstellt.

So könnten wir auch für die mittleren Lebensabschnitte solche Zusammenhänge finden, und wir werden darauf noch aufmerksam machen. – Wie wir einen Menschen vom siebenten bis vierzehnten Jahre behandeln, das tritt in seinen Wirkungen wieder im vorletzten Lebensabschnitt hervor. So sehen wir Ursache und Wirkung zyklisch, wie im Kreise, sich abspielen. Was an Ursachen am frühesten vorhanden war, das tritt als Wirkung am spätesten auf. Aber nicht nur solche Wirkungen und Ursachen sind im einzelnen Menschenleben vorhanden, sondern es geht neben dem zyklischen Verlauf ein geradliniger einher.

An unserem Beispiel, wie das dreizehnte Jahr in das dreiundzwanzigste hineinspielen kann, haben wir gesehen, wie Ursache und Wirkung im Menschenleben so zusammenhängen, daß dasjenige, was der Mensch in sich erlebt hat, Wirkungen nach sich zieht, die dann wieder auf dasselbe Menschenwesen zurückschlagen. So erfüllt sich Karma im einzelnen Menschenleben. Wir werden aber zu einer Erklärung des Menschenlebens nicht kommen, wenn wir Zusammenhänge zwischen Ursache und Wirkung nur in diesem einzelnen Menschenleben suchen. Wie der Gedanke, der jetzt angeschlagen ist, weiter zu begründen und auszuführen ist, darüber werden wir in den nächsten Stunden sprechen. Jetzt soll nur auf etwas hingedeutet werden, das ja bereits bekannt ist: daß die Geisteswissenschaft zeigt, wie dieses Menschenleben zwischen Geburt und Tod die Wiederholung ist früherer Menschenleben.

Wenn wir nun das Charakteristische aufsuchen für das Leben zwischen Geburt und Tod, so können wir als solches bezeichnen die Ausdehnung eines und desselben Bewußtseins – im wesentlichen wenigstens – für die ganze Zeit zwischen Geburt und Tod. Wenn Sie sich zurückerinnern an Ihre früheren Lebensabschnitte, so werden Sie sagen: Es gibt einen Zeitpunkt, der nicht mit meiner Geburt zusammenfällt, sondern etwas später liegt, wo meine Lebenserinnerungen beginnen. Das werden alle Menschen sagen, die nicht zu den Eingeweihten gehören; und sie werden dann davon sprechen, daß ihr Bewußtsein so weit nur reicht. Im Grunde genommen haben wir es in dem Zeitraum von der Geburt bis zum Tod in bezug auf den Beginn dieser Lebenserinnerungen mit etwas sehr Eigentümlichem zu tun, und wir werden auch darauf noch zurückkommen; das wird uns in bedeutsame Dinge hineinleuchten. Wenn wir das aber nicht berücksichtigen, können wir sagen: Charakteristisch für das Leben zwischen Geburt und Tod ist es, daß *ein* Bewußtsein sich ausdehnt für diese Zeit.

Wenn nun auch der Mensch im gewöhnlichen Leben, wenn ihn im späteren Lebensalter etwas trifft, die Ursachen dazu in früheren Lebensabschnitten nicht aufsucht, so könnte er es aber dennoch, wenn er nur auf alles aufmerksam genug wäre und alles erforschen würde. Er könnte es mit dem Bewußtsein, das ihm als Erinnerungsbewußtsein zur Verfügung steht. Und wenn er durch die Erinnerung versuchte, sich den Zusammenhang zwischen Früherem und Späterem im karmischen Sinne vor die Seele zu stellen, so würde er zu folgendem Ergebnis kommen.

Er würde zum Beispiel sagen: Ich sehe, daß gewisse Ereignisse, die bei mir eingetreten sind, nicht gekommen wären, wenn nicht das oder jenes in einem früheren Lebensabschnitt eingetreten wäre. – Er würde vielleicht sagen: Für das, was meine Erziehung an mir getan hat, muß ich jetzt büßen. – Aber wenn er auch nur den Zusammenhang einsieht zwischen dem, was nicht er gesündigt hat, sondern was an ihm gesündigt worden ist, und späteren Ereignissen, dann wird ihm schon das eine Hilfe sein. Er wird leichter Mittel und Wege finden, um Schäden, die an ihm begangen worden sind, auszugleichen. Die Erkenntnis eines solchen Zusammenhanges zwischen Ursachen und Wirkungen in unseren einzelnen Lebensabschnitten, die wir durch unser gewöhnliches Bewußtsein überschauen können, kann uns schon im höchsten Grade förderlich sein im Leben. Ja, wenn wir uns diese Erkenntnis erwerben, können wir vielleicht noch etwas anderes tun. – Wenn allerdings ein Mensch achtzig Jahre alt geworden ist und dann zurückschaut auf das, was man als Ursachen zu Ereignissen im achtzigsten Jahre in frühester Kindheit zu suchen hat, so wird es für ihn vielleicht recht schwierig sein, Gegenmittel zu finden, um auszugleichen, was an ihm getan worden ist, und wenn er sich dann belehren läßt, so wird das nicht mehr allzuviel helfen. Wenn er sich aber vorher belehren läßt und hinblickt auf die Sünden, die an ihm begangen sind, und, sagen wir, schon im vierzigsten Jahre dagegen Vorsorge trifft, dann hat er vielleicht doch noch Zeit, um gewisse Gegenmittel zu ergreifen.

Wir sehen also, daß wir uns nicht allein für das unmittelbar Nächstliegende des Lebenskarma belehren lassen sollen, sondern über Karma und den gesetzmäßigen Zusammenhang, den Karma bedeutet, überhaupt. Das kann uns förderlich sein für unser Leben. – Was tut denn aber ein Mensch, der im vierzigsten Jahre etwas unternimmt, damit die Schäden gewisser Sünden nicht eintreten, die zum Beispiel im zwölften Jahre an ihm begangen worden sind, oder die er selbst begangen hat? Er wird versuchen, was er gesündigt hat oder was an ihm getan worden ist, auszugleichen und alles zu tun, was der Wirkung, die eintreten müßte, vorbeugt. Er wird in gewisser Weise sogar die notwendige Wirkung, die ohne sein Zutun eintreten würde, durch eine andere ersetzen. Die Erkenntnis dessen, was es im zwölften Jahre gegeben hat, wird ihn selbst zu einer bestimmten Handlung im vierzigsten Jahre führen. Diese Handlung hätte er nicht getan, wenn er nicht erkannt hätte, daß es dieses oder jenes im zwölften Jahre gegeben hat. Was hat der Mensch also durch sein Zurückblicken auf sein früheres Leben getan? Er hat selber durch sein Bewußtsein folgen lassen auf eine Ursache eine bestimmte Wirkung. Er hat gewollt die Wirkung, welche er jetzt herbeigeführt hat. – Das zeigt uns, wie in die Linie der karmischen Folgen unser Wille eingreifen und etwas schaffen kann, was an Stelle von sonst eingetretenen karmischen Wirkungen steht. Nehmen wir einen solchen Zusammenhang, wo unser Bewußtsein ganz bewußt eine Verbindung zwischen Ursache und Wirkung im Lebenslauf herbeiführt, so werden wir uns sagen: Bei einem solchen Menschen ist Karma oder karmische Gesetzmäßigkeit ins Bewußtsein hineingetreten, er hat selbst in gewisser Weise die karmische Wirkung herbeigeführt.

Nehmen wir nun aber einmal an, wir legen einer ähnlichen Betrachtung dasjenige zugrunde, was wir über die wiederholten Erdenläufe eines Menschen wissen. Das Bewußtsein, von dem wir eben gesprochen haben, das sich ausdehnt mit der angedeuteten Ausnahme auf unser Leben zwischen Geburt und Tod, das entsteht dadurch, daß sich der Mensch des Instrumentes seines Gehirns bedienen kann. Wenn der

Mensch durch die Pforte des Todes schreitet, tritt ein andersgeartetes Bewußtsein auf, das unabhängig ist vom Gehirn und an wesentlich andere Bedingungen gebunden ist. Und wir wissen, daß für dieses Bewußtsein, das bis zur neuen Geburt dauert, eine Art Rückblick auftritt über alles, was der Mensch in dem Leben zwischen Geburt und Tod vollbracht hat. Im Leben zwischen Geburt und Tod muß sich der Mensch erst die Absicht bilden, zurückzublicken auf irgendwelche Sünden, die an ihm begangen worden sind, wenn er die Wirkung dieser Sünden wirklich karmisch in sein Leben einführen soll. Nach dem Tode schaut der Mensch im Zurückblicken auf sein Leben auf dasjenige, was er an Sünden oder überhaupt an Handlungen vollbracht hat. Da schaut er auch zugleich das, was diese Handlungen an seiner Seele oder aus seiner Seele gemacht haben. Da sieht der Mensch, wie er dadurch, daß er eine bestimmte Handlung getan hat, in seinem Werte gesunken oder gestiegen ist. Haben wir einem andern zum Beispiel irgendein Leid zugefügt, so ist unser Wert dadurch gesunken; wir sind sozusagen weniger wert geworden, sind unvollkommener geworden, indem wir dem andern das Leid zugefügt haben. Wenn wir nun nach dem Tode zurückblicken, sehen wir auf zahlreiche solche Fälle zurück, bei denen wir uns sagen: Wir sind dadurch unvollkommener geworden. Daraus aber folgt für das Bewußtsein nach dem Tode, daß in ihm die Kraft und der Wille entstehen, wenn es wieder Gelegenheit dazu hat, alles zu tun, um jenen Wert wieder zu erringen, welchen es verloren hat, das heißt der Wille, alles Leid auszugleichen, das es zugefügt hat. Der Mensch nimmt also zwischen Tod und neuer Geburt die Tendenz, die Absicht auf, was er Schlechtes getan hat, wieder auszugleichen, damit er überhaupt den Standpunkt der Vollkommenheit wieder erringen kann, den er als Mensch haben soll und der verhindert worden ist durch die entsprechende Tat.

Nun tritt der Mensch wieder ins Dasein. Sein Bewußtsein wird wieder ein anderes; er erinnert sich nicht zurück an die Zeit zwischen Tod und neuer Geburt und auch nicht daran, wie er die Absicht gefaßt hat, etwas auszugleichen. Aber diese Absicht sitzt in ihm. Und wenn er auch nicht weiß: Du mußt dies oder das tun, um das oder jenes auszugleichen! –, so wird er doch durch die Kraft, die in ihm sitzt, zu irgendeiner Handlung hingetrieben, die ein Ausgleich ist. Und jetzt können wir uns eine Vorstellung machen, was vor sich geht, wenn einen Menschen zum Beispiel im zwanzigsten Jahre etwas sehr Schmerzliches trifft. Mit seinem Bewußtsein, das er hat zwischen Geburt und Tod, wird er niedergedrückt sein durch seinen Schmerz. Würde er sich aber daran erinnern, was er in dem Leben zwischen Tod und neuer Geburt an Absichten aufgenommen hat, dann würde er auch die Kraft spüren, die ihn hingetrieben hat an die Stelle, wo er diesen Schmerz hat erleiden können, weil er gefühlt hat, daß er den Grad von Vollkommenheit, den er sich verscherzt hat und den er wiedererringen soll, nur dadurch wieder erreichen kann, daß er diesen Schmerz durchmacht. Wenn also auch das gewöhnliche Bewußtsein sagt: Der Schmerz ist da; du leidest darunter! – und nur den Schmerz in der Wirkung betrachtet, so könnte doch für das Bewußtsein, welches auch die Zeit zwischen Tod und neuer Geburt überblickt, gerade das Aufsuchen des Schmerzes oder irgendeines Unglückes in der Absicht liegen.

Das stellt sich uns tatsächlich dar, wenn wir von einem höheren Gesichtspunkt aus das Menschenleben betrachten. Da können wir sehen, daß im Menschenleben Schicksalsfälle eintreten, die sich nicht darstellen als Wirkungen von Ursachen des einzelnen Lebenslaufes, sondern die aus einem andern Bewußtsein heraus verursacht sind, nämlich aus einem solchen Bewußtsein, das jenseits der Geburt liegt und das unser Leben fortsetzt in frühere Zeiten, als diejenigen sind, die erst seit unserer Geburt abgelaufen sind. Wenn wir diesen Gedanken genau fassen, werden wir sagen: Wir haben zunächst ein Bewußtsein, das sich ausdehnt über die Zeit zwischen Geburt und Tod und welches wir das Bewußtsein der Einzelpersönlichkeit nennen wollen, und wir wollen als Einzelpersönlichkeit dasjenige bezeichnen, was zwischen Geburt und Tod verläuft. Sodann sehen wir, wie ein Bewußtsein wirken kann über Geburt und Tod hinaus, von dem der Mensch in seinem gewöhnlichen Bewußtsein nichts weiß, das aber gerade so wirken kann wie dieses gewöhnliche Bewußtsein. Wir haben deshalb zunächst geschildert, wie jemand selbst sein Karma übernimmt und im vierzigsten Jahre zum Beispiel etwas ausgleicht, damit ihn die Ursachen vom zwölften Jahre nicht treffen. Da nimmt er Karma in sein Einzelpersönlichkeitsbewußtsein hinein. Wenn dagegen der Mensch irgendwohin getrieben wird, wo er einen Schmerz erleiden kann, um etwas auszugleichen, um ein besserer Mensch zu werden, so kommt das auch aus dem Menschen; nur kommt es nicht aus dem Einzelpersönlichkeitsbewußtsein, sondern aus einem umfassenderen Bewußtsein, das mitumfaßt die Zeit zwischen Tod und neuer Geburt. Dasjenige Wesen im Menschen, welches von diesem Bewußtsein umfaßt wird, wollen wir die «Individualität» des Menschen nennen; und dieses Bewußtsein, das also fortwährend unterbrochen wird durch das Persönlichkeitsbewußtsein, wollen wir das «individuelle Bewußtsein» nennen, im Gegensatz zum Einzelpersönlichkeitsbewußtsein. So sehen wir Karma wirksam in bezug auf die Individualität des Menschen.

Nun würden wir das menschliche Leben aber trotzdem nicht verstehen, wenn wir nur die Reihe der Erscheinungen verfolgen würden, wie wir es bis jetzt getan haben, indem wir nur dasjenige ins Auge faßten, was im Menschen um des Menschen selber willen an Ursachen liegt und an Wirkungen aufgesucht wird. Wir brauchen uns nur einen einfachen Fall vor die Seele zu führen, der nur so dargestellt werden soll, daß er anschaulicher wirkt, und wir werden gleich sehen, daß wir das menschliche Leben nicht verstehen, wenn wir nur dasjenige in Betracht ziehen, was wir jetzt eben gesagt haben. – Nehmen wir einen Erfinder oder Entdecker, zum Beispiel *Kolumbus* oder den Entdecker der Dampfmaschine oder irgendeinen andern. In der Entdeckung liegt eine bestimmte Handlung, eine bestimmte Tat. Wenn wir diese Tat ins Auge fassen, so wie sie der Mensch getan hat, und dann die Ursache suchen, warum sie der Mensch getan hat, dann werden wir immer solche Ursachen finden, welche in der Richtung liegen, wie wir sie jetzt angegeben haben. Warum Kolumbus zum Beispiel nach Amerika fuhr, warum er gerade in einem bestimmten Zeitpunkt diese Absicht faßte, dazu werden wir die Ursachen finden in seinem individuellen und persönlichen Karma. Aber wir werden uns jetzt fragen können: Wird diese Ursache nur im persönlichen und individuellen Karma gesucht werden müssen? Und wird die Tat als Wirkung nur betrachtet werden müssen für die Individualität, die in Kolumbus wirksam war? – Daß Kolumbus Amerika entdeckt hat, hat eine bestimmte Wirkung für ihn gehabt. Er ist dadurch gestiegen, ist vollkommener geworden. Das wird sich zeigen in der Fortentwickelung seiner Individualität im folgenden Leben. Aber welche Wirkungen hat diese Tat noch für andere Menschen gehabt? Müßte sie nicht auch als Ursache betrachtet werden, die in unzählige Menschenleben eingegriffen hat?

Das ist aber noch eine ziemlich abstrakte Betrachtung einer solchen Sache, die wir viel tiefer erfassen können, wenn wir das Menschenleben über große Zeitspannen hin betrachten. Nehmen wir an, wir betrachten das Menschenleben, wie es sich abgespielt hat im ägyptisch-chaldäischen Zeitalter, das dem griechisch-lateinischen vorangegangen ist. Wenn wir dieses Zeitalter prüfen in bezug auf das, was es den Menschen gegeben hat und was die Menschen damals erfahren haben, dann zeigt sich uns etwas höchst Eigentümliches. Wenn wir diese Epoche vergleichen mit unserer eigenen, dann werden wir erkennen, daß dasjenige, was in unserem eigenen Zeitalter geschieht, zusammenhängt mit dem, was in der ägyptisch-chaldäischen Kulturperiode vor sich gegangen ist. Das griechisch-lateinische Zeitalter steht zwischen beiden darinnen. In unserer Zeit würden gewisse Dinge nicht geschehen, wenn nicht gewisse Dinge in der ägyptisch chaldäischen Kultur geschehen wären. Wenn die gegenwärtige Naturwissenschaft dieses oder jenes an Ergebnissen zustande gebracht hat, so rührt das allerdings auch von Kräften her, welche sich aus der Menschenseele entwickelt und entfaltet haben. Aber die Menschenseelen, die in unserer Zeit gewirkt haben, waren auch verkörpert im ägyptisch-chaldäischen Zeitalter und haben dort gewisse Erlebnisse aufgenommen, ohne welche sie das nicht verrichten könnten, was sie heute verrichten. Hätten nicht die Schüler der altägyptischen Tempelpriester die ägyptische Astrologie über die Zusammenhänge des Himmels aufgenommen, so hätten sie nicht auf ihre Art später eindringen können in die Weltengeheimnisse, und es wären in gewissen Seelen unserer Zeit nicht die Kräfte gewesen, welche die Menschheit jetzt in unserer Zeit hinausgeführt haben in die Himmelsräume. Wie kam zum Beispiel *Kepler* zu seinen Entdeckungen? Er kam dazu, weil eine Seele in ihm lebte, die im ägyptisch-chaldäischen Zeitraum die Kräfte zu jenen Entdeckungen aufgenommen hatte, welche sie im fünften Zeitraum dann machen konnte. Es erfüllt uns mit einer gewissen inneren Befriedigung, wenn in einzelnen Geistern gleichsam Erinnerungen auftauchen in der Art, daß die Keime zu dem, was sie jetzt tun, in der Vergangenheit gelegt worden sind. Einer der Geister, der Wichtiges geleistet hat in bezug auf die Erforschung der Himmelsgesetze, Kepler, sagt von sich selbst:

«Ja, ich bin es, ich habe die goldenen Gefäße der Ägypter geraubt, um meinem Gott aus ihnen ein Heiligtum zu errichten, fern von den Grenzen Ägyptens. Wenn ihr mir vergebt, werde ich mich freuen, wenn ihr zürnt, werde ich es tragen; – hier werf ich den Würfel und schreibe dies Buch für den heutigen wie den dereinstigen Leser – was liegt daran? Und wenn es auf seinen Leser hundert Jahre warten muß: Gott selbst hat sechs Jahrtausende dessen geharrt, der sein Werk erkennend erblickt.»

Das ist eine sporadisch auftauchende Erinnerung des Kepler an das, was er als Keim aufgenommen hat zu dem, was er in seinem persönlichen Dasein als Kepler vollbringen konnte. So könnten Hunderte von ähnlichen Beispielen angeführt werden. – Da sehen wir aber noch etwas anderes als bloß die Tatsache, daß bei Kepler etwas auftaucht, was die Wirkung ist von Erlebnissen eines früheren Erdenlebens. Wir sehen etwas auftauchen, was als die gesetzmäßige Wirkung erscheint für die ganze Menschheit von etwas, was wiederum bedeutsam war für die Menschheit in einer früheren Zeit. Wir sehen, wie der Mensch hingestellt wird an einen Ort, um für die ganze Menschheit etwas zu leisten. Wir sehen, daß nicht nur im individuellen Menschenleben, sondern daß in der ganzen Menschheit Zusammenhänge bestehen zwischen Ursachen und Wirkungen, die sich über weite Zeiträume hin erstrecken. Und wir können daraus entnehmen, daß sich das individuelle Karmagesetz kreuzen wird mit den Gesetzen, welche wir nennen können die karmischen Menschheitsgesetze. Manchmal ist dieses Kreuzen allerdings wenig durchsichtig. Denken Sie, was wäre aus unserer Astronomie geworden, wenn einstmals nicht das Fernrohr erfunden worden wäre, das in einer bestimmten Zeit erfunden worden ist. Verfolgen Sie unsere Astronomie zurück, und Sie werden sehen, daß unendlich vieles an der Erfindung des Fernrohres hängt. Nun ist es ja bekannt, daß das Fernrohr dadurch erfunden worden ist, daß in einer optischen Werkstatt einmal Kinder mit Linsen gespielt haben, wobei sie durch einen «Zufall», so könnte man sagen, optische Linsen so zusammengestellt haben, daß hernach jemand darauf gekommen ist: Dadurch könnte sich so etwas ergeben wie ein Fernrohr. – Denken Sie, wie tief Sie suchen müssen, um zu dem individuellen Karma der Kinder und dem Karma der Menschheit zu kommen, daß in einem bestimmten Zeitpunkt das Fernrohr erfunden worden ist! Versuchen Sie das zusammenzudenken, und Sie werden sehen, wie in merkwürdiger Art das Karma einzelner Individualitäten und das Karma der ganzen Menschheit sich kreuzen und ineinanderweben! Da werden Sie sich sagen: Man müßte sich die ganze Menschheitsentwickelung anders denken, wenn nicht zu einer bestimmten Zeit dies oder jenes eingetreten wäre.

Die Frage ist gewöhnlich ganz müßig: Was wäre mit dem Römischen Reiche geworden, wenn nicht die Griechen in einer bestimmten Zeit den persischen Angriff in den Perserkriegen zurückgeschlagen hätten? – Aber nicht müßig ist die Frage: Wodurch ist es gekommen, daß die Perserkriege gerade in dieser Weise verlaufen sind? – Wer dieser Frage nachgeht und eine Antwort sucht, der wird sehen, daß im Orient ganz bestimmte Errungenschaften nur dadurch zustande kamen, daß gewisse despotische Herrscher da waren, die nur für ihre Person etwas wollten und sich zu diesem Zwecke verbanden mit den Opferpriestern und so weiter. Die ganzen damaligen Staatseinrichtungen waren notwendig, damit im Orient etwas geschaffen werden konnte, aber diese Einrichtungen haben es mit sich gebracht, daß auch alle die Schäden eintraten, die dann eingetreten sind. Und damit hängt es zusammen, daß ein andersgeartetes Volk – die Griechen – im entsprechenden Moment den morgenländischen Angriff zurückschlagen konnte. Wenn wir das bedenken, werden wir fragen: Wie steht es mit dem Karma der Persönlichkeiten, die in Griechenland gewirkt haben, um den persischen Angriff zurückzuschlagen? – Da werden wir manches Persönliche finden im Karma der betreffenden Menschen; aber wir werden auch finden, daß das persönliche Karma mit dem Volks- und Menschheitskarma verknüpft ist, so daß es berechtigt ist zu sagen: Das ganze Menschheitskarma hat gerade diese bestimmten Persönlichkeiten an diesen Ort in diese Zeit gestellt! – Wir sehen da hineinspielen Menschheitskarma in das Einzelkarma. Und wir werden uns weiter fragen müssen, wie diese Dinge zusammenspielen. Aber wir können noch weitergehen und einen andern Zusammenhang betrachten.

Wir können zurückblicken im Sinne der Geisteswissenschaft auf eine Zeit unserer Erdenentwickelung, in der es auf unserer Erde noch kein Mineralreich gegeben hat. Unserer Erdenentwickelung gingen voran die Saturn-, die Sonnen- und die Mondentwickelung, wo es noch kein mineralisches Reich in unserem Sinne gegeben hat. Erst auf der Erde sind unsere heutigen Mineralien in ihren heutigen Formen entstanden. Dadurch aber, daß sich das Mineralreich ausgeschieden hat im Verlaufe der Erdentwickelung, ist es als ein besonderes Reich für alle Folgezeit da. Vorher haben sich Menschen, Tiere und Pflanzen so entwickelt, daß kein ihnen zugrunde liegendes Mineralreich vorhanden war. Damit die andern Reiche einen späteren Fortschritt erreichen konnten, mußten sie das Mineralreich ausscheiden. Aber nachdem sie es ausgeschieden haben, können sie sich nur so entwickeln, wie sie sich entwickeln auf einem Planeten, der eine feste mineralische Grundlage hat. Und nie wird etwas anderes entstehen als das, was unter der Voraussetzung geschah, daß die Bildung eines Mineralreiches zustande kam. Das Mineralreich ist da, und alle späteren Schicksale der andern Reiche hängen ab von der Entstehung des Mineralreiches, das sich einmal in unserem Erdendasein in einer urfernen Vergangenheit gebildet hat. – So ist mit der Tatsache der Entstehung des Mineralreiches etwas geschehen, womit alle spätere Erdentwickelung zu rechnen hat. Es wird sich an allen andern Wesen erfüllen, was aus der Entstehung des Mineralreiches folgt. Da haben wir wieder in späteren Zeitaltern die karmische Erfüllung für etwas, was früher geschehen ist. Auf der Erde erfüllt sich, was sich auf der Erde vorbereitet hat. Es ist ein Zusammenhang von dem, was früher, und dem, was später geschehen ist, aber auch ein solcher Zusammenhang, der in der Wirkung zurückschlägt auf das verursachende Wesen. Menschen, Tiere und Pflanzen haben das Mineralreich ausgeschieden, und das Mineralreich schlägt wieder auf sie zurück. Da sehen wir, daß es möglich ist, von einem Karma der Erde zu sprechen.

Und endlich können wir etwas hervorheben, wozu sich die Grundlagen in den allgemeinen Ausführungen der «Geheimwissenschaft im Umriß» finden.

Wir wissen, daß gewisse Wesenheiten zurückgeblieben sind auf der Stufe der alten Mondentwickelung, und daß diese Wesen zurückgeblieben sind, um dem Menschen der Erde ganz bestimmte Eigenschaften beizubringen. Aber nicht nur Wesenheiten sind zurückgeblieben von der alten Mondenzeit der Erde, sondern auch Substantialitäten. Auf der Mondenstufe sind Wesen stehengeblieben, die als luziferische Wesenheiten in unser Erdendasein hineinwirken. Durch diese Tatsache des Stehenbleibens und des Hereinwirkens in unser Erdendasein vollziehen sich im Erdendasein Wirkungen, zu denen die Ursachen schon im Mondendasein gelegt worden sind. Aber auch substantiell vollzieht sich so etwas. – Wenn wir heute unser Sonnensystem ansehen, finden wir es zusammengesetzt aus Weltenkörpern, die regelmäßig wiederkehrende und eine gewisse innere Geschlossenheit zeigende Bewegungen ausführen. Aber andere Weltenkörper finden wir, die sich zwar auch mit einem gewissen Rhythmus bewegen, die aber sozusagen die gewöhnlichen Gesetze des Sonnensystems durchbrechen, nämlich die Kometen. Nun ist die Substanz eines Kometen nicht eine solche mit Gesetzen, wie sie in unserem gewöhnlichen, regulären Sonnensystem bestehen, sondern mit Gesetzen, wie sie im alten Mondendasein existiert haben. In der Tat hat sich im kometarischen Dasein erhalten die Gesetzmäßigkeit des alten Mondendaseins. Ich habe schon öfter erwähnt, daß die Geisteswissenschaft diese Gesetzmäßigkeit nachgewiesen hat, bevor eine Bestätigung von seiten der Naturwissenschaft eingetreten ist. Im Jahre 1906 habe ich in Paris auf die Tatsache aufmerksam gemacht, daß während des alten Mondendaseins gewisse Verbindungen von Kohlenstoff und Stickstoff eine ähnliche Rolle spielten wie heute auf der Erde Verbindungen von Sauerstoff und Kohlenstoff, also Kohlensäure, Kohlendioxyd und so weiter. Diese letzteren Verbindungen haben etwas Ertötendes. Eine ähnliche Rolle haben Zyanverbindungen, blausäureartige Verbindungen während des alten Mondendaseins gespielt. Auf diese Tatsache wurde hingewiesen von der Geisteswissenschaft 1906. Auch in andern Vorträgen wurde darauf hingewiesen, daß das kometarische Dasein die Gesetze des alten Mondendaseins hineinführt in unser Sonnensystem, so daß also nicht nur zurückgeblieben sind die luziferischen Wesen, sondern auch die Gesetzmäßigkeit der alten Mondensubstanz, die in unregelmäßiger Weise hineinwirkt in unser Sonnensystem. Und es wurde immer gesagt, das kometarische Dasein müsse heute noch etwas enthalten wie Zyanverbindungen in der Kometenatmosphäre. Erst viel später, als das durch die Geisteswissenschaft verkündet worden ist, in diesem Jahre erst, ist durch die Spektralanalyse das Blausäurespektrum im Kometendasein gefunden worden.

Hier haben Sie einen der Beweise dafür, wenn gesagt wird: Zeigt uns einmal, wie man wirklich mit der Geisteswissenschaft etwas finden kann! – Solche Dinge gibt es mehr; sie sollten nur beobachtet werden. So wirkt also etwas hinein von unserem alten Mondendasein in das jetzige Erdendasein.

Nun fragen wir uns: Darf behauptet werden, daß äußeren sinnlichen Erscheinungen zugrunde liegt ein Geistiges?

Für den, der sich zur Geisteswissenschaft bekennt, ist es klar, daß hinter allem sinnlich Wirklichen auch ein Geistiges liegt. Wenn substantiell etwas vom alten Mondendasein hineinwirkt in unser Erdendasein, wenn der Komet unser Erdendasein bestrahlt, so wirkt dahinter auch etwas Geistiges. Und wir könnten sogar angeben, welches Geistige sich zum Beispiel anzeigt durch den Halleyschen Kometen. Der Halleysche Komet ist der äußere Ausdruck – jedesmal, wenn er in die Sphäre unseres Erdendaseins hineinkommt – zu einem neuen Impuls zum Materialismus. Das mag der heutigen Welt abergläubisch erscheinen. Aber die Menschen sollten sich dann nur darauf besinnen, wie sie selbst geistige Wirkungen von Konstellationen der Sterne herleiten. Oder wer würde nicht sagen, daß der Eskimo deshalb ein andersgeartetes Menschenwesen ist als zum Beispiel der Hindu, weil in der Polargegend die Sonnenstrahlen unter einem andern Winkel einfallen? Überall führen auch die Naturwissenschafter auf Sternkonstellationen geistige Wirkungen in der Menschheit zurück. – Also ein geistiger Impuls zum Materialismus erfolgt parallel dem Halleyschen Kometen. Dieser Impuls kann nachgewiesen werden: Auf das Erscheinen des Halleyschen Kometen vom Jahre 1835 folgte jene materialistische Zeitströmung, die man bezeichnen kann als den Materialismus der zweiten Hälfte des vorigen Jahrhunderts; auf die Erscheinung vorher folgte die materialistische Aufklärerei der französischen Enzyklopädisten. Das ist der Zusammenhang.

Damit gewisse Dinge eintreten im Erdensein, mußten die Ursachen dazu früher, außerhalb des Erdendaseins gelegt werden. Und hier haben wir es sogar mit einem Weltenkarma zu tun. Denn warum ist auf dem alten Monde Geistiges und Substantielles ausgeschaltet worden? Damit gewisse Wirkungen wieder zurückstrahlen können auf diejenigen Wesenheiten, welche dieses ausgeschieden haben. Die luziferischen Wesenheiten sind ausgeschieden worden, haben eine andere Entwickelung durchmachen müssen, damit für die Wesen, die auf der Erde sind, freier Wille und die Möglichkeit zum Bösen auf der Erde entstehen konnten. Da haben wir etwas, was an karmischen Wirkungen über unser Erdendasein hinausgeht: einen Ausblick auf das Weltenkarma.

So konnten wir heute sprechen über den Karmabegriff, über seine Bedeutung für die einzelne Persönlichkeit, für die Individualität, für die ganze Menschheit, innerhalb der Wirkungen unserer Erde und über die Erde hinaus – und wir haben noch etwas gefunden, was wir als Weltenkarma ansprechen können. So finden wir das Karmagesetz, das wir nennen können ein Gesetz vom Zusammenhang zwischen Ursache und Wirkung, aber in der Weise, daß die Wirkung wieder auf die Ursache zurückschlägt und daß sich beim Zurückschlagen noch das Wesen erhalten hat, dasselbe geblieben ist. Wir finden diese karmische Gesetzmäßigkeit überall in der Welt, insofern wir die Welt als eine geistige betrachten. Wir ahnen, daß sich das Karma auf den verschiedensten Gebieten in der verschiedensten Weise offenbaren wird. Und wir ahnen, wie die verschiedenen karmischen Strömungen – persönliches Karma, Menschheitskarma, Erdenkarma, Weltenkarma und so weiter – sich kreuzen werden und daß uns gerade dadurch die Aufschlüsse werden, die wir brauchen, um das Leben zu verstehen. Und an seinen einzelnen Punkten ist das Leben nur zu verstehen, wenn wir das Zusammenwirken der verschiedensten karmischen Strömungen finden können.

ZWEITER VORTRAG

Hamburg, 17. Mai 1910

Bevor wir zu unseren eigentlichen menschlichen Karmafragen kommen, wie sie angekündigt sind, sind eine Reihe von Vorbetrachtungen notwendig. Dazu gehört das, was gestern gesagt worden ist: eine Art Beschreibung des Karmabegriffes. Dazu gehört auch das, was heute zu sagen sein wird über Karma und Tierreich. Was man nennen könnte äußere Beweise für die Wirklichkeit der karmischen Gesetzmäßigkeit, das werden Sie im Laufe des Zyklus an denjenigen Stellen finden, wo gerade Veranlassung sein wird, auf diese äußeren Beweise besonders hinzudeuten. Bei diesen Gelegenheiten werden Sie auch die Möglichkeit finden, über die Begründung der Karmaidee zu Außenstehenden zu sprechen, welche Sie, über dies oder jenes als Zweifler an der ganzen Karmaidee, befragen werden. Zu alledem sind aber einige Vorbetrachtungen notwendig.

Was läge denn näher, als zu fragen: Wie verhalten sich tierisches Leben, tierisches Schicksal zu dem, was wir den Verlauf des menschlichen Karma nennen, in dem wir – wie sich zeigen wird – die wichtigsten und tiefeingreifendsten Schicksalsfragen für den Menschen beschlossen finden?

Das Verhältnis der Menschen auf der Erde zur Tierwelt ist ja im Laufe der Zeit und auch je nach den verschiedenen Völkern ein verschiedenes. Und es ist gewiß nicht uninteressant, zu sehen, wie bei Völkerschaften, die sich die besten Teile der uralt heiligen Weisheit der Menschheit bewahrt haben, eine weitgehend mitleidvolle, liebevolle Behandlung der Tiere Platz gegriffen hat. Innerhalb der Welt des Buddhismus zum Beispiel, der sich wichtige Teile alter Weltanschauungen bewahrt hat, wie sie die Menschen in ihrer Urzeit hatten, haben wir eine tiefgehend mitleidvolle Behandlung der Tiere, eine Behandlung der Tiere und Gefühle gegenüber der Tierwelt, die in Europa unzählige Menschen noch nicht verstehen können. Aber auch bei andern Völkern – ich erinnere nur an den Araber in bezug auf Behandlung seines Pferdes –, insbesondere wenn diese Völker sich etwas bewahrt haben von den alten Anschauungen, wie sie als alte Erbstücke da und dort auftreten, finden Sie eine Art «Freundschaft» zu den Tieren, etwas wie menschliche Behandlung der Tiere. Dagegen darf man wohl sagen, daß in denjenigen Gegenden, in denen sich eine Art von Weltanschauung der Zukunft vorbereitet, in den abendländischen Gegenden, wenig Verständnis für solches Mitleid mit der Tierwelt Platz gegriffen hat. Und charakteristisch ist es, daß im Verlaufe des Mittelalters und dann auch bis in unsere Zeit hinein gerade in Ländern, in denen die christliche Weltanschauung Ausbreitung gewonnen hat, die Anschauung auftauchen konnte, daß die Tiere überhaupt nicht als Wesen zu betrachten seien mit einem eigentlichen Seelenleben, sondern als eine Art Automaten. Und es ist vielleicht nicht mit Unrecht darauf aufmerksam gemacht worden – wenn auch nicht immer mit einem großen Verständnis –, daß diese Anschauungen, welche von der abendländischen Philosophie vielfach vertreten worden sind, daß die Tiere Automaten seien und ein eigentliches Seelenleben nicht haben, hinuntergesickert sind in die Volkskreise, die kein Mitleid und oft auch keine Grenze kennen in der grausamen Behandlung der Tiere. Ja, die Sache ist so weit gegangen, daß man einen großen Philosophen der Neuzeit, *Cartesius,* in seinen Gedanken über die Tierwelt recht gründlich hat mißverstehen können.

Wir müssen uns natürlich klar sein, daß von den eigentlich bedeutenden Geistern der abendländischen Kulturentwickelung diese Anschauung, daß die Tiere nur Automaten seien, niemals vertreten worden ist. Es hat auch Cartesius nicht diese Anschauung vertreten, obwohl Sie in vielen Büchern über Philosophie lesen können, daß Cartesius eine solche Anschauung vertreten habe. Das ist aber nicht wahr; sondern wer Cartesius kennt, der weiß, daß er den Tieren zwar nicht ein solches Seelisches zuschreibt, das sich dazu entwickeln kann, aus dem Ich-Bewußtsein heraus zu einem Beweise für das Dasein Gottes zu kommen, aber er schreibt dennoch dem Tiere zu, daß es durchströmt, durchseelt ist mit den sogenannten Lebensgeistern, die allerdings nicht eine so einheitliche Individualität darstellen wie das Ich des Menschen, aber doch in der tierischen Organisation als Seele wirken. Und es ist gerade das Charakteristische, daß man Cartesius in dieser Beziehung hat gründlich mißverstehen können. Denn das zeigt uns, daß in den verflossenen

Jahrhunderten unserer abendländischen Entwickelung die Tendenz vorhanden war, den Tieren etwas bloß Automatisches zuzuschreiben, und diese Tendenz hat man selbst da hineingelesen, wo man sie nicht hätte hineinlesen können, wenn man gewissenhaft zu Werke gegangen wäre, nämlich bei Cartesius. Die abendländische Kulturentwickelung hat das Eigentümliche, daß sie sich herausbilden mußte aus den Elementen des Materialismus. Und man kann sogar sagen: Der Aufgang des Christentums hat sich so vollzogen, daß dieser bedeutungsvolle Impuls der Menschheitsentwickelung zuerst in eine materialistische abendländische Gesinnung hineinverpflanzt worden ist. Der Materialismus der neueren Zeit ist nur eine Folge dessen, daß auch das spirituellste Religionsbekenntnis, das Christentum, zunächst im Abendlande eine materialistische Auffassung hat finden können. Es ist einmal – wenn wir so sagen dürfen – das Menschheitsschicksal der abendländischen Völker, daß sie sich emporarbeiten müssen aus materialistischen Untergründen und gerade in der Überwindung der materialistischen Ansichten und Tendenzen die starken Kräfte werden entfalten müssen zu einem höchsten Spiritualismus. Damit, daß dieses Schicksal, dieses Karma den abendländischen Völkern geworden ist, ist auch bei ihnen jener Zug entstanden, die Tiere nur wie Automaten zu betrachten. Wer nicht gut das Wirken des geistigen Lebens durchschauen kann, wer nur sich halten kann an das, was uns in der sinnlichen Außenwelt umgibt, der wird aus den Eindrücken dieser sinnlichen Außenwelt heraus leicht zu einer Auffassung über die Tierwelt kommen können, welche die Tiere möglichst niedrig stellt. Dagegen haben solche Weltanschauungen, die noch Elemente der alten spirituellen Weltanschauungen der Urweisheit der Menschheit in sich behalten haben, sich eine Art Erkenntnis bewahrt über das, was auch in der Tierwelt geistig ist; und trotz allen Mißverständnissen, trotz all dem, was sich in ihre Weltanschauungen eingeschlichen und deren Reinheit verdorben hat, konnten sie doch nicht vergessen, daß geistige Tätigkeiten, geistige Gesetze an dem Ausleben und Ausgestalten des Tierischen betätigt sind.

Wenn wir also auf der einen Seite gerade in dem Mangel geistiger Weltanschauungen ein Unverständnis des Tierisch-Seelischen erblicken müssen, so dürfen wir uns auf der andern Seite nicht darüber täuschen, daß auch das wiederum nur ein Ausfluß einer rein materialistischen Weltanschauung wäre, wenn wir die Karmaidee, wie sie uns dienen wird, menschliches Schicksal und menschliches Karma zu verstehen, ohne weiteres auf die tierische Welt anwenden würden. Das dürfen wir nicht. Es ist schon gestern darauf hingewiesen worden, daß es notwendig ist, den Begriff des Karma ganz genau zu fassen. Und wir würden fehlgehen, wenn wir das, was wir gefordert haben als ein Rückschlagen der Wirkung auf das Wesen, von dem die Verursachung ausgegangen ist, wenn wir das auch in der tierischen Welt suchen würden; denn in einem umfassenderen Maße werden wir die karmische Gesetzmäßigkeit erst dadurch kennenlernen können, daß wir über das einzelne menschliche Leben zwischen Geburt und Tod hinausgehen, den Menschen verfolgen durch die Aufeinanderfolge seiner Wiederverkörperungen und daß wir finden werden, daß jener Rückschlag einer Ursache, welche wir in einem Leben gelegt haben, erst in einem späteren Leben kommen kann, so daß sich die karmische Gesetzmäßigkeit von Leben zu Leben zieht, und die Wirkungen von Ursachen eben nicht einzutreten brauchen – ja, wenn wir Karma im großen betrachten, auch ganz gewiß nicht eintreten in demselben Leben zwischen Geburt und Tod.

Nun wissen wir schon aus den äußeren geisteswissenschaftlichen Betrachtungen, daß wir beim Tiere von einer solchen Wiederverkörperung, wie sie beim Menschen stattfindet, nicht sprechen können. Für jene menschliche Individualität, welche sich erhält, wenn der Mensch durch die Pforte des Todes schreitet, welche durchlebt ein besonderes Leben im Geistigen in der Zeit vom Tode bis zur neuen Geburt, um dann durch eine neue Geburt wieder ins Dasein zu treten, für diese menschliche Individualität finden wir etwas Ähnliches oder gar etwas ganz Gleiches in der tierischen Welt durchaus nicht. Wir können nicht in derselben Weise, wie wir den menschlichen Tod auffassen, von dem tierischen Tode sprechen. Denn alles, was wir beschreiben als die Schicksale der menschlichen Individualität, nachdem der Mensch durch die Pforte des Todes geschritten ist, verhält sich in der Tierwelt nicht in der gleichen Art; und wenn man glauben würde, daß wir in einem tierischen Individuum das wiederverkörperte Wesen eines schon früher auf der Erde vorhanden gewesenen Tieres suchen könnten, wie wir das beim Menschen tun müssen, dann würden wir uns durchaus einem Irrtum hingeben. Heute, wo man gern alles, was sich uns in der Welt darbietet, nur seiner Außenseite nach betrachtet und nicht auf das Innere eingeht, können ja die eigentlichen großen Gegensätze, die wichtigsten Unterscheidungen zwischen Mensch und Tier gar nicht vor Augen treten. Äußerlich – rein materialistisch betrachtet – nimmt sich die Erscheinung des Todes bei Mensch und Tier in der gleichen Art aus. Da kann man leicht glauben, wenn man das Leben eines Tieres betrachtet, daß man einzelne Erscheinungen dieses individuellen Lebens des Tieres vergleichen könnte mit einzelnen Erscheinungen des persönlichen Lebens des Menschen zwischen Geburt und Tod. Aber da würde man ganz fehlgehen. Deshalb soll auf die durchgreifenden Unterschiede zwischen dem Tierischen und dem Menschlichen zunächst an einzelnen Beispielen hingedeutet werden.

Nur derjenige kann sich nämlich diesen Unterschied zwischen Tier und Mensch vollständig klarlegen, der unbefangen nicht nur auf die sich seinem äußeren sinnlichen Anschauen, sondern auch auf die seinem kombinierenden Denken sich ergebenden Tatsachen eingeht. Da finden wir eine Erscheinung, die auch von den Naturforschern hervorgehoben wird, mit der aber die Naturforscher der Gegenwart nichts Rechtes anzufangen wissen, nämlich die Erscheinung, daß der Mensch eigentlich das Allereinfachste erst lernen muß: den Gebrauch der einfachsten Werkzeuge hat der Mensch im Laufe seiner Geschichte lernen müssen, und unsere Kinder müssen heute noch die allereinfachsten Sachen eben lernen, und sie müssen eine gewisse Zeit anwenden, um sie zu lernen. Es kostet Mühe, dem Menschen etwas beizubringen, einfache Handgriffe, Verfertigung von Instrumenten und Werkzeugen und so weiter. Wenn wir dagegen die Tiere betrachten, müssen wir sagen: Wieviel besser haben es die Tiere in dieser Beziehung! – Denken wir uns, wie der Biber seinen komplizierten kunstvollen Bau aufführt. Er braucht es nicht zu lernen; er kann es, indem er es mitbringt als eine ihm eingeprägte Gesetzmäßigkeit, wie wir uns als Menschen mitbringen die Möglichkeit, die «Kunst», um das siebente Jahr unsere Zähne zu wechseln. Das braucht auch keiner zu lernen. So bringen sich die Tiere eine solche Fähigkeit mit, wie sie der Biber hat, seinen Bau aufzuführen.

Und wenn Sie Umschau halten im Tierreich, werden Sie finden, daß die Tiere sich ganz bestimmte Kunstfertigkeiten mitbringen, durch welche etwas zustande gebracht werden kann, an das menschliche Kunstfertigkeit bei allem, wie wir es so herrlich weit gebracht haben, noch lange nicht heranreicht.

Nun kann die Frage entstehen: Wie kommt es denn eigentlich, daß der Mensch, wenn er geboren wird, unfähiger ist als zum Beispiel ein Huhn oder ein Biber, daß er das, was diese Wesenheiten sich schon mitbringen, erst mühevoll sich aneignen muß? Das ist eine große Frage. Und daß es eine große Frage ist, muß man vor allen Dingen empfinden lernen. Denn es kommt bei dem, was der Mensch für seine Weltanschauung gewinnen muß, viel weniger darauf an, daß man auf wichtige Tatsachen hinweist, als daß man weiß, wo wichtige Fragen zu stellen sind. Tatsachen können richtig sein, brauchen aber nicht immer wertvoll zu sein für unsere Weltanschauung. Nun würde es, obwohl wir noch heute auf die Ursachen dieser Erscheinungen geisteswissenschaftlich eingehen werden, doch zu weit führen, wenn man in allen Einzelheiten zeigen würde, warum das so ist. Aber zunächst kann doch mit ein paar Worten darauf hingewiesen werden.

Wenn wir geisteswissenschaftlich zurückgehen in der menschlichen Entwickelung bis in urferne Vergangenheiten, so werden wir finden, daß diejenigen Kräfte und Elemente, welche sozusagen dem Biber oder einem andern Tiere zur Verfügung stehen, um solche Kunstfertigkeiten mit sich auf die Welt zu bringen, dem Menschen auch zur Verfügung gestanden haben. Der Mensch hat ja nicht gerade in seine Anlage in urferner Vergangenheit bloß die Ungeschicklichkeit aufgenommen und dem Tiere überlassen müssen die primitive Geschicklichkeit. Er hat diese Anlage auch empfangen, ja im Grunde genommen in einem weit reicheren Maße als die Tiere. Denn wenn auch die Tiere gewisse große Kunstfertigkeiten mit auf die Welt bringen, so sind diese doch im Leben einseitig. Der Mensch kann im Grunde genommen gar nichts, wenn er ins Leben tritt, er muß alles erst lernen, was sich auf die äußere Welt bezieht. Das ist etwas radikal ausgedrückt, aber wir werden uns verstehen. Wenn der Mensch aber dann lernt, zeigt sich bald, daß er vielseitiger, daß seine Entwickelung eine reichere werden kann in bezug auf die Ausprägung gewisser Kunstfertigkeiten und dergleichen, als das beim Tiere der Fall ist. Also der Mensch hat reiche Anlagen ursprünglich mitbekommen – und dennoch hat er sie heute nicht. Nun tritt die eigentümliche Erscheinung zutage, daß ursprünglich Mensch und Tier in gleicher Weise ausgestattet waren. Und wenn wir zurückgehen würden bis zur alten Saturnentwickelung, so würden wir finden, daß eine Unterscheidung der menschlichen und tierischen Entwickelung noch gar nicht stattgefunden hatte. Da waren beide vollständig gleich veranlagt. – Was ist nun in der Zwischenzeit geschehen, daß das Tier alle möglichen Geschicklichkeiten mit ins Dasein trägt, während der Mensch ein so ungeschickter Genosse des Weltendaseins ist? Wie hat sich der Mensch eigentlich benommen in der Zwischenzeit, daß er jetzt plötzlich alles das nicht hat, was er mitbekommen hatte? Hat er das im Laufe der Entwickelung sinnlos verschwendet, während es sich die Tiere als sparsame Haushalter bewahrt haben? Diese Frage kann aus dem wirklichen Tatbestand heraus aufgeworfen werden.

Der Mensch hat diese Anlagen, die heute das Tier in äußerer Geschicklichkeit auslebt, nicht verschwendet; er hat sie auch verwendet, aber zu etwas anderem als die Tiere. Die Tiere prägen sie in äußeren Geschicklichkeiten aus; Biber und Wespe bauen ihr Nest. Der Mensch hat dieselben Kräfte, welche die Tiere in dieser Art ausleben, in sich selber hineingetan und verwendet. Und er hat dadurch zustande gebracht, was wir seine höhere menschliche Organisation nennen. Daß der Mensch heute seinen Gang aufrecht hat, daß er das vollkommenere Gehirn, überhaupt eine vollkommenere innere Organisation hat, das bedurfte auch gewisser Kräfte; und das sind dieselben Kräfte, mit denen sich der Biber seinen Biberbau errichtet. Der Biber baut sich sein Nest. Der Mensch hat die Kräfte auf sich verwendet, zu seinem Gehirn, zu seinem Nervensystem und so weiter. Daher hat der Mensch zunächst nichts übrig behalten, um in derselben Weise nach außen zu arbeiten. Also, daß wir heute unter den Tieren schreiten mit einem vollkommeneren Bau, das rührt davon her, daß wir alles, was der Biber draußen verarbeitet, einmal im Laufe der Entwickelung auf unseren inneren Bau verwendet haben. Wir haben drinnen unseren Biberbau und können daher nach außen diese Kräfte nicht mehr in derselben Weise entfalten. –

Da sehen wir, wenn wir an einer einheitlichen Weltauffassung festhalten, wohin die verschiedenen Anlagen, die in den Wesen vorhanden sind, kommen und wie sie uns heute entgegentreten. Indem der Mensch in seiner Weise diese Kräfte verwendet hat, wurde für ihn in seiner Erdentwickelung eine ganz besondere Einrichtung notwendig, die wir zum Teil schon kennen.

Warum mußten beim Menschen die Kräfte, von denen jetzt eben gesprochen worden ist und die uns bei den verschiedenen Arten und Gattungen des Tierreiches in äußeren Verrichtungen entgegentreten, auf das Innere der menschlichen Organisation verwendet werden? Weil der Mensch nur dadurch, daß er sich die innere Organisation verschaffen konnte, der Träger dessen werden konnte, was heute das Ich ist, was von Inkarnation zu Inkarnation schreitet. Eine andere Organisation hätte kein solcher Ich-Träger werden können; denn es hängt durchaus von dem äußeren Gehäuse ab, ob eine Ich-Individualität sich im Erdendasein betätigen kann oder nicht. Sie könnte es nicht, wenn die äußere Organisation nicht der Ich-Individualität angemessen wäre. Alles lief also darauf hinaus, die äußere Organisation dieser Ich-Individualität angemessen zu machen. Dazu mußte eine besondere Einrichtung geschaffen werden, und die kennen wir schon ihrer wesentlichen Seite nach.

Wir wissen, daß unserer Erdentwickelung vorangegangen ist die Mondentwickelung, dieser wieder die Sonnenentwickelung und dieser eine Saturnentwickelung. Als die alte Mondentwickelung zu Ende war, war der Mensch auf einer Stufe in bezug auf sein äußeres Dasein, die man als Tier-Menschlichkeit bezeichnen kann. Aber damals war diese äußere menschliche Organisation noch nicht so weit, daß sie der Träger einer Ich-Individualität hätte werden können. Erst die Erdentwickelung des Menschen hatte die Aufgabe, dieser Organisation das Ich einzuverleiben. Das konnte aber nur dadurch geschehen, daß die Vorgänge unserer Erdentwickelung in einer ganz eigenartigen Weise eingerichtet wurden. – Als die alte Mondentwickelung zu Ende gegangen war, löste sich alles sozusagen in ein Chaos auf. Daraus ging nach einer entsprechenden Zeit kosmischer Dämmerung wieder hervor der neue Kosmos unserer Erdentwickelung. In diesem Kosmos der Erdentwickelung war damals alles enthalten, was heute als unser Sonnensystem mit uns und der Erde verbunden ist. Aus diesem Zusammenhang, aus dieser kosmischen Einheit haben sich dann erst abgespalten alle andern Weltkörper von unserer eigentlichen Erde. Wir brauchen nicht einzugehen auf die Art und Weise, wie sich die andern Planeten, Jupiter, Mars und so weiter, abgespalten haben. Wir müssen nur darauf hinweisen, daß in einem bestimmten Zeitpunkt der Erdentwickelung sich unsere Erde und unsere Sonne getrennt haben. Als dann schon die Sonne abgetrennt war und ihre Wirkungen von außen auf die Erde hereinsandte, war unsere Erde noch mit dem heutigen Monde verbunden, so daß die Substanzen und geistigen Kräfte, die heute an den Mond gekettet sind, damals noch mit unserer Erde verbunden waren.

Es ist öfter schon die Frage berührt worden, was geschehen wäre, wenn sich die Sonne nicht abgespalten hätte von der Erde und nicht übergegangen wäre zu jenem Zustande, in dem sie wie heute von außen auf die Erde wirkt. Indem zunächst die Erde noch mit der Sonne verbunden war, waren bei den ganz anders gearteten Verhältnissen noch das ganze kosmische System und auch die Vorfahren der menschlichen Organisation miteinander vereinigt. Es ist natürlich ein Unding, die heutigen Verhältnisse anzuschauen und dann zu sagen: Was ist das für ein Unsinn von den Theosophen; da hätten ja alle die organisierten Wesen verbrennen müssen! – Diese Wesen waren eben so, daß sie unter den damaligen Verhältnissen in dieser ganz anders gearteten kosmischen Einheit bestehen konnten. – Wenn nun die Sonne in Verbindung mit der Erde geblieben wäre, dann wären ganz andere, viel heftigere Kräfte mit der Erde verbunden geblieben, und die Folge wäre gewesen, daß die ganze Entwickelung der Erde mit einer solchen Heftigkeit und Schnelligkeit fortgeschritten wäre, daß es gar nicht möglich gewesen wäre, daß die menschliche Organisation sich hätte so ausleben können, wie sie sich ausleben mußte. Daher war es notwendig, daß der Erde ein langsameres Tempo und dichtere Kräfte zur Verfügung gestellt wurden. Das konnte nur dadurch geschehen, daß die stürmischen, vehementen Kräfte sich herauszogen aus der Erde. So wirkten die Kräfte der Sonne vor allen Dingen dadurch schwächer, daß sie jetzt von außen durch die Entfernung auf die Erde wirkten. Dadurch aber war nun etwas anderes eingetreten. Es war jetzt die Erde in einem Zustande, daß die Menschen wiederum nicht hätten in der richtigen Weise vorwärtskommen können. Die Verhältnisse waren jetzt zu dicht, zu sehr verholzend und verdorrend für alles Leben. Der Mensch hätte wieder nicht zu seiner Entwickelung kommen können, wenn es so geblieben wäre. Abgeholfen wurde dem durch eine besondere Einrichtung, indem nämlich einige Zeit nach dem Sonnenaustritt der heutige Mond die Erde verlassen hat und die verlangsamenden Kräfte, die das Leben hätten zu einem langsamen Tode kommen lassen, mit sich fortgenommen hat. So blieb die Erde zwischen Sonne und Mond zurück, gerade das richtige Tempo wählend für die menschliche Organisation, um ein Ich als einen Träger der Individualität, die von Inkarnation zu Inkarnation geht, wirklich aufzunehmen. Die menschliche Organisation, wie sie heute ist, war unter gar keinen andern Umständen aus dem Kosmos heraus herzustellen als durch diesen Vorgang zunächst der Sonnen- und dann der Mondentrennung.

Es könnte vielleicht jemand sagen: Wenn ich der Herrgott gewesen wäre, so hätte ich es anders gemacht; ich hätte gleich eine solche Mischung hergestellt, daß die menschliche Organisation in einer solchen Weise hätte fortschreiten können, wie sie hat fortschreiten müssen. Warum nun war es nötig, daß zuerst die Sonne heraustreten mußte und daß dann noch einmal ein Mondaustritt notwendig wurde?

Wer so denkt, denkt viel zu abstrakt. Er denkt nicht daran, daß, wenn in der Weltordnung eine innerliche Mannigfaltigkeit herbeigeführt werden soll, wie es die menschliche Organisation ist, für jeden einzelnen Teil eine besondere Einrichtung notwendig ist und daß man das nicht in die Wirklichkeit umsetzen kann, was sich der menschliche Gedanke spintisierend ausdenkt. In abstracto kann man alles denken; aber in der wirklichen Geisteswissenschaft muß man lernen, konkret zu denken, so daß man sich sagt: Die menschliche Organisation ist ja keine einfache. Sie besteht aus einem physischen Leib, einem Ätherleib und einem astralischen Leib. Diese drei Glieder mußten erst in ein bestimmtes Gleichgewicht gebracht werden, so daß die einzelnen Teile in einem richtigen Verhältnisse zueinander stehen. Das konnte nur durch diesen dreifachen Vorgang stattfinden: Zuerst die Bildung des einheitlichen Kosmos, der ganzen kosmischen Einheit Erde, Sonne und Mond zusammen. Dann mußte vollzogen werden für sich dasjenige, was im menschlichen Ätherleib verlangsamend wirken konnte, weil er sonst zu stürmisch alle Entwickelung verzehrt hätte – und das geschah, indem die Sonne hinausgeführt worden ist. Und dann wieder mußte, weil der astralische Leib sonst die menschliche Organisation zu einem Ersterben gebracht hätte, der Mond hinausgeführt werden. Weil der Mensch in seiner Organisation drei Glieder hat, mußten auch diese drei Vorgänge stattfinden.

So sehen wir, daß der Mensch sein Dasein, seine gegenwärtigen Eigenschaften einer komplizierten Einrichtung im Kosmos verdankt. Wir wissen aber auch, daß die Entwickelung aller Naturreiche keineswegs gleichen Schritt halten kann mit der allgemeinen Entwickelung. Wir wissen aus den allgemeinen Betrachtungen der letzten Jahre, daß immer auf den einzelnen planetarischen Verkörperungen unserer Erde gewisse Wesenheiten zurückblieben hinter der allgemeinen Entwickelung, welche dann, wenn die Entwickelung vorwärtsschritt, in Zuständen lebten, die der Entwickelung nicht vollständig entsprachen. Wir wissen aber auch, daß alle Entwickelung im Grunde durch solches Zurückbleiben erst richtig in Fluß gebracht werden konnte. Wissen wir doch, daß gewisse Wesen während der alten Mondentwickelung zurückgeblieben sind als die «luziferischen Wesenheiten», daß durch sie manches Schlimme verschuldet worden ist, daß wir ihnen aber auch das verdanken, was uns erst das Menschsein möglich macht, nämlich die Möglichkeit der Freiheit, der freien Entfaltung unseres Innenwesens. Ja, wir können sagen: In gewisser Beziehung war das Zurückbleiben der luziferischen Wesenheiten ein Opfer. Sie sind zurückgeblieben, damit sie während des Erdendaseins ganz besondere Tätigkeiten ausüben konnten, nämlich dem Menschen die Leidenschaften verleihen, die mit seiner menschlichen Würde und Selbstbestimmung zusammengehören. – Wir müssen uns eben angewöhnen, ganz andere Begriffe zu gebrauchen, als sie sonst üblich sind, denn aus den gewöhnlichen Begriffen heraus könnte man vielleicht sagen, es hätten die luziferischen Geister gehörig «nachsitzen» müssen, und man wird ihnen ihre Nachlässigkeit nicht verzeihen. Aber es hat sich nicht um eine Nachlässigkeit der luziferischen Wesen gehandelt. Ihr Zurückbleiben ist in gewisser Beziehung ein Opfer gewesen, um durch das, was sie sich durch dieses Opfer angeeignet haben, auf unsere Erdenmenschheit wirken zu können.

Schon aus den gestrigen Andeutungen wissen Sie, daß nicht nur Wesenheiten, sondern auch Substanzen zurückgeblieben sind und sich Gesetze bewahrt haben, die in früheren planetarischen Zuständen die richtigen waren und die sie dann hineingetragen haben in die spätere Entwickelung. So durchkreuzen sich Entwickelungsphasen von alter Zeit mit Entwickelungsphasen von neuer Zeit, sie gehen durcheinander. Dadurch wird die Mannigfaltigkeit des Lebens eigentlich erst möglich. – So stellen sich uns die verschiedensten Grade dar in der Entwickelung der Wesenheiten. Nicht möglich gewesen wäre es, daß neben dem Menschenreich sich überhaupt ein Tierreich entwickelt hätte, wenn nicht nach der Saturnperiode gewisse Wesen zurückgeblieben wären, um – während sich auf der Sonne die Menschen schon zu einer höheren Stufe entwickelt hatten – ein zweites Reich zu bilden und als erste Vorläufer unseres heutigen Tierreiches hervorzukommen. Für die Grundlage späterer Bildungen ist dieses Zurückbleiben durchaus notwendig.

Wenn nun die Frage aufgeworfen wird: Warum müssen Wesenheiten und Substanzen zurückbleiben? – so möchte ich das durch einen Vergleich klarmachen. Die Entwickelung des Menschen sollte vorwärtsschreiten von Stufe zu Stufe. Das konnte sie nur dadurch, daß der Mensch sich immer mehr und mehr verfeinerte. Hätte er immer mit denselben Kräften gewirkt, mit denen er während der Saturnphase wirkte, so wäre er nicht vorwärtsgekommen. Er wäre stehengeblieben. Deshalb mußte er seine Kräfte verfeinern. – Nun nehmen wir, um ein Bild zu haben, einmal ein Glas Wasser an, in welchem irgendein Stoff aufgelöst ist. Da wird alles von oben bis unten in diesem Glas gleiche Färbung zeigen, gleiche Dichtigkeit und so weiter, es wird alles gleich sein. Nehmen wir nun an, es setzen sich die gröberen Stoffe zu Boden, dann bleiben das reinere Wasser und die feineren Substanzen oben. Das Wasser konnte sich also nur dadurch verfeinern, daß es das Gröbere ausgeschieden hat. – So etwas war auch nötig, nachdem die Saturnentwickelung abgelaufen war, es mußte ein solcher Bodensatz entstehen, es mußte die ganze Menschheit etwas ausscheiden und sich die feineren Teile zurückbehalten. Was ausgeschieden worden war, das wurden dann die Tiere. Durch das Ausscheiden konnten sich die andern verfeinern und um einen Schritt höher kommen. Und auf jeder solchen Stufe mußten Wesenheiten ausgeschieden werden, damit der Mensch immer höher und höher kommen konnte.

Wir haben also eine Menschheit, die nur dadurch möglich geworden ist, daß der Mensch sich befreit hat von denjenigen Wesenheiten, die um uns herum in den untergeordneten Reichen leben. Wir haben diese Wesenheiten mit allen ihren Kräften einmal in dem Strom der Entwickelung darinnen gehabt, sie waren damit verbunden wie in dem Wasser die dichteren Bestandteile. Wir haben sie zu Boden sinken lassen und haben uns daraus emporgehoben. Dadurch ist unsere Entwickelung möglich geworden. Wir sehen also hinunter auf die drei neben uns lebenden Naturreiche und sagen: In alledem sehen wir etwas, was unser Boden hat werden müssen, damit wir uns haben entwickeln können. Diese Wesenheiten sind hinuntergesunken, damit wir haben emporsteigen können. So blicken wir in der richtigen Art auf die untergeordneten Naturreiche.

Wenn wir nun die Erdentwickelung betrachten, wird sich uns dieser Vorgang noch anschaulicher in seinen Einzelheiten darstellen können. Wir müssen uns klar sein, daß alle Tatsachen innerhalb unserer Erdentwickelung doch gewisse Verhältnisse und Zusammenhänge haben. Nun haben wir gesehen, daß die Abtrennung der Sonne und des Mondes von der Erde eigentlich geschehen ist, damit die menschliche Organisation während der Erdentwickelung hat zu derjenigen Höhe kommen können, um eine Individualität zu werden; das gehörte dazu, um die menschliche Organisation gleichsam zu reinigen. Aber dadurch, daß diese Abtrennungen im Weltenall um des Menschen willen geschahen, ist durch solche eingreifende Veränderung in unserem ganzen Sonnensystem doch auch ein Einfluß auf alle drei andern Naturreiche ausgeübt worden, vor allem auf das Tierreich, das uns zunächst steht. Und wenn wir diesen Einfluß verstehen wollen, der auf das Tierreich durch die Vorgänge der Sonnen- und Mondabspaltung geschah, dann bekommen wir aus der Geistesforschung folgenden Aufschluß.

Der Mensch war auf einer gewissen Stufe seiner Entwickelung, als sich die Sonne abgespalten hatte. Hätte er nun diese Stufe beibehalten müssen, die er während der Zeit hatte, als der Mond noch mit der Erde verbunden war, so hätte der Mensch seine gegenwärtige Organisation nicht erlangen können, er hätte einer gewissen Verödung und Verdorrung entgegengehen müssen. Die Mondenkräfte mußten erst herausgehen. Daß diese menschliche Organisation möglich geworden ist, ist aber nur dem Umstande zu verdanken, daß der Mensch während der Zeit, als der Mond noch in der Erde war, sich eine Organisation bewahrt hatte, welche noch erweicht werden konnte; denn es wäre möglich gewesen, daß seine Organisation bereits so hart gewesen wäre, daß das Hinausgehen des Mondes nichts mehr genutzt hätte. Auf dieser Stufe, daß die Organisation noch erweicht werden konnte, standen tatsächlich nur die Menschenvorfahren. – Der Mond mußte also zu einer bestimmten Zeit hinausgehen. Was geschah nun bis zu dem Zeitpunkt, wo der Mond heraustrat?

Die menschliche Organisation wurde immer gröber und gröber. Der Mensch hat zwar nicht ausgesehen wie Holz. Das wäre eine zu grobe Vorstellung. Es war die damalige Organisation trotz ihrer Grobheit immer noch feiner, als es die jetzige Organisation ist. Aber für die damalige Zeit war die Organisation des Menschen so grob, daß der geistigere Teil des Menschen, der auch dazumal in einer gewissen Weise abwechselnd mit dem physischen Leib zusammen und ohne ihn gelebt hat, in der Zeit zwischen Sonnen- und Mondaustritt endlich dahin gekommen war, daß er, wenn er wieder hat seinen physischen Leib aufsuchen wollen, diesen Leib durch die Vorgänge der Erde so dicht gefunden hat, daß er keine Möglichkeit mehr hatte, in ihn hineinzuziehen und ihn als Gehäuse zu benutzen. Daher geschah es auch, daß der geistig-seelische Teil vieler Menschenvorfahren von der Erde überhaupt Abschied nahm und für eine gewisse Zeit das Fortkommen suchte auf andern, zu unserem Sonnensystem gehörigen Planeten. Nur ein ganz geringer Teil der physischen Leiber war weiter brauchbar und rettete sich über diese Zeit hinüber. Das habe ich auch schon öfter dargestellt, daß die weitaus größte Zahl der Menschenseelen in den Himmelsraum hinauszogen, daß aber die fortlaufende Entwickelungsströmung festgehalten wurde von einem kleinen Teil, nämlich von denjenigen menschlichen Seelen, die am robustesten waren und das alles ertragen und überwinden konnten. Diese robusten Seelen retteten die Entwickelung über die kritische Periode hinüber.

Während dieses ganzen Vorganges handelte es sich noch nicht eigentlich um das, was wir menschliche Ichheit, menschliche Individualität nennen. Es war noch mehr der Charakter der Gattungsseele vorhanden. Die Seelen gingen, wenn sie sich zurückzogen, auf in die Gattungs-Seelenhaftigkeit.

Dann kam der Mondaustritt, und damit war wieder die Möglichkeit gegeben, daß die menschliche Organisation verfeinert wurde, so daß sie die Seelen, welche sich früher hinweggeflüchtet hatten, wieder aufnehmen konnte. Und diese Seelen kamen nach und nach – bis in die atlantische Zeit hinein – wieder herunter und bezogen die menschlichen Leiber. Aber es waren immerhin gewisse Organisationen zurückgeblieben, die sich während der kritischen Zeit herausgebildet hatten. Fortgepflanzt hatten sie sich während dieser Zeit, nur konnten sie nicht Träger werden der menschlichen Seelenhaftigkeit. Es waren eben grobe Organisationen. Es hatten sich also dazumal neben jenen Organisationen, die sich später verfeinern konnten, solche erhalten aus der kritischen Erdenperiode. Diese wurden nun die Vorläufer einer gröberen Organisation, und dadurch kam es, daß neben jenen Organisationen, welche Träger von menschlichen Individualitäten werden konnten, auch solche Organisationen sich fortpflanzten, die nicht Träger menschlicher Individualitäten werden konnten und die die Nachkommen waren der von menschlichen Seelen verlassenen Organismen aus jener Zeit, als die Sonne schon fort und der Mond noch mit der Erde verbunden war.

Also sehen wir neben dem Menschen sich förmlich herausbilden ein Reich von Organismen, die durch das Beibehalten des Mondcharakters unfähig geworden waren, Träger menschlicher Individualitäten zu sein. Diese Organisationen sind im wesentlichen die, welche die Organisationen unserer heutigen Tiere wurden. Es könnte sonderbar erscheinen, daß diese gröberen Organisationen der heutigen Tiere nun doch wieder gewisse Fähigkeiten haben, welche sogar weisheitsvoll wirken können in der Welt, wie zum Beispiel in dem Biberbau. Das aber kann uns erklärlich werden, wenn wir uns eben die Dinge nicht gar zu einfach vorstellen, sondern uns klar sind, daß gerade die Organisationen dieser Wesenheiten, welche nicht von menschlichen Seelen bezogen worden sind, die äußeren Einrichtungen des tierischen Baues, eines gewissen Nervenbaues und dergleichen ausgebildet hatten, die es möglich machten, sich mit den Gesetzen des Erdendaseins ganz in Einklang zu versetzen. Denn jene Wesenheiten, die nicht fähig geblieben waren, menschliche Seelen aufzunehmen, waren während der ganzen Zeit mit der Erde verbunden geblieben. Die andern Organisationen, die sich später verfeinert haben, so daß sie menschliche Individualitäten aufnehmen konnten, waren zwar auch zusammen mit der Erde; aber weil sie später Veränderungen eingehen mußten, als der Mond draußen war, haben sie gerade, was sie sich bis dahin angeeignet hatten, dadurch verloren, daß sie sich verfeinerten, daß sie diese Veränderungen eingehen mußten.

Also merken wir: Als sich der Mond getrennt hatte von der Erde, waren auf der Erde gewisse Organisationen, die sich einfach fortgepflanzt hatten in der geraden Linie, wie sie hatten entstehen müssen, solange der Mond mit der Erde früher verbunden war. Diese Organisationen waren grob geblieben, hatten sich die Gesetze, die sie hatten, bewahrt und waren in sich so fest geworden, daß, als der Mond herausgegangen war, mit ihnen keine Veränderung möglich war. Sie pflanzten sich einfach steif fort. Die andern Organisationen, die Träger von menschlichen Individualitäten wurden, mußten sich verändern, konnten sich nicht steif fortpflanzen. Sie veränderten sich so, daß jetzt hineinwirken konnten die Wesenheiten, die in der Zwischenzeit gar nicht mit der Erde verbunden waren, die ganz woanders waren und sich erst wieder zusammenfügen mußten mit der Erde. – Da haben Sie den Unterschied zwischen jenen Wesenheiten, die den alten steifen Mondcharakter fortbewahrt hatten, und jenen, die sich verändert hatten. Worin bestand nun die Veränderung?

Als die Seelen, die von der Erde fortgegangen waren, wieder zurückkamen und wieder Besitz ergriffen von den Leibern, fingen sie an, das Nervensystem, das Gehirn und so weiter umzubauen. Was sie als Kräfte hatten, das verwendeten sie gleichsam zum inneren Ausbau. An den andern Wesenheiten, die sich versteift hatten, konnte nichts mehr geändert werden. Von diesen letzteren Organisationen nahmen jetzt andere Wesenheiten Besitz, die sich noch nicht darauf einließen, in die Organisation einzugreifen, die noch auf ihren früheren Stufen stehengeblieben waren, die überhaupt nicht so weit kommen, daß sie in die inneren Organisationen hineinwirken, sondern die von außen wirken wie die tierischen Gattungsseelen. So erhielten diejenigen Organisationen, welche dazu geeignet waren, nach dem Mondaustritt die menschliche Seele; und diese Wesenheiten bearbeiteten dann die Organisation so, daß sie zu dem vollkommenen Menschenbau führte. Die während der Mondenzeit steif gebliebenen Organisationen konnten nicht mehr geändert werden. Von denen ergreifen jetzt Besitz jene Seelen, die überhaupt noch nicht so weit waren, in eine Individualität einzuziehen, die auf der Mondenstufe stehengeblieben waren, die alles ausgebildet hatten, was auf der Mondenstufe zu erreichen war, und die daher jetzt als Gattungsseelen von diesen Organisationen Besitz ergriffen.

So erklärt sich uns der Unterschied zwischen Mensch und Tier aus den kosmischen Vorgängen heraus. Gerade durch die kosmischen Vorgänge bei der Erdentwickelung ergeben sich uns zweierlei Organisationen. Hätten wir bei dem Bau der unmittelbar unter dem Menschen stehenden Wesenheiten stehenbleiben müssen, so müßten wir jetzt mit unserem Ich die Erde umschweben, weil die Organisationen zu steif geworden sind. Wir könnten nicht herunter, und obwohl wir vollkommenere Wesen geworden sind, müßten wir da sein, wo die Organisationen der Gattungsseelen der Tiere sind. Da aber unsere Organisationen sich verfeinern konnten, so konnten wir in sie einziehen und sie als unsere Wohnplätze benutzen, das heißt, wir konnten in fleischliche Verkörperungen bis zur Erde hinuntersteigen. Die Gattungsseelen hatten kein Bedürfnis danach. Sie wirken von der geistigen Welt in die Wesen hinein.

Wir sehen also in dem Tierreich, das uns umgibt, etwas, was wir heute auch wären, wenn wir eben nicht unsere Organisation der geschilderten Einrichtung verdankten. Fragen wir uns jetzt: Wodurch sind denn die unter uns stehenden Tiere mit ihren versteiften Organisationen auf die Erde gekommen? – Durch uns selber sind sie heruntergekommen! Sie sind die Nachkommen jener Körper, die wir nach dem

Mondaustritt nicht mehr beziehen wollten, weil sie zu grob geworden waren. Wir haben diese Körper zurückgelassen, um später andere zu finden. Wir hätten später andere nicht finden können, wenn wir damals jene ersten nicht verlassen hätten. Denn wir mußten nach dem Heraustreten der Sonne auf der Erde unser Fortkommen suchen. – Da haben wir gerade den Vorgang, daß wir sozusagen unter uns zurückließen gewisse Wesenheiten, damit wir selber die Möglichkeit finden konnten, höher hinaufzukommen. Um höher zu kommen, mußten wir zu andern Planeten gehen und die Leiber da unten verkommen lassen. Was unten zurückgeblieben ist, dem verdanken wir in gewisser Beziehung das, was wir sind. Ja, wir können dieses «Verdanken» noch viel genauer schildern. Wir können uns fragen: Wie ist es denn überhaupt möglich geworden, daß wir während der kritischen Periode die Erde verlassen konnten? So ohne weiteres geht das ja nicht, daß ein Wesen hingehen kann, wo es will.

Da trat während der Erdentwickelung zum ersten Male dasjenige ein, was wir wiederum den luziferischen Geistern verdanken. Die luziferischen Wesenheiten waren unsere Führer, die uns in der kritischen Periode von der Erdentwickelung hinweggenommen haben. Sie haben uns gleichsam gesagt: Da unten kommt jetzt eine kritische Zeit; da müßt ihr die Erde verlassen! – Die luziferischen Geister waren es, unter deren Führung wir die Erde verlassen haben, dieselben luziferischen Geister, die in unseren damaligen astralischen Leib das luziferische Prinzip, den Hang zu allem, was wir die Möglichkeit des Bösen in uns nennen, hineinbrachten, damit zugleich aber allerdings auch die Möglichkeit der Freiheit. Hätten sie uns damals nicht fortgenommen von der Erde, so wären wir immer gekettet geblieben an die Gestalt, die wir damals geschaffen hatten, und wir könnten jetzt die Gestalt höchstens von oben umschweben, würden sie aber niemals beziehen können. So nahmen sie uns fort und verbanden ihr eigenes Wesen mit unserem Wesen.

Wenn wir das ins Auge fassen, wird es uns jetzt verständlich, daß wir, während wir fortgingen, die luziferischen Einflüsse aufnahmen. Die Organisationen, welche dieses Schicksal nicht teilten, damals in ganz besondere Weltgebiete geführt zu werden, die mit der Erde verbunden blieben, die blieben unten ohne den luziferischen Einfluß. Sie mußten mit uns die Erdenschicksale teilen – konnten aber nicht mit uns unser Himmelsschicksal teilen. Und als wir auf die Erde zurückkamen, hatten wir den luziferischen Einschlag in uns, nicht aber jene andern Wesen, und dadurch wurde es uns möglich, das Leben in einem physischen Körper und doch ein von dem physischen Körper unabhängiges Leben zu führen, so daß wir auch immer mehr und mehr unabhängig von dem physischen Körper werden konnten. Diese andern Wesen aber, die den luziferischen Einschlag nicht in sich hatten, stellten dar, was wir aus ihnen gemacht hatten, was unsere astralischen Leiber waren in der Zwischenzeit zwischen Sonnen- und Mondaustritt, also dasjenige, von dem wir uns befreiten. Wir schauen auf die Tiere und sagen: Alles, was die Tiere darstellen an Grausamkeit, an Gefräßigkeit, an allen tierischen Untugenden, neben der Geschicklichkeit, die sie haben, das hätten wir in uns, wenn wir sie nicht hätten aus uns heraussetzen können! – Wir verdanken die Befreiung unseres astralischen Leibes dem Umstande, daß alle gröberen astralischen Eigenschaften zurückgeblieben sind im Tierreich der Erde. Und wir können sagen: Wohl uns, daß wir das nicht mehr in uns haben: die Grausamkeit des Löwen, die List des Fuchses, daß es aus uns herausgezogen ist und außer uns ein selbständiges Dasein führt!

So haben die Tiere das mit uns gemeinschaftlich, was unser astralischer Leib ist, und haben dadurch die Möglichkeit, Schmerzen empfinden zu können. Aber sie haben gerade durch das, was jetzt gesagt worden ist, nicht die Möglichkeit erlangen können, durch den Schmerz und durch die Überwindung des Schmerzes immer höher und höher zu steigen. Denn sie haben keine Individualität. Dadurch sind die Tiere viel, viel übler daran als wir. Wir müssen die Schmerzen ertragen; aber jeder Schmerz ist für uns ein Mittel zur Vervollkommnung; indem wir ihn überwinden, steigen wir höher durch den Schmerz. Die Tiere haben wir zurückgelassen als etwas, was zwar die Schmerzfähigkeit schon hatte, aber noch nicht das, was sie über den Schmerz erheben konnte, wodurch sie den Schmerz überwinden. Das ist das Schicksal der Tiere. Sie zeigen uns unsere eigene Organisation auf der Stufe, da wir schmerzfähig waren, aber noch nicht durch Überwindung den Schmerz ins Heilsame für die Menschheit umwandeln konnten. So haben wir den

Tieren im Laufe der Erdentwickelung unser schlimmeres Teil gegeben, und sie stehen um uns herum als Wahrzeichen dessen, daß wir zu unserer Vervollkommnung kamen. Wir hätten den Bodensatz nicht losbekommen, hätten wir nicht die Tiere zurückgelassen.

Solche Tatsachen müssen wir nicht als Theorien betrachten lernen, sondern mit kosmischem Weltengefühl. Wir müssen hinblicken auf die Tiere mit dem Gefühl: Da draußen seid ihr, Tiere. Wenn ihr leidet, leidet ihr etwas, was uns Menschen zugute kommt. Wir Menschen haben die Möglichkeit, das Leiden zu überwinden; ihr müßt das Leiden erdulden. Wir aber haben euch das Leiden gelassen – und uns die Überwindung genommen!

Wenn man dieses kosmische Gefühl aus der Theorie entwickelt, wird es zu dem umfassenden Mitgefühl mit der Tierwelt. Wo daher das kosmische Gefühl aus der Urweisheit der Menschheit entsproß, wo die Menschen sich noch bewahrt hatten eine Erinnerung an das Urwissen, das jedem aus dem dämmerhaften Hellsehen sagte, wie die Dinge einst lagen, da hatte man sich damit auch das Mitgefühl für die Tierwelt bewahrt, und da tritt das Mitgefühl für die Tiere in einem hohen Maße hervor. – Dieses Mitgefühl wird wiederkommen, wenn die Menschen sich angewöhnen werden, spirituelle Weisheit aufzunehmen, wenn die Menschen wiederum einsehen werden, wie das Menschheitskarma mit dem Weltenkarma verbunden ist. In den Zeiten, welche sozusagen Zeiten der Verdunkelung waren, in denen das materialistische Denken Platz griff, hat man von diesen Zusammenhängen keine rechte Ahnung haben können. Da blickte man nur auf das, was im Raume nebeneinander ist, ohne zu berücksichtigen, daß dieses, was nebeneinander im Raume ist, einen einheitlichen Ursprung hat und sich nur in der Entwickelung getrennt hat. Und da fühlte man natürlich auch nicht, was die Menschen mit den Tieren verbindet. Und auf allen Gebieten der Erde, wo man die Mission gehabt hat, zu überdecken das Bewußtsein vom Zusammenhange des Menschen mit der Tierwelt, wo an Stelle dieses Bewußtseins nur ein solches getreten ist, das sich auf den äußeren physischen Raum beschränkt, da hat der Mensch den Tieren das, was er ihnen verdankt, in einer eigenartigen Weise vergolten – indem er sie eben aufgegessen hat.

Diese Dinge zeigen uns aber zugleich, wie Weltanschauungen zusammenhängen mit der menschlichen Empfindungs- und Gefühlswelt. Empfindungen und Gefühle sind letzten Endes Folgen der Weltanschauungen, und wie sich die Weltanschauungen und Erkenntnisse ändern, so werden sich auch die Empfindungen und Gefühle innerhalb des Menschheitszusammenhanges ändern. Der Mensch konnte nicht anders, als sich höher entwickeln; er mußte andere Wesen in den Abgrund stoßen, um selbst höher zu steigen. Er konnte den Tieren nicht geben eine Individualität, die im Karma ausgleicht, was die Tiere leiden müssen; er konnte ihnen nur den Schmerz überliefern, ohne ihnen die karmische Gesetzmäßigkeit des Ausgleiches geben zu können. Was er ihnen aber früher nicht geben konnte, das wird ihnen der Mensch einst geben, wenn er zur Freiheit und zum Selbstlos-Sein seiner Individualität gekommen ist. Dann wird er – in bewußter Weise – auch auf diesem Gebiet die karmische Gesetzmäßigkeit fassen und wird sagen: Den Tieren verdanke ich, was ich bin. Was ich den einzelnen tierischen Wesen nicht mehr geben kann, welche von einem Einzeldasein in ein Schattendasein hinuntergegangen sind, was ich sozusagen einstmals an den Tieren verschuldet habe, das muß ich jetzt an den Tieren wieder gutmachen durch die Behandlung, welche ich ihnen angedeihen lasse! – Daher wird mit dem Fortschreiten der Entwickelung durch das Bewußtsein der karmischen Verhältnisse auch wieder ein besseres Verhältnis des Menschen zum Tierreich eintreten, als es jetzt, besonders im Abendlande, vorhanden ist. Eine Behandlung der Tiere wird kommen, durch welche der Mensch die Tiere, die er hinuntergestoßen hat, wieder heraufzieht.

So sehen wir Karma und Tierreich denn doch in einem gewissen Verhältnis zueinander. Was das Tier als Schicksal erlebt, das können wir, wenn wir nicht alles durcheinanderwerfen wollen, nicht mit dem menschlichen Karma vergleichen. Aber wenn wir die ganze Erdentwickelung betrachten und was um der Menschheit und ihrer Entwickelung willen geschehen mußte, dann werden wir sehen, daß wir in der Tat von einer Beziehung des Menschheitskarma zu der Tierwelt sprechen können.

DRITTER VORTRAG

Hamburg, 18. Mai 1910

Solche Betrachtungen, wie wir sie heute und in den allernächsten Tagen anzustellen haben, können sehr leicht einem gewissen Mißverständnis unterworfen sein. Wir werden es zu tun haben mit mancherlei Krankheits- und Gesundheitsfragen vom Gesichtspunkte des Karma, und bei der Gegensätzlichkeit unserer heutigen Zeitströmungen gerade auf diesem Gebiete könnte leicht eine mißverständliche Auffassung der geisteswissenschaftlichen Grundlagen Platz greifen, wenn dieses Kapitel – der Zusammenhang von Krankheit und Gesundheit mit dem Karma – berührt wird. Sie wissen ja, daß in den weitesten Kreisen die Diskussion mit ziemlicher Heftigkeit und Leidenschaftlichkeit wogt, wenn Gesundheits- und Krankheitsfragen in Betracht kommen. Es ist Ihnen ja allen bekannt, wie sehr von seiten der Laien sowohl als auch von seiten dieser oder jener Ärzte Partei ergriffen wird gegen das, was man die wissenschaftliche Medizin nennt. Auf der andern Seite kann leicht bemerkt werden, wie die Vertreter der wissenschaftlichen Medizin vielleicht gerade herausgefordert werden durch manchen ungerechten Angriff, so daß sie nicht nur in eine Art von Leidenschaft verfallen, wenn es sich darum handelt – was ihr gutes Recht ist –, einzutreten für das, was die Wissenschaft dazu zu sagen hat, sondern daß von dieser Seite heute auch ein zum Teil recht arger Kampf geführt wird gegen das, was von andern Gesichtspunkten als den in der offiziellen Medizin vertretenen irgendwie gesagt wird über das in Betracht kommende Gebiet. Theosophie oder Geisteswissenschaft wird nur dann ihren hohen Aufgaben gerecht werden können, wenn sie auf einem solchen, von Diskussionen vielfach verdunkelten Gebiet das unbefangene und objektive Urteil wahrt. Wer ähnliche Vorträge von mir gehört hat, wird wissen, wie wenig es mir darum zu tun ist, einzustimmen in den Chor, der heute das, was man als «Schulmedizin» bezeichnet, diskreditieren will. Von einem Einstimmen in diese oder jene Parteirichtung kann bei der Geisteswissenschaft auch nicht im entferntesten die Rede sein.

Es darf vielleicht gerade bei dieser Gelegenheit einleitend betont werden, daß die Leistungen in bezug auf die Tatsachen und tatsächlichen Erforschungen der Erscheinungen gerade auf dem Gebiet des Krankheitswesens und der Gesundheitsfragen der Menschheit in den letzten Jahren und Jahrzehnten wahrhaftig zu ebensolchem Lobreden, Anerkennen und Bewundern herausfordern wie zahlreiche andere naturwissenschaftliche Ergebnisse. Und von dem, was auf diesem Gebiete an Tatsächlichem geleistet worden ist, darf auch gesagt werden: Wenn sich irgend jemand freuen darf über das, was die Medizin in den letzten Jahren geleistet hat, so kann dies gerade die Geisteswissenschaft sein. Auf der andern Seite muß aber auch betont werden, was gerade für die Naturwissenschaft gilt, daß die Errungenschaften und tatsächlichen Erkenntnisse und Entdeckungen zuweilen recht wenig richtige und befriedigende Interpretationen und Erklärungen finden durch das, was heute wissenschaftliche Meinungen sind. Das ist ja das Hervorstechendste in unserer Zeit für viele Gebiete naturwissenschaftlicher Forschung, daß die Meinungen, die Theorien nicht gewachsen sind den zuweilen wunderbaren Tatsachenergebnissen. Und erst das Licht, das von der Geisteswissenschaft ausgeht, wird Klarheit über das bringen, was auf diesem Gebiet in den letzten Jahren errungen worden ist.

Nachdem das vorausgeschickt worden ist, wird es klar sein, daß es sich nicht um irgendwelches Einstimmen in billige Bekämpfung dessen handelt, was auf dem Gebiet der wissenschaftlichen Medizin heute geleistet werden kann. Dann darf aber auch gesagt werden, daß die bewundernswerten Tatsachen, die zutage getreten sind, nicht fruchtbar werden können in unserer Zeit zum Heile der Menschheit, weil auf der andern Seite geradezu materialistisch gefärbte Meinungen und Theorien diese Fruchtbarkeit verhindern. Daher ist es für die Theosophie viel besser, daß sie anspruchslos das sagt, was sie zu sagen hat, als in irgendeinen Parteikampf einzugreifen. Es werden dadurch viel weniger die Leidenschaften aufgeregt werden, als sie es heute schon sind.

Wenn wir überhaupt einen Gesichtspunkt gewinnen wollen zu den Fragen, die uns beschäftigen sollen, dann müssen wir uns damit bekanntmachen, daß die Ursachen zu irgendeiner Erscheinung in der mannigfaltigsten Weise gesucht werden müssen, nähere und entferntere Ursachen, und daß die Theosophie, wenn es sich darum handeln wird, karmische Ursachen zu Gesundheitsfragen zu suchen, es ein wenig zu tun haben wird mit den entfernteren Ursachen, die nicht an der Oberfläche liegen. Machen wir uns das durch einen Vergleich klar. Wenn Sie den Vergleich überdenken, werden Sie schon auf das kommen, was eigentlich gemeint ist.

Nehmen wir an, irgend jemand stehe auf dem Standpunkt, «wie wir es heute so herrlich weit gebracht haben» auf diesem Gebiete, und er verachte ganz die Meinungen, welche in den vergangenen Jahrhunderten über Gesundheit und Krankheit zutage getreten sind. Wenn Sie versuchen, einen Überblick über die Krankheits- und Gesundheitsfragen zu finden, werden Sie den Eindruck bekommen, daß die Darsteller eines solchen Gebietes gewöhnlich das Urteil haben: Was in den letzten zwanzig bis dreißig Jahren auf diesem Gebiete zutage getreten ist, das ist eine Art absoluter Wahrheit, die zwar ergänzt werden kann, aber nie ein solches absprechendes Urteil erfahren kann wie das, welches solche Beurteiler leider selbst abgeben über das meiste, was auf diesem Gebiete vorangegangen ist an menschlichem Sinnen und Trachten. Es wird zum Beispiel häufig gesagt: Wir finden gerade auf diesem Gebiete in den verflossenen Zeiten den krassesten Aberglauben –, und es werden dann recht abschreckende Beispiele angeführt, wie in den verflossenen Jahrhunderten versucht worden sei, dies oder das zu heilen. Insbesondere schlimm findet man, wenn man irgendwo auf Ausdrücke stößt, welche in der damaligen Bedeutung dem heutigen Bewußtsein längst verlorengegangen sind, sich aber dennoch in das heutige Bewußtsein eingeschlichen haben, und mit denen so, wie sie der heutige Mensch denkt, nichts anzufangen ist. So sagen einige: Da gab es Zeiten, in denen man eine jede Krankheit Gott oder dem Teufel zuschrieb! So schlimm, wie es solche Darsteller machen, liegt es deshalb nicht, weil sie nicht wissen, welcher Komplex von Anschauungen bei einem solchen Begriff «Gott» oder «Teufel» gemeint war. Durch einen Vergleich können wir uns das klarmachen.

Nehmen wir an, zwei Leute reden miteinander. Da erzählt der eine dem andern: Eben habe ich eine Stube gesehen, die ganz voller Fliegen ist. Nun sagt mir jemand, das sei ganz natürlich; und das glaube ich auch, denn die Stube ist sehr schmutzig, und dadurch finden die

Fliegen ihr Fortkommen. Es ist ganz erklärlich, daß man das als Grund für das Vorhandensein der Fliegen annimmt, und ich glaube auch, daß derjenige ganz recht hat, der da sagt, die Fliegen werden nicht mehr in der Stube sein, wenn man einmal gründlich reinemacht! – Nun hat aber ein anderer erzählt, daß er noch etwas anderes wüßte, warum so viele Fliegen in dem Zimmer wären; und die Ursache könne er nicht anders bezeichnen, als daß in jenem Zimmer seit langem eine grundfaule Hausfrau hause. – Aber nun sieh einmal, was das für ein grenzenloser Aberglaube ist: daß die Faulheit wie eine Art Persönlichkeit sei, die nur zu winken brauchte, und dann kämen die Fliegen herein! Da ist die andere Erklärung doch richtiger, die das Vorhandensein der Fliegen durch den angehäuften Schmutz erklärt!

Nicht viel anders ist es auf einem andern Gebiete, wenn man sagt: Es ist jemand von einer Krankheit befallen, da er eben eine Infektion durch irgendeine Bazillenart erhalten hat; treibt man die Bazillen aus, so ist die Heilung da. Nun reden aber da noch Leute von irgendeiner geistigen Ursache, die tiefer liege! Man braucht doch nichts anderes zu tun, als die Bazillen fortzutreiben! – Es ist nicht mehr Aberglaube, von einer geistigen Ursache zu sprechen bei Erkrankungen, doch alles übrige anzuerkennen, als in dem Falle, wo die Ursache für das Dasein der Fliegen in einer grundfaulen Hausfrau gesehen wird. Und man braucht nicht zu wettern, wenn man sagt: Die Fliegen werden nicht mehr da sein, wenn einmal reinegemacht wird. Nicht darum handelt es sich, daß der eine den andern bekämpft, sondern daß man lernt, sich gegenseitig zu verstehen und einzugehen auf das, was der eine will und was der andere will. Das muß man durchaus berücksichtigen, wenn von den unmittelbar naheliegenden Ursachen mit Recht gesprochen wird und wenn von den entfernteren Ursachen gesprochen wird. Der objektive Theosoph wird sich durchaus nicht auf den Standpunkt stellen, daß die Faulheit nur eine Art von Wink zu geben brauche, damit die Fliegen in das Zimmer kommen; er wird wissen, daß auch andere materielle Dinge dabei in Betracht kommen, daß aber alles, was materiell zum Ausdruck kommt, seine geistigen Hintergründe hat und daß diese geistigen Hintergründe zum Heile der Menschheit gesucht werden müssen. Diejenigen aber, welche in den Kampf gern einstimmen möchten, die sollen auch daran erinnert werden, daß die geistigen Ursachen nicht immer in derselben Weise aufgefaßt werden dürfen und auch nicht in der gleichen Art bekämpft werden können wie die gewöhnlichen materiellen Ursachen. Und man darf auch nicht denken, daß man durch das Bekämpfen der geistigen Ursachen enthoben wäre der Bekämpfung der materiellen Ursachen; denn sonst könnte man die Stube schmutzig lassen und brauchte nur gegen die Faulheit der Hausfrau zu Felde zu ziehen.

Wenn wir nun das Karma betrachten, müssen wir sprechen von Zusammenhängen zwischen Ereignissen, wie sie im Menschenleben eintreten in einer früheren Zeit und wie sie ihre Wirkung auf dasselbe Menschenwesen zeigen in einer späteren Zeit. Wenn wir sprechen von Gesundheit und Krankheit vom Gesichtspunkte des Karma aus, so heißt das nichts anderes als: Wie können wir uns vorstellen, daß der gesunde oder kranke Zustand eines Menschen seine Begründung findet in früheren Taten, Verrichtungen und Erlebnissen dieses Menschen? Und wie können wir uns vorstellen, daß sein gegenwärtiger Gesundheits- oder Krankheitszustand mit zukünftigen Wirkungen, die auf dasselbe Wesen zurückfallen, im Zusammenhang steht?

Am liebsten wird der heutige Mensch überhaupt glauben, daß eine Krankheit mit den allernächsten Ursachen nur im Zusammenhange stehe. Denn der Grundnerv unserer heutigen Weltanschauung auf allen Gebieten ist ja der, daß man Bequemlichkeit sucht; und stehenbleiben bei den allernächsten Ursachen ist eine bequeme Sache. Daher werden gerade in bezug auf Erkrankungen nur die allernächsten Ursachen berücksichtigt – und am meisten geschieht das von den Kranken selbst. Denn wie wäre es zu leugnen, daß die Kranken selbst veranlaßt sind, solche Bequemlichkeit zu üben? Aus diesem Umstande heraus ergibt sich so viel Unzufriedenheit, wenn ein solcher Glaube existiert, die Krankheit müsse die allernächsten Ursachen haben, welche von dem kundigen Arzt gefunden werden müssen; und wenn der Arzt dann nicht helfen kann, hat er irgend etwas verpfuscht. Aus dieser Bequemlichkeit des Urteils geht vieles von dem hervor, was heute auf diesem Gebiete gesagt wird. Wer Karma in seinen weitverzweigten Wirkungen zu betrachten versteht, der wird immer mehr seinen Blick erweitern von dem, was heute geschieht, zu Ereignissen, die verhältnismäßig sehr weit zurückliegen. Und er wird vor allen Dingen die Überzeugung gewinnen, daß eine durchgreifende Erkenntnis eines Sachverhaltes, der den Menschen trifft, nur möglich ist, wenn man den Blick erweitern kann über das, was weiter zurückliegt. Insbesondere beim erkrankten Menschen ist das der Fall.

Wenn wir vom kranken und auch vom gesunden Menschen sprechen, drängt sich uns die Frage auf die Lippen: Wie können wir uns von dem Kranksein überhaupt einen Begriff machen?

Wenn die geisteswissenschaftliche Forschung direkt vorgeht und den hellseherischen Blick zu Hilfe nimmt, wird sie immer, wenn es sich um Erkrankungen des Menschen handelt, Unregelmäßigkeiten bemerken, nicht nur im physischen Leibe des Menschen, sondern auch in den höheren Wesensgliedern des Menschen, im Ätherleibe und im astralischen Leibe. Und der hellseherische Forscher wird bei einem Krankheitsfall immer in Betracht ziehen müssen, welches in dem betreffenden Falle der Anteil sein kann des physischen Leibes auf der einen Seite und des Ätherleibes und des astralischen Leibes auf der andern Seite; denn alle drei Wesensglieder des Menschen können an der Erkrankung beteiligt sein. Nun entsteht die Frage: Welche Vorstellungen können wir über das Wie der Krankheit gewinnen? – Dem kommt man am leichtesten bei, wenn man in Betracht zieht, wieweit man den Begriff «Krankheit» überhaupt ausdehnen darf. Diejenigen, die gern in allerlei allegorisch-symbolischen Begriffen sprechen, auch da, wo sie nicht hingehören, denen mag es überlassen bleiben, wenn sie auch bei Mineralien oder Metallen von Erkrankungen sprechen, indem sie zum Beispiel sagen, wenn der Rost das Eisen frißt, sei das eine Krankheit des Eisens. Man muß sich dabei nur darüber klar sein, daß man durch solche abstrakten Begriffe zu einem wirklichen gedeihlichen Erfassen des Lebens nicht kommen kann; man kann nur kommen zu einer Art spielerischen Erkenntnis des Lebens, nicht aber zu einem Erkennen, das wirklich eingreift in die Tatsachen. Wer zu einem realen Krankheitsbegriff und auch zu einem realen Gesundheitsbegriff kommen will, muß sich hüten, davon zu sprechen, daß Mineralien und Metalle auch erkranken können.

Nun ist die Sache schon anders, wenn wir ins Pflanzenreich hinaufgehen. Da dürfen wir gewiß von Erkrankungen der Pflanzen sprechen.

Aber gerade Pflanzenkrankheiten sind für das reale Erfassen der Vorstellung «Krankheit» von einem ganz besonderen Interesse und von ganz besonderer Wichtigkeit. Bei Pflanzen wird man, wenn man wieder nicht spielerisch zu Werke geht, nicht leicht sprechen können von inneren Krankheitsursachen. In demselben Maße, wie man bei Tier und Mensch von inneren Krankheitsursachen sprechen kann, kann man bei Pflanzen nicht davon sprechen. Die Erkrankungen im Pflanzenreiche werden Sie immer zurückzuführen haben auf äußere Veranlassungen, auf diese oder jene schädlichen Einflüsse des Bodens, ungenügende Belichtungen, auf diese oder jene Wirkungen des Windes und auf sonstige elementare und Naturwirkungen. Oder Sie werden solche Erkrankungen von Pflanzen zurückzuführen haben auf Einflüsse von Parasiten, die sich an die Pflanzen heranmachen und sie schädigen. Und wir werden innerhalb des Pflanzenreiches mit Recht davon sprechen, daß der Begriff «innere Krankheitsursache» im Grunde gar keine Berechtigung hat. – Es ist natürlich nicht möglich, da ich nicht ein halbes Jahr über dieses Thema sprechen kann, daß ich mit unzähligen Belegen versehe, was ich jetzt angedeutet habe. Aber je tiefer wir in die Pflanzenpathologie eindringen, desto mehr werden wir sehen, daß von dem Begriff «innere Krankheitsursache» bei den Pflanzen nicht die Rede sein kann, sondern daß es sich da um äußere Veranlassungen und Schädigungen, um äußere Einflüsse handelt.

Nun haben wir in der Pflanze, wie sie uns zunächst in der äußeren Welt entgegentritt, ein Wesen vor uns, das uns ein Gefüge von einem physischen Leibe und einem Ätherleibe zeigt. Und wir haben damit zugleich ein Wesen vor uns, das uns sozusagen aufmerksam darauf macht, daß ein solches Wesen mit physischem Leib und Ätherleib im Grunde dem Prinzip nach gesund ist und daß es warten muß, bis es eine äußere Schädigung erfährt, wenn es krank werden soll. Damit stimmt auch durchaus der geisteswissenschaftliche Tatbestand. Während wir durch die Methoden der hellseherischen Forschung im Tier- und Menschenreich bei Erkrankungen ganz entschieden im Inneren des Wesens – in den übersinnlichen Teilen – Veränderungen erblicken, können wir innerhalb einer erkrankten Pflanze niemals davon sprechen, daß der ursprüngliche Ätherleib selber verändert wäre, sondern nur davon, daß sich von außen allerlei Störungen und schädliche Einflüsse in den physischen Leib und namentlich in den Ätherleib hineingedrängt haben. Der geisteswissenschaftliche Tatbestand rechtfertigt durchaus das, was wir als allgemeinen Schluß gewinnen: daß in dem, was bei den Pflanzen in Betracht kommt – nämlich physischer Leib und Ätherleib –, etwas ursprünglich Gesundes vorliegt. Aber etwas anderes ist es, wie die Pflanze imstande ist, wenn sie äußere Schädigungen erfährt, alles mögliche aufzuwenden, um in Wachstum und Entwickelung sich gegen die Schädigungen zu wehren, sich zu heilen. Beobachten Sie einmal, wenn Sie eine Pflanze anschneiden, wie sie versucht, die beschädigte Stelle zu umwachsen, zu umgehen, was ihr da im Wege liegt und sie schädigt. Und wir können es fast mit Händen greifen, wie in der Pflanze eine innere Abwehr, eine Heilkraft vorhanden ist, wenn eine äußere Schädigung eintritt.

So sehen wir, daß wir in dem Ätherleib und physischen Leib der Pflanze etwas vor uns haben, was imstande ist, mit inneren Heilkräften zu antworten auf äußere Schädigungen. Das ist eine außerordentlich wichtige Tatsache, wenn man auf diesem Gebiete zur Klarheit kommen will. Ein Wesen wie die Pflanze mit physischem Leibe und Ätherleib zeigt uns also nicht nur, daß der physische Leib und der Ätherleib ursprünglich Prinzipien der Gesundheit in sich haben, soviel notwendig ist zur Entwickelung und zum Wachstum des betreffenden Wesens, sondern es zeigt uns ein solches Wesen sogar, daß ein Überschuß vorhanden ist von solchen Kräften, die sich in den Heilkräften ausleben können, wenn von außen Schädigungen kommen. – Woher müssen denn diese Heilkräfte stammen?

Wenn Sie in einen bloß physischen Körper hineinschneiden, wird die Schädigung bleiben. Er wird aus sich heraus nichts tun können, um die Schädigung sozusagen zu heilen. Deshalb können wir bei einem bloß physischen Körper nicht von einer Erkrankung sprechen, und am wenigsten davon, daß Krankheit und Heilung in Beziehung zueinander stehen können. Das können wir am besten sehen, wenn eine Krankheit bei einer Pflanze zutage tritt. Da haben wir das Prinzip der inneren Heilkraft zu suchen im Ätherleibe. Das zeigt wiederum im eminentesten Maße der geisteswissenschaftliche Tatbestand.

Denn um die Wunde einer Pflanze herum beginnt der Ätherleib der Pflanze ein viel regeres Leben, als er vorher dort entfaltete. Er bringt ganz andere Formen aus sich heraus, entwickelt ganz andere Strömungen. Das ist das außerordentlich Interessante, daß wir geradezu den Ätherleib der Pflanze herausfordern zu einer erhöhten Tätigkeit, wenn wir der Pflanze in bezug auf den physischen Leib eine Schädigung beibringen.

Damit haben wir zwar nicht den Begriff der Krankheit definiert; aber wir haben etwas getan, um zum Wie der Krankheit zu kommen, und wir haben etwas erreicht, was uns eine Ahnung verschafft über das innere Wie der Heilung.

Jetzt gehen wir einmal – immer am Leitfaden der inneren, hellseherischen Beobachtung – weiter und versuchen wir, die äußeren Erscheinungen vernunftgemäß zu begreifen, zu denen uns die Geisteswissenschaft führt. Dann können wir jetzt aufsteigen von den Schädigungen, welche wir Pflanzen beibringen, zu gewissen Schädigungen, welche wir Tieren beibringen, die also Wesen sind, die schon einen astralischen Leib haben. Wenn wir da im groben Sinne zu Werke gehen, so werden wir sehen, daß wir bei den höheren Tieren verhältnismäßig sehr wenig – und immer weniger, je höher das Tier steht – von dem erblicken können, was bei den Pflanzen in umfassendem Maße hervortritt: nämlich jenes Antworten des Ätherleibes auf äußere Schädigungen. Wenn wir grobe Schädigungen dem physischen Leibe eines niederen oder auch eines höheren Säugetieres beibringen, reißen wir zum Beispiel einem Hunde ein Bein aus oder dergleichen, dann werden wir finden, daß der Ätherleib des Hundes nicht so leicht mit seiner Heilkraft antworten kann, wie der Ätherleib der Pflanze antwortet auf eine Schädigung, die in ähnlicher Weise der Pflanze zugefügt worden ist. Aber auch im Tierreich ist das noch in großem Maße zu sehen. – Nehmen wir an, wir steigen hinunter bis zu ganz niedrigen tierischen Wesen, zu den Tritonen oder ähnlichen. Solche niederen Tierwesen können Sie zerschneiden; schneiden wir einem solchen Wesen gewisse Organe ab, so ist das, könnte man sagen, dem Tiere gar nicht besonders unangenehm. Die Organe wachsen mit großer Schnelligkeit wieder nach, und das Tier sieht bald wieder so aus wie früher. Da ist etwas Ähnliches wie bei der Pflanze geschehen: Wir haben eine gewisse Heilkraft im Ätherleibe herausgefordert. Wer würde leugnen, daß die Herausforderung, Heilkräfte im Ätherleib zu entwickeln, beim Menschen oder beim höheren Tier eine erhebliche Gefährdung der Gesundheit bedeuten würde? Das niedere Tier dagegen wird in seinem Ätherleibe nur herausgefordert, ein anderes Glied aus seinem Inneren durch seinen Ätherleib herauswachsen zu lassen. Nun steigen wir etwas weiter hinauf.

Wenn wir jetzt zum Beispiel bei Krebsen ein Glied abschneiden, so sind die Krebse nicht sogleich imstande, ein anderes Glied aus sich herauswachsen zu lassen. Aber wenn sie sich das nächste Mal häuten, wenn sie bei der nächsten Übergangsstufe ihres Lebens ankommen, dann schon treibt für das abgebrochene Glied ein Stumpf heraus; beim zweitenmal wird er schon größer sein, und wenn sich das Tier genügend oft häuten würde, so würde das Glied ersetzt werden durch ein neues. – Da haben Sie die Erscheinung, daß in solchem Ätherleib schon mehr dazu gehört, damit die innere Heilkraft herausgefordert wird. Und bei den höheren Tieren ist das nun gar nicht mehr in diesem Maße der Fall. Wenn wir ein höheres Tier verstümmeln, kann es zunächst nicht diese Heilkraft aus seinem Ätherleibe heraus aufbringen. Aber es muß immer wieder betont werden, was heute in einen bedeutsamen naturwissenschaftlichen Streit hineinspielt: Wenn Sie das Tier verstümmeln, und das Tier hat Nachkommen, so übertragen sich diese Verstümmelungen nicht auf die Nachkommen; die nächste Generation hat wieder die vollen Glieder. Wenn der Ätherleib seine Eigenschaften auf die Nachkommen überträgt, wird er wieder angeregt, einen vollständigen Organismus herauszusetzen. Beim Tritonen wirkt der Ätherleib noch in demselben Tiere, beim Krebs erst in der Häutung; bei den höheren Tieren tritt dasselbe erst bei den Nachkommen ein; da ersetzt der Ätherleib, was in der vorhergehenden Generation verstümmelt worden ist. Wir müssen also solche Erscheinungen in der Natur gradweise betrachten, dann wird es uns klarwerden, daß selbst dann noch von einer Heilkraft im Ätherleibe gesprochen werden muß, wenn die Vererbungen von den Vorfahren auf die Nachkommen gehen, und daß der Ätherleib sich so vererbt, daß er wieder das ganze, ungeteilte Tier hervorbringt. Da haben Sie sozusagen ein Aufsuchen des Wie der Heilkräfte im Ätherleib.

Nun können wir die Frage aufwerfen: Woran liegt es denn, je weiter wir in der Tierreihe hinaufsteigen – und wenn wir das Menschenreich äußerlich betrachten, gilt das auch –, daß der Ätherleib immer mehr Anstrengungen machen muß, um überhaupt die Heilkräfte herauszubekommen? – Das liegt daran, daß der Ätherleib in der verschiedensten Weise mit dem physischen Leibe verbunden sein kann. Es gibt zwischen dem physischen Leibe und dem Ätherleibe sozusagen eine innigere Gemeinschaft und eine losere. Nehmen wir zum Beispiel ein niederes Tier, den Triton, bei dem ein abgeschnittenes Glied sich sogleich wieder ansetzt. Da müssen wir eine lose Verbindung annehmen zwischen Ätherleib und physischem Leib. Und in noch höherem Maße gilt das bei der Pflanzenwelt. Da müssen wir sagen: Die Verbindung ist eine derartige, daß der physische Leib nicht imstande ist, auch auf den Ätherleib zurückzuwirken, so daß der Ätherleib ungeschoren bleibt durch das, was im physischen Leibe geschieht, und daß der Ätherleib in gewisser Beziehung unabhängig ist vom physischen Leibe. Nun ist das Wesen des Ätherleibes das des Tätigseins, des Hervorbringens, des Wachstumförderns. Er fördert das Wachstum bis zu einer bestimmten Grenze. In dem Augenblick, da wir bei Pflanzen oder niederen Tieren ein Glied abschneiden, ist der Ätherleib gleich wieder bereit, das Glied zu ergänzen, das heißt, die volle Tätigkeit zu entfalten. Was muß aber vorliegen, wenn er die volle Tätigkeit nicht entfalten kann? Dann müßte er mehr gebunden sein an die Tätigkeit des betreffenden Gliedes. Und das ist in der Tat bei den höheren Tieren der Fall. Da ist eine viel innigere, dichtere Verbindung zwischen Ätherleib und physischem Leib vorhanden. Wenn der physische Leib seine Formen ausbildet, wirken diese Formen – also was in der physischen Natur ist – wieder zurück auf den Ätherleib.

Wenn wir anschaulich sprechen wollen: Bei ganz niederen Tieren oder bei Pflanzen wirkt das, was draußen ist, nicht zurück auf den Ätherleib, läßt ihn ungeschoren, führt ein selbständiges Dasein. Sobald wir zu höheren Tieren kommen, drängen die Formen des physischen Leibes rückwärts sich dem Ätherleibe auf; da ist der Ätherleib ganz angepaßt dem physischen Leibe, und wir verletzen mit dem physischen Leibe zugleich den Ätherleib. Dann muß natürlich der Ätherleib tiefere

Kräfte anwenden, weil er zuerst sich selber wieder herstellen muß – und dann erst die betreffenden Gliedmaßen. Daher müssen wir an tiefere Heilkräfte appellieren, wenn wir an den Ätherleib eines höheren Tieres herangehen. Womit hängt das aber zusammen? Warum ist der Ätherleib eines höheren Tieres so abhängig von den Formen des physischen Leibes?

Je weiter wir in der Tierreihe vorschreiten, um so mehr haben wir zu berücksichtigen nicht nur die Tätigkeit des physischen Leibes und des Ätherleibes, sondern auch die des astralischen Leibes. Der astralische Leib kommt bei den niederen Tieren in seiner Wirksamkeit noch außerordentlich wenig in Betracht. Daher haben die niederen Tiere noch so viel Pflanzenähnliches. Je höher wir hinaufsteigen, desto mehr kommt der astralische Leib in Betracht. Der wirkt aber nun so, daß er den Ätherleib von sich abhängig macht. Ein Wesen wie die Pflanze, das nur physischen Leib und Ätherleib hat, hat mit der Außenwelt wenig zu tun; es werden Reize ausgeübt, aber die drücken sich nicht aus in inneren Vorgängen. Wo dagegen ein astralischer Leib wirksam ist, da spiegeln sich die äußeren Eindrücke in inneren Vorgängen. Ein Wesen, das den astralischen Leib nicht wirksam hat, ist innerlich mehr abgeschlossen der Außenwelt gegenüber. Es öffnet sich ein Wesen um so mehr der Außenwelt, als der astralische Leib wirksam ist. Also verbindet der astralische Leib das Innere eines Wesens mit der Außenwelt. Die zunehmende Wirksamkeit des astralischen Leibes macht, daß der Ätherleib viel stärkere Kräfte aufwenden muß, um auftretende Schädigungen wieder auszugleichen.

Wenn wir aber jetzt hinaufsteigen vom Tier zum Menschen, ist noch etwas anderes zu berücksichtigen. Da werden in diesen astralischen Leib nicht nur hineingeprägt, hineingetragen die vorgeschriebenen Verrichtungen, wie es mehr beim Tiere der Fall ist: das Tier lebt mehr mit einer gebundenen Marschroute, lebt mehr mit einem gebundenen Lebensprogramm. Sie werden nicht leicht beim Tiere davon sprechen können, daß es in besonderem Maße gegenüber seinen Instinkten ausschweifend wäre oder sich mehr in seinen Instinkten der Mäßigkeit hingeben könne. Es folgt seinem Lebensprogramm. Was sich beim Tier ausdrückt, ist einer Art von typischem Programm unterworfen. Der

Mensch aber ist in der Lage, gerade dadurch, daß er höher hinaufgestiegen ist in der Stufenleiter der Entwickelung, alle möglichen Unterschiede – zwischen Richtig und Unrichtig, Wahrheit und Lüge, Gut und Böse – auszuleben. In der verschiedensten Weise kommt er durch nur individuelle Anlässe mit der Außenwelt in Berührung. Alle diese Arten von Berührungen fallen zurück, machen Eindruck auf seinen astralischen Leib. Und die Folge ist, daß auch die Wechselwirkung zwischen astralischem Leib und Ätherleib jetzt nach diesen äußeren Erlebnissen ausfallen muß. Wenn also ein Mensch in irgendeiner Beziehung ein ausschweifendes Leben führt, so bedeutet das einen Eindruck auf seinen astralischen Leib. Wir haben aber gesehen, daß der astralische Leib wieder den Ätherleib beeinflußt – wie, das wird abhängen von dem, was in den astralischen Leib hineingelegt worden ist. Daher werden wir jetzt verstehen können, daß der Ätherleib des Menschen geändert wird, je nachdem der Mensch dieses oder jenes Leben führt in den Grenzen von Gut und Böse, Richtig oder Unrichtig, von Wahrheit oder Lüge und so weiter. Das übt einen Einfluß auf den Ätherleib des Menschen aus.

Nun erinnern wir uns, wie die Vorgänge sind, wenn der Mensch durch die Pforte des Todes tritt. Wir wissen, daß der physische Leib abgelegt wird und daß zurückbleibt der Ätherleib, der nun mit dem astralischen Leib und dem Ich verbunden ist. Wenn nun nach dem Tode eine Zeit vergangen ist, die sich nur nach Tagen bemißt, wird das Hauptsächlichste des Ätherleibes als ein zweiter Leichnam abgeworfen; es bleibt jedoch ein Extrakt des Ätherleibes zurück, der mitgenommen wird und erhalten bleibt für alle kommenden Zeiten. In diesem Extrakt des Ätherleibes ist nun alles wie in einer Essenz darinnen, was im Leben hineingekommen ist zum Beispiel von einem ausschweifenden Leben, oder was der Mensch aufgenommen hat als das Ergebnis eines richtigen oder unrichtigen Denkens, Handelns und Fühlens. Das enthält der Ätherleib, und das nimmt der Mensch mit in die Zeit bis zur neuen Geburt. Weil das Tier solche Erlebnisse überhaupt nicht hat, kann es natürlich nichts in derselben Weise hinter die Pforte des Todes hinüberbringen. Wenn nun der Mensch wieder durch eine Geburt ins Dasein tritt, ist die Essenz seines früheren Ätherleibes etwas, was sich wieder hineinergießt in seinen neuen Ätherleib, was den neuen Ätherleib beim Aufbau durchdringt. Daher hat der Mensch in seinem neuen Dasein im Ätherleib darinnen die Ergebnisse dessen, wie er im früheren Leben gelebt hat. Und da der Ätherleib der Auferbauer ist einer ganz neuen Organisation nach einer neuen Geburt, so prägt sich das jetzt alles auch in seinen physischen Leib hinein. Warum kann sich das in den physischen Leib hineinprägen?

Die geisteswissenschaftliche Forschung zeigt uns, daß wir in der Form eines Menschenleibes, der durch die Geburt ins Dasein tritt, ungefähr sehen können, welche Taten der Mensch in einem früheren Leben verrichtet hat. Aber werden wir auch eine ganz vernunftgemäße Erklärung finden für das, was sich uns dargestellt hat als abnehmende Heilkraft in der aufsteigenden Entwickelungsreihe der Tiere? Da wir bei einem Tiere nicht davon sprechen können, daß es bei seiner Geburt eine wiederverkörperte Individualität aus einem früheren Erdendasein mitbringt, so werden wir nur den allgemeinen astralischen Leib dieser Tiergattung wirksam finden, und der wird bei diesem Tier die Heilkräfte des Ätherleibes beschränken. Beim Menschen aber finden wir, daß nicht nur sein astralischer Leib, sondern auch sein Ätherleib imprägniert ist mit den Ergebnissen der Taten des vorhergehenden Lebens. Und weil der Ätherleib für sich die Kraft hat, das hervorzubringen, was er von früher her in sich hat, so werden wir auch begreifen, daß er, wenn jetzt eine andere Kraft in ihm auftritt, auch imstande sein wird, in den ganzen Aufbau der Organisation das hineinzulegen, was er aus früheren Verkörperungen sich mitbringt. Und wir werden jetzt verstehen, wie hinüberwirken können unsere Taten aus einem Leben in unseren Gesundheitszustand in dem nächsten Leben und wie wir in unserem Gesundheitszustande vielfach eine karmische Wirkung unserer Taten aus einem vorhergehenden Leben zu suchen haben. Wir können aber noch auf eine andere Weise der Sache beikommen.

Wir können fragen: Wirkt nun alles, was wir in dem Leben zwischen Geburt und Tod verrichten, in gleicher Art zurück auf unseren Ätherleib? – Schon im gewöhnlichen Leben können Sie einen gewaltigen Unterschied wahrnehmen zwischen dem Zurückwirken dessen, was wir als bewußte Menschen erleben, und mancherlei andern Erlebnissen auf unsere eigentliche innere Organisation. Da ergibt sich eine höchst interessante Tatsache, die durch die Geisteswissenschaft so recht aufgeklärt werden kann, die aber auch ganz vernunftgemäß zu begreifen ist. Der Mensch hat im Verlaufe seines Lebens eine ganze Summe von Erlebnissen, welche er bewußt aufnimmt und mit seinem Ich verbindet. Die werden in ihm zu Vorstellungen, und er verarbeitet diese Vorstellungen. Aber nun besinnen Sie sich einmal, wie unendlich viele Erlebnisse, Erfahrungen und Eindrücke es gar nicht bis zur Vorstellung bringen und eigentlich doch im Grunde beim Menschen da sind und auf ihn wirken. Es wird Ihnen oft passieren, daß Ihnen jemand sagt: Ich habe dich heute auf der Straße gesehen; du hast mich sogar angeschaut! – und Sie wissen gar nichts davon. So ist es vielfach. Eindruck hat so etwas natürlich gemacht. Ihr Auge hat zwar den andern gesehen; aber der unmittelbare Eindruck ist nicht bis zur Vorstellung gekommen. – Solcher Eindrücke gibt es unzählige, so daß unser Leben eigentlich in zwei Teile zerfällt: in eine solche Lebensseelenreihe, welche aus bewußten Vorstellungen besteht, und in eine solche, welche wir niemals ganz zum klaren Bewußtsein gebracht haben. Aber es sind noch weitere Unterschiede: Sie werden leicht unterscheiden können zwischen solchen Eindrücken, die Sie in Ihrem Leben gehabt haben und die für Sie zu erinnern sind, also Eindrücke, die so auf Sie gemacht worden sind, daß sie immer in die Erinnerung hineinfallen können; und Sie werden solche Eindrücke gehabt haben, an welche Sie sich nicht erinnern können.

Also unser Seelenleben zerfällt in ganz verschiedene Kategorien. Und es ist tatsächlich ein ganz beträchtlicher Unterschied zwischen den verschiedenen Kategorien, wenn wir die Wirkung auf das innere Wesen des Menschen betrachten. – Bleiben wir jetzt für ein paar Minuten beim Leben des Menschen zwischen Geburt und Tod. Wenn wir da genau beobachten, zeigt sich uns, daß ein gewaltiger Unterschied ist zwischen denjenigen Vorstellungen, die immer wieder in unser Bewußtsein hineinfallen können, und solchen, die wieder vergessen worden sind, so daß sie eine Erinnerungsfähigkeit nicht eigentlich entwickelt haben. Dieser Unterschied kann am leichtesten durch folgendes klargemacht werden. Denken Sie einen Eindruck, der bei Ihnen eine klare Vorstellung hervorrief. Nehmen wir an, es sei ein Eindruck, der in Ihnen

Freude oder Schmerz erregte, also ein Eindruck, der von einem Gefühl begleitet war. Halten wir das fest, daß die meisten Eindrücke – eigentlich alle Eindrücke, die auf uns gemacht werden – von Gefühlen begleitet sind. Und die Gefühle drücken sich nicht nur an der bewußten Oberfläche des Lebens aus, sondern sie wirken tief hinein bis in den physischen Leib. Sie brauchen nur daran wieder zu denken, wie ein Eindruck Sie erblassen läßt, ein anderer Sie erröten macht. Bis in die Umlagerung des Blutes wirken da die Eindrücke. Und nun gehen Sie über zu dem, was entweder überhaupt nicht oder nur flüchtig zum Bewußtsein kommt – und es nicht bis zur Erinnerung bringt. Da zeigt uns die Geisteswissenschaft, daß solche Eindrücke keineswegs weniger von ähnlichen Erregungen begleitet sind als die bewußten. Wenn Sie einen Eindruck empfangen von der Außenwelt, der, wenn Sie ihn bewußt empfangen hätten, Sie erschreckt hätte, daß vielleicht Ihr Herz gepocht hätte, so bleibt derselbe Eindruck, wenn er nicht bewußt wird, doch nicht ohne Wirkung. Er macht aber nicht nur einen Eindruck, sondern er geht auch bis in den physischen Leib. Es tritt da sogar das Eigentümliche auf, daß ein Eindruck, der eine bewußte Vorstellung hervorruft, eine Art von Widerstand findet beim Hineinwirken in die tiefere menschliche Organisation; wenn aber der Eindruck auf uns einfach wirkt, ohne daß wir es zur bewußten Vorstellung bringen, dann hemmt ihn nichts, aber er ist deshalb nicht weniger wirksam. Es ist das menschliche Leben ein viel reicheres als das, was uns davon bewußt wird.

Es gibt eine Zeit im menschlichen Leben, wo solche Eindrücke, die so lebendig auf die menschliche Organisation wirken und keine Erinnerungsfähigkeit haben, in besonders reichem Maße erlebt werden. In der ganzen Zeit von der Geburt bis zu dem Zeitpunkt, an dem die Erinnerung beginnt, sind unzählige reiche Eindrücke auf den Menschen gemacht worden, welche alle im Menschen drinnensitzen und auch in dieser Zeit den Menschen verändert haben. Sie wirken ebenso wie die bewußten Eindrücke; aber ihnen steht, besonders wenn sie vergessen sind, nichts entgegen von dem, was sich sonst einordnet in das Seelenleben als bewußte Vorstellungen und dadurch gleichsam einen Damm bildet. Und diese unbewußten Eindrücke dringen am allertiefsten. Nun kann man schon durch das äußere Leben vielfach die Bestätigung finden, daß es Momente im menschlichen Leben gibt, wo die zweite Sorte von inneren Wirkungen zum Ausdruck kommt. Manche Ereignisse des späteren Menschenlebens können Sie sich nicht erklären. Sie finden gar nicht, wie Sie dazu kommen, gerade in dieser Weise jetzt dieses oder jenes erleben zu müssen. Sie erleben zum Beispiel etwas, das macht auf Sie einen so erschütternden Eindruck, daß Sie sich gar nicht erklären können, wie ein verhältnismäßig so gleichgültiges Erlebnis einen so erschütternden Eindruck machen kann. Wenn Sie nun nachforschen, werden Sie vielleicht finden, daß Sie gerade in der kritischen Zeit – zwischen der Geburt und dem letzten Zeitpunkt, bis zu dem man sich erinnern kann – ein ähnliches Erlebnis hatten, das Sie aber vergessen haben. Keine Vorstellung ist davon zurückgeblieben. Damals hatten Sie einen erschütternden Eindruck gehabt; der lebt fort und verbindet sich mit dem jetzigen und verstärkt ihn. Und was Sie sonst jetzt viel weniger erschüttert hätte, das macht nun einen besonders starken Eindruck. – Wer das einsieht, wird sich eine Vorstellung davon bilden, wie unendlich verantwortungsvoll die Erziehung in der ersten Kindheit ist und wie etwas seine ganz bedeutungsvollen Schatten oder auch Lichter auf das spätere Leben wirft. Da wirkt also etwas vom Früheren hinüber auf das spätere Leben.

Nun kann sich herausstellen, daß solche Eindrücke der Kindheit – besonders wenn sie sich wiederholt haben – die ganze Lebensstimmung so beeinflussen, daß von einem gewissen Zeitpunkt an eine Gemütsverstimmung eintritt, die unerklärlich ist und die nur erklärlich wird, wenn man zurückgeht und weiß, welche Eindrücke aus der früheren Zeit ihre Lichter oder Schatten hineinwerfen in das spätere Leben; denn die sind es, die jetzt in einer dauernden Gemütsverstimmung zum Ausdruck kommen. Man wird dann finden, daß die Ereignisse besonders stark wirken, die nicht gleichgültig an dem Kind vorübergegangen sind und die schon damals besonderen Eindruck auf das Kind gemacht haben. – Wir werden also sagen können: Wenn Affekte, Gefühle und Empfindungen besonders mitwirkend sind an den Eindrücken, die später vergessen werden, dann sind diese Affekte und Gefühlsergüsse ganz besonders wirksam in dem Hervortreiben solch ähnlicher Erlebnisse.

Nun erinnern Sie sich an die Darstellungen, die von mir öfters gegeben worden sind über das Leben während der Kamalokazeit. Nachdem der Ätherleib des Menschen als ein zweiter Leichnam abgelegt worden ist, lebt der Mensch sein ganzes letztes Leben zurück, geht vorüber an allen seinen Erlebnissen, welche er gehabt hat; aber er geht nicht so vorüber, daß sie ihm gleichgültig bleiben. Gerade während der Kamalokazeit, weil der Mensch seinen alten astralischen Leib noch hat, bewirkt das Durchgemachte die tiefsten Gefühlserlebnisse. – Nehmen wir zum Beispiel an, jemand sterbe mit siebzig Jahren, lebe sein Leben zurück bis in sein vierzigstes Jahr, wo er jemandem eine Ohrfeige gegeben hat. Da erlebt er den Schmerz, welchen er dem andern zugefügt hat. Dadurch wird hervorgerufen eine Art Selbstvorwurf; der bleibt dann als Sehnsucht, und diese Sehnsucht bringt er im nächsten Leben mit, um diese Sache im späteren Leben auszugleichen. Und Sie können begreifen, da in dieser Zeit zwischen Tod und neuer Geburt solche astralischen Erlebnisse vorhanden sind, daß dasjenige, was von uns als Handlung erlebt wird, sich um so sicherer und tiefer einprägt unserem inneren Wesen und beim Aufbau der neuen Leiblichkeit mitwirkt. Wenn wir also schon im gewöhnlichen Leben so stark berührt werden können durch gewisse Erlebnisse, besonders wenn es Gefühlseindrücke waren, daß sie eine Gemütsverstimmung bewirken können, so werden wir begreifen, daß die viel stärkeren Eindrücke des Kamalokalebens sich so eindrücken können, daß sie bei einer neuen Inkarnation bis tief in die Organisation des physischen Leibes hineinwirken.

Da sehen Sie eine Steigerung einer Erscheinung, die Sie bei aufmerksamer Beobachtung schon im Leben zwischen Geburt und Tod finden können. Solche Vorstellungen, denen mit dem Bewußtsein kein Damm entgegengebracht wird, werden schon zu mehr Unregelmäßigkeiten in der Seele führen können: zu Neurasthenie, zu nervenkrankheitsartigen Erscheinungen, vielleicht auch zu Geisteskrankheiten. Alle diese Erscheinungen stellen sich uns dar wie ursächliche Zusammenhänge von früheren mit späteren Ereignissen und geben uns ein anschauliches Bild dafür.

Wollen wir jetzt den Begriff steigern, so können wir sagen: Was wir als Handlungen in einem Leben vollführen, das wird im Leben nach dem Tode umgesetzt in einen mächtigen Affekt, und dieser Affekt, der jetzt durch keine physische Vorstellung geschwächt wird und durch kein gewöhnliches Bewußtsein gehemmt ist – denn das Gehirn ist hierbei nicht nötig –, der durch die andere, tiefer hineinwirkende Form des Bewußtseins erlebt wird, bewirkt nun, daß unsere Taten und unser ganzes Wesen vom vorigen Leben in unserer Anlage und Organisation in einem neuen Leben erscheint. Daher werden wir es begreiflich finden können, daß ein Mensch, der in einer Verkörperung sehr egoistisch gedacht, gefühlt und gehandelt hat, wenn er nach dem Tode vor sich sieht die Früchte seines egoistischen Denkens, Fühlens und Handelns, sich durchzieht mit mächtigen Affekten gegen seine früheren Handlungen. Das ist in der Tat der Fall. Er bekommt Tendenzen in sich, die gegen sein eigenes Wesen gerichtet sind. Und diese Tendenzen, insofern sie aus einem egoistischen Wesen des vorigen Lebens hervorgegangen sind, drücken sich aus in einer in sich schwachen Organisation im neuen Leben. «Schwache Organisation» ist hier dem Wesen nach genommen, nicht dem äußeren Eindruck nach. Wir müssen uns daher klar sein, daß eine schwache Organisation zurückgeführt werden kann karmisch auf ein egoistisches Handeln in einem vorhergehenden Leben.

Gehen wir weiter. Nehmen wir an, in einem Leben zeige ein Mensch einen besonderen Hang zur Lügenhaftigkeit. Das ist schon ein Hang, der geht aus einer tieferen Organisation der Seele hervor. Denn wenn sich der Mensch nur dem überläßt, was in seinem allerbewußtesten Leben ist, so wird er nicht eigentlich lügen; nur Affekte und Gefühle, welche aus dem Unterbewußtsein heraus wirken, verleiten zum Lügen. Da haben wir schon etwas Tieferes sitzen. Wenn der Mensch lügenhaft war, werden seine Handlungen, die aus der Lügenhaftigkeit hervorgehen, wieder die heftigsten Affekte im Leben nach dem Tode gegen den Menschen selbst erzeugen, und eine starke Tendenz gegen die Lügenhaftigkeit wird sich zeigen. Dann wird sich der Mensch mitbringen im späteren Leben nicht nur eine schwache Organisation, sondern – die Geisteswissenschaft zeigt uns das – eine Organisation, die sozusagen unrichtig gebaut ist, die regellos gebaute innere Organe in der feineren Organisation zeigt. Es stimmt da etwas nicht recht zusammen. Das ist bedingt durch früheren Hang zur Lügenhaftigkeit. – Und woher ist der Hang zur Lügenhaftigkeit selbst gekommen? Denn in dem Hang zur Lügenhaftigkeit hat der Mensch ja schon etwas, was auch nicht stimmt.

Da müssen wir noch weiter zurückgehen. Und da zeigt die Geisteswissenschaft, daß ein flatterhaftes Leben, das keine Hingabe und keine Liebe kennt, daß ein oberflächliches Leben in der einen Verkörperung sich ausdrückt in dem Hang zur Lügenhaftigkeit in der nächsten Verkörperung; und der Hang zur Lügenhaftigkeit zeigt sich in der zweitnächsten Inkarnation in den unrichtig gebauten Organen. – So können wir drei aufeinanderfolgende Inkarnationen in ihren Wirkungen karmisch verfolgen: Oberflächlichkeit und Flatterhaftigkeit in der ersten Inkarnation, Hang zur Lügenhaftigkeit in der zweiten und physische Krankheitsdisposition in der dritten Inkarnation.

Da sehen wir Karma an Gesundheit und Krankheit arbeiten. – Was jetzt gesagt worden ist, ist so gesagt, daß die Tatsachen selber herausgeholt worden sind aus der geisteswissenschaftlichen Forschung. Nicht Theorien sollten aufgestellt werden, sondern es sind beobachtete Fälle, die durch die Methoden der Geisteswissenschaft untersucht werden können.

Wir haben also zunächst hingewiesen auf die allergewöhnlichsten Tatsachen – auf die Heilkräfte des Ätherleibes bei den Pflanzen. Wir zeigten dann, wie durch das Hinzutreten des astralischen Leibes bei den Tieren der Ätherleib weniger wirksam ist, und wir sahen ferner, wie durch die Aufnahme des Ich, das ein individuelles Leben im Guten und Bösen, Wahren und Falschen entwickelt, der astralische Leib, der mit dem Hinaufsteigen in der Tierreihe die Heilkräfte nur hemmt, wieder etwas Neues dem Menschen einfügt: die aus dem individuellen Leben ihm einfließenden karmischen Krankheitseinflüsse. Bei der Pflanze gibt es noch keine inneren Krankheitsursachen, weil die Krankheit noch im Äußerlichen ist und die Heilkräfte des Ätherleibes ungeschwächt wirken. Bei den niederen Tieren haben wir noch einen Ätherleib mit solchen Heilkräften, daß er selbst Glieder ersetzen kann; aber je weiter wir hinaufsteigen, desto mehr prägt sich der astralische Leib dem Ätherleib ein, und dadurch schränkt der Astralleib die Heilkräfte des Ätherleibes ein. Aber weil sich die Tiere nicht in Reinkarnationen fortpflanzen, hängt das, was im Ätherleibe ist, nicht zusammen mit irgendwelchen moralisch-intellektuellen oder individuellen Qualitäten, sondern mit dem allgemeinen Typus. Beim Menschen jedoch wirkt das, was er in seinem Ich erlebt, zwischen Geburt und Tod hinein bis in den Ätherleib.

Warum kommen denn die Erlebnisse der Kindheit bei den genannten Gemütswirkungen nur in leichten Erkrankungen zum Vorschein? Weil wir die Ursachen zu vielem, was sich in Neurasthenie, Neurose, Hysterie und so weiter zeigt, werden finden können in demselben Leben. Die Ursachen zu tieferen Krankheitsfällen aber werden wir zu suchen haben in einem vorhergehenden Leben, weil sich erst beim Übergang zu einer neuen Geburt dasjenige recht in den Ätherleib hineinverpflanzen kann, was moralisch und intellektuell erlebt wird. Im allgemeinen kann der Ätherleib beim Menschen tiefere moralische Wirkungen in einem Leben nicht einverleibt erhalten, obwohl wir einzelne Ausnahmefälle – und sogar sehr bedeutende Fälle – noch kennenlernen werden.

So haben wir einen Zusammenhang zwischen unserem Leben im Guten und Bösen, im Moralischen und Intellektuellen in der einen Inkarnation, und unserer Gesundheit oder Krankheit in der nächsten.

VIERTER VORTRAG

Hamburg, 19. Mai 1910

Es darf die Voraussetzung gemacht werden, daß gerade über die beiden Begriffe, welche den Gegenstand unserer heutigen Betrachtung bilden sollen, nämlich Heilbarkeit und Unheilbarkeit von Krankheiten, deutlichere und, man kann sagen, menschenfreundlichere Vorstellungen herrschen werden, wenn einmal die Ideen von Karma und karmischen Zusammenhängen im Leben in weiteren Kreisen werden Platz gegriffen haben. Man darf ja sagen, daß in bezug auf die Begriffe Heilbarkeit und Unheilbarkeit von Krankheiten in den verschiedensten Jahrhunderten die verschiedensten Meinungen verbreitet waren. Und man braucht nicht sehr weit zurückzugehen, um zu sehen, wie ungeheuerlich sich diese Begriffe verändert haben.

Da finden wir eine Zeit – sie ist die Wende zwischen dem Mittelalter und der neueren Zeit, so etwa das 16., 17. Jahrhundert –, da entwickelten sich allmählich die Vorstellungen, daß man die Krankheitsformen in einer strengen Weise eingrenzen könne und daß es eigentlich für eine jede Krankheit irgendein Kräutlein, irgendeine Mixtur gebe, durch welche die betreffende Krankheit unbedingt geheilt werden müsse. Dieser Glaube dauerte im Grunde recht lange, sogar bis in das 19. Jahrhundert hinein. Und wenn man als Laie oder als Mensch, der die heutigen Zeitbegriffe in sich aufgenommen hat, nachlesen wollte in den Mitteilungen von Krankenbehandlungen vom Ende des 18. oder dem Beginn des 19. Jahrhunderts und bis weit in das 19. Jahrhundert hinein, so würde man erstaunen über all die Mittel und Mittelchen, die damals reichlich angewendet worden sind, von Tees, Mixturen bis zu gefährlicheren Arzneien, Aderlässen und so weiter. Aber gerade das 19. Jahrhundert war es, welches in medizinischen Kreisen, und zwar in angesehenen medizinischen Kreisen, diese Ansicht in das genaue Gegenteil verkehrt hat. Und ich darf wohl selbst sagen, daß mir vieles von diesen gegenteiligen Ansichten während meiner jüngeren Jahre in den verschiedensten Nuancen und Motiven vor Augen getreten ist. Es war die Gelegenheit dazu gegeben, wenn man etwa die Strömung der nihilistischen medizinischen Schule mitmachte, die sich um die Mitte des 19. Jahrhunderts in Wien vorbereitete und eigentlich immer mehr und mehr an Ansehen gewann. Der Ausgangspunkt zu einer radikalen Änderung in bezug auf die Anschauungen über Heilbarkeit und Unheilbarkeit von Krankheiten war das, was der bedeutende Mediziner *Dietl* über den Verlauf der Lungenentzündung und ähnlicher Krankheiten zutage förderte. Er war durch allerlei Betrachtungen dazu gekommen, sich zu sagen, daß im Grunde gar kein rechter Einfluß von diesem oder jenem Mittel auf den Verlauf dieser oder jener Krankheit zu bemerken sei. Und gerade unter dem Einfluß von Dietls Schule lernten die damaligen jungen Mediziner über den Heilwert der seit Jahrhunderten heraufgekommenen Heilmittel so denken, daß sie auf alle alten Mittel übertrugen, was mit dem bekannten Sprichwort gemeint ist: Kräht der Hahn auf dem Mist, so ändert sich das Wetter, oder es bleibt, wie es ist! – Sie waren der Meinung, daß es ziemlich einerlei sei für den Verlauf einer Krankheit, ob man diese oder jene Mittel verabreiche oder nicht. Und Dietl war einer, der eine für die damalige Zeit recht überzeugende Statistik zustande brachte, die besagte, daß bei der von ihm eingeführten sogenannten abwartenden Behandlungsweise ungefähr ebenso viele Menschen, die an Lungenentzündung erkrankt waren, geheilt wurden oder starben als bei der früheren Behandlung mit den altehrwürdigen Heilmitteln. Die von Dietl begründete, von *Skoda* weiter fortgeführte abwartende Behandlung bestand darin, daß man den Kranken in die äußere Lebenslage brachte, die ihn instande setzte, die selbstheilenden Kräfte am allerbesten in Anwendung zu bringen, sie hervorzuholen aus seinem Organismus, und dem Arzte wies man kaum eine andere Stellung an, als den Verlauf der Krankheit zu überwachen, damit er da war, wenn irgend etwas eintrat, wo man mit menschlichen Mitteln sachgemäß Hilfe leisten kann. Im übrigen beschränkte man sich darauf, die Krankheit sozusagen kommen zu sehen, abzuwarten, wie die selbstheilenden Kräfte aus dem Organismus herauskamen, bis das Fieber nach einiger Zeit abfiel und die Selbstheilung durch den Organismus eintrat.

Diese medizinische Schule wurde und wird noch heute mit dem Ausdruck der «nihilistischen Schule» belegt, weil sie auf einem Ausspruch von Professor Skoda fußte, der ungefähr sagte: Wir können vielleicht lernen, Krankheiten zu diagnostizieren, sie zu beschreiben, vielleicht auch zu erklären – heilen aber können wir sie nicht! – Ich erzähle Ihnen Dinge, von denen Sie als von Tatsachen, welche sich im Laufe des 19. Jahrhunderts herausgebildet haben, Notiz nehmen sollen, damit Sie eine Empfindung dafür erhalten, wie sich Vorstellungen auf diesem Gebiete geändert haben. Aber es möge niemand glauben, daß, wenn dies oder jenes hier in rein erzählender Form ausgesprochen wird, deshalb gleich in der einen oder andern Weise Partei ergriffen werden soll. Denn selbstverständlich war der Ausspruch des berühmten Professors Skoda eine Art Radikalismus, und es würde leicht sein, die Grenzen, innerhalb welcher ein solcher Ausspruch gilt, aufzuzeigen. Auf eins aber war mit solcher Meinung hingewiesen, ohne daß man eigentlich die Mittel hatte, bewußt diesen Hinweis irgendwie zu begründen oder zu umschreiben oder in Worte zu bringen – ja nicht einmal in Gedanken konnte man ihn bringen; das heißt, man konnte in den Kreisen, in welchen man ihn aussprach, nicht einmal daran gehen, diesen Hinweis zu denken. Es wurde darauf hingewiesen, daß sich allerdings im Menschen etwas finden müsse, was in gewisser Beziehung bestimmend ist für den Ausgang und für den Verlauf einer Krankheit und was als solches im Grunde genommen doch jenseits dessen liegt, was menschliche Hilfe leisten kann.

Es war also der Hinweis auf etwas gegeben, was jenseits der menschlichen Hilfe liegt; und dieser Hinweis kann niemals, wenn man wirklich den Dingen zu Leibe geht, sich auf etwas anderes beziehen als auf das Gesetz von Karma und auf die Wirksamkeit von Karma im Verlaufe des menschlichen Lebens. Wenn wir den Verlauf einer Krankheit im menschlichen Leben verfolgen – das Heraufkommen der Krankheit, die aus dem Organismus selbst hervorsprießenden Heilkräfte –, wenn wir die Heilentwickelung verfolgen, dann werden wir bei unbefangener Betrachtungsweise, besonders wenn wir darauf Rücksicht nehmen, wie in dem einen Falle Heilung eintritt, während in einem andern Falle keine Heilung möglich erscheint, dahin getrieben werden, nach tieferer Gesetzmäßigkeit zu suchen. Darf diese tiefere Gesetzmäßigkeit gesucht werden in den früheren Erdenleben des Menschen? Das ist für uns die Frage. Darf davon gesprochen werden, daß sich der Mensch gewisse

Vorbedingungen mitbringt, die ihn geradezu vorausbestimmt machen, in einem besonderen Falle seine Heilkräfte aus dem Organismus aufrufen zu können, die aber in einem andern Falle so vorausbestimmt sind, daß er trotz aller Anstrengungen nicht imstande ist, die Krankheit zu heilen?

Wenn Sie sich an das erinnern, was namentlich gestern ausgeführt worden ist, so werden Sie begreifen, daß in den Vorgängen, die sich abspielen zwischen dem Tode und der neuen Geburt, allerdings ganz besondere Kräfte aufgenommen werden in die menschliche Individualität. Haben wir doch gesagt, daß dem Menschen während der Kamalokazeit die Ereignisse seines letzten Lebens, seine von ihm verrichteten Handlungen im Guten und Bösen, seine Charaktereigenschaften und so weiter vor die Seele treten und daß er durch die Anschauung seines eigenen Lebens in sich die Tendenz aufnimmt, für alles, was unvollkommen in ihm ist und was sich als eine unrichtige Handlung gezeigt hat, Abhilfe und Ausgleich zu schaffen, sich die betreffenden Eigenschaften einzuprägen, welche ihn auf diesem oder jenem Gebiete vollkommener machen. Haben wir das begriffen, so können wir sagen: Diese Absicht, diese Tendenz behält nun der Mensch und geht durch eine neue Geburt mit dieser Absicht wieder ins Dasein. – Der Mensch baut aber selbst an dem neuen Leibe, der sich ihm angliedert und ihn umgliedert im neuen Leben, und er baut ihn auf gemäß den Kräften, welche er sich mitgebracht hat aus früheren Lebensläufen und aus der Zeit zwischen Tod und neuer Geburt. Mit diesen Kräften ist er ausgestattet und webt sie hinein in seine neue Körperlichkeit. Damit haben wir begriffen, daß diese neue Körperlichkeit schwach oder stark ist, je nachdem der Mensch schwache oder starke Kräfte in sie hineinweben kann.

Nun müssen wir uns aber doch klar sein, daß eine gewisse Folge eintreten wird, wenn zum Beispiel der Mensch während des Kamalokalebens gesehen hat: Du warst im letzten Leben ein Mensch, der viele Handlungen begangen hat unter dem Einflusse seiner Affekte, von Zorn, Furcht, Abscheu und so weiter. – Solche Handlungen stehen nun lebendig vor seiner Seele in der Kamalokazeit, und da bildet sich heraus in dieser Seele der Gedanke – die Ausdrücke, die uns für diese Kräfte erwachsen können sind natürlich für das physische Leben geprägt! –:

Du mußt an dir etwas tun, damit du in dieser Beziehung vollkommener wirst, damit du in der Zukunft nicht mehr geneigt bist, Handlungen unter dem Einflusse deiner Affekte zu begehen! – Dieser Gedanke wird ein Bestandteil der menschlichen Seelenindividualität, und beim Durchgehen durch eine neue Geburt prägt sich dieser Gedanke weiter ein als eine Kraft in den neu entstehenden Leib. Und in diesen fließt dadurch ein die Tendenz, so etwas zu vollführen mit der ganzen Organisation von physischem Leib, Ätherleib und astralischem Leib, was dem Menschen es jetzt unmöglich macht, aus seinen Affekten heraus, aus Zorn, Haß, Neid und so weiter gewisse Handlungen zu begehen, damit er imstande ist, in dieser Beziehung wirklich sich vollkommener zu machen. Und dadurch wird er dazu kommen, neue Handlungen zu vollführen, welche jetzt den Ausgleich früherer Handlungen bewirken können. So läßt der Mensch aus einer seine gewöhnliche Vernünftigkeit weit überragenden Vernünftigkeit die Absicht in sich hineinfließen, die ihn zu einer höheren Vollkommenheit auf einem bestimmten Gebiete und zum Ausgleich bestimmter Handlungen führen kann. – Wenn Sie in Betracht ziehen, wie mannigfaltig das Leben ist, wie der Mensch von Tag zu Tag solche Handlungen vollführt, die einen derartigen Ausgleich erfordern, so werden Sie begreifen, daß viele solcher nach Ausgleich harrender Gedanken in der Seele sind, wenn die Seele durch eine neue Geburt ins Dasein tritt, und daß diese mannigfaltigen Gedanken sich kreuzen, so daß dadurch der menschliche physische Leib und Ätherleib eine Konfiguration erhalten, in welche alle diese Tendenzen hineinverwoben sind. Um uns nun das verständlich zu machen, nehmen wir einen ganz eklatanten Fall an. Gerade heute aber muß ich ganz besonders betonen, was ich auch sonst stets betone: daß ich vermeide, aus irgendeiner Theorie oder Hypothesenmacherei zu sprechen und daß ich, wenn ich Beispiele anführe, nur solche anführe, die von der Geisteswissenschaft wohl geprüft sind.

Nehmen wir an, jemand habe im letzten Leben so gelebt, daß er aus einem viel zu schwachen Ich-Gefühl heraus gewirkt hat, aus einem Ich-Gefühl, welches in der Hingabe an die äußere Welt viel zu weit ging, so weit, daß es mit einer Unselbständigkeit, Selbstverlorenheit wirkte, wie es für unseren heutigen Menschheitszyklus nicht mehr angemessen ist. Also das fehlende Selbstgefühl war es, welches einen Menschen in einer Inkarnation zu diesen oder jenen Handlungen geführt hat. Nun hat er während der Kamalokazeit die Handlungen vor sich gehabt, die aus diesem fehlenden Selbstgefühl herausgeflossen sind. Er nimmt daraus zunächst die Tendenz auf: Du mußt in dir Kräfte entwickeln, welche dein Selbstgefühl erhöhen, du mußt in einer nächsten Inkarnation dir die Gelegenheit schaffen, gegen den Widerstand deiner Leiblichkeit, gegen die Kräfte, welche dir entgegenkommen werden aus physischem Leib, Ätherleib und astralischem Leib, dein Selbstgefühl zu stählen, damit es gleichsam eine Schule durchmacht. Du mußt dir einen Leib anschaffen, der dir zeigt, wie aus der Leiblichkeit heraus die Anlage zu einem schwachen Selbstgefühl wirkt!

Was sich dann in der nächsten Inkarnation abspielen wird, wird wenig ins Bewußtsein treten, es wird sich mehr oder weniger in einer unterbewußten Region abspielen. Der Betreffende wird hinstreben zu einer solchen Inkarnation, welche gerade die derbsten Widerstände seinem Selbstgefühl entgegensetzt, so daß er es nötig hat, sein Selbstgefühl im höchsten Maße anzuspannen. Dadurch wird er wie magnetisch hingezogen werden zu solchen Gegenden und solchen Gelegenheiten, wo sich ihm tiefere Hindernisse entgegenstellen, wo sich sein Selbstgefühl ausleben soll gegen die Organisation der drei Leiber. So sonderbar es Ihnen klingen mag: Solche Individualitäten, die mit diesem Karma belastet sind, daß sie in der charakterisierten Weise durch die Geburt ins Dasein hineinstreben, suchen den Zugang zu Gelegenheiten, wo sie zum Beispiel einer Seuche wie der Cholera ausgesetzt sein können; denn diese bietet ihnen Gelegenheit, jene Widerstände, welche eben gekennzeichnet worden sind, zu finden. Was dabei durchzumachen ist im Inneren gegen die Widerstände der drei Leiber in dem Erkrankten, das kann dann bewirken, daß in der nächsten Inkarnation das Selbstgefühl in einem erheblichen Grade gewachsen ist.

Nehmen wir einen andern eklatanten Fall an, und zwar, damit Sie den Zusammenhang durchschauen können, jetzt gerade den entgegengesetzten Fall. Ein Mensch sieht während der Kamalokazeit, daß er unter einem zu starken Selbstgefühl eine Reihe von Handlungen vollführt hat, die aus einem zu starken Auf-sich-selbst-Bauen geflossen sind. Er sieht, daß er sich mäßigen muß in bezug auf sein Selbstgefühl, daß er es zurückdämmen muß. Da muß er wieder eine Gelegenheit aufsuchen, wo ihm in der nächsten Inkarnation seine drei Leiber die Möglichkeit geben, daß das Selbstgefühl überall in der Leiblichkeit – wie es sich auch anstrenge – keine Schranken findet, daß es überall ins Bodenlose hinein und sich selbst ad absurdum führt. Die Bedingungen dazu sind hergestellt, wenn der Betreffende hingezogen wird zu einer Gelegenheit, die ihm die Malaria bringt.

Da haben Sie einen Krankheitsfall des karmischen Wirkens und sogar den Satz dargelegt, daß im Grunde der Mensch aus einer höheren Vernünftigkeit, als diejenige ist, welche er mit seinem gewöhnlichen Bewußtsein überschauen kann, hingeleitet wird zu den Gelegenheiten, wo er sich im Verlaufe seines Karma weiter fortentwickeln kann. Wenn Sie namentlich die Dinge ins Auge fassen, welche jetzt eben gesagt worden sind, wird es Ihnen sehr erleichtert werden, Verständnis zu gewinnen gerade für das Epidemische bei den Krankheiten. Wir könnten die verschiedensten Beispiele anführen, die uns alle zeigen, wie der Mensch aus den Erfahrungen seiner Kamalokazeit heraus geradezu die Gelegenheiten aufsucht, diese oder jene Krankheit zu bekommen, um durch ihre Überwindung und durch die Entfaltung der selbstheilenden Kräfte die Kräfte zu gewinnen, welche ihn die Lebensbahn im ganzen hinaufführen.

Vorhin sagte ich, wenn ein Mensch viel unter dem Einfluß von Affekten gehandelt hat, so wird er in der Kamalokazeit ebenfalls Handlungen durchleben, die unter dem Einfluß von Affekten überhaupt geschehen sind. Das wird ihm die Tendenz geben, in seiner neuen Inkarnation, in seiner eigenen Leiblichkeit so etwas zu erleben, durch dessen Überwindung er Handlungen vollführt, welche ausgleichend wirken können auf gewisse Handlungen seines früheren Lebens. Insbesondere ist es da jene Form der Erkrankung, die wir in der neueren Zeit als Diphtherie kennen, die in vielen Fällen zutage tritt, wenn eine solche karmische Verwicklung vorliegt, wo sich der Betreffende früher in der Weise ausgelebt hat, daß er vielfach aus allerlei Aufwallungen, Affekten und so weiter gehandelt hat.

Wir werden im Verlaufe dieser Vorträge noch manches zu hören bekommen darüber, wie diese oder jene Krankheit bedingt ist. Wir müssen aber jetzt auf noch tiefere Grundlagen eingehen, wenn wir uns die Frage beantworten wollen: Wie kommt es, daß, wenn der Mensch durch die Geburt ins Dasein tritt und er sich durch sein Karma die Tendenz mitbringt, durch die Überwindung dieses oder jenes Leidens das eine oder das andere zu erreichen, wie kommt es, daß es ihm einmal gelingt, wirklich Sieger zu sein, die Krankheit zu überwinden und Kräfte in sich aufzunehmen, die ihn höher bringen, während er das andere Mal unterliegt und die Krankheit Sieger bleibt? Da müssen wir auf die geistigen Prinzipien zurückgehen, die überhaupt das Kranksein im Menschenleben möglich machen.

Daß der Mensch überhaupt erkranken kann, daß er geradezu das Kranksein – sogar aus seinem Karma heraus – suchen kann, das kommt zuletzt aus keinen andern Prinzipien heraus als aus denjenigen, die wir schon oft in den verschiedensten Zusammenhängen unserer theosophischen Betrachtungen uns haben vor die Seele treten lassen. – Wir wissen, daß in einem bestimmten Punkte der Erdentwickelung diejenigen Kräfte in die menschliche Entwickelung eingetreten sind, welche wir die luziferischen Kräfte nennen, welche solchen Wesenheiten angehören, die während der alten Mondentwickelung zurückgeblieben sind und nicht so weit vorgeschritten sind, daß sie sozusagen an dem normalen Punkt ihrer Erdentwickelung angelangt wären. Dadurch wurde dem astralischen Leibe des Menschen, bevor sein Ich in der entsprechenden Weise wirken konnte, etwas eingepflanzt, was aus diesen luziferischen Wesen herausströmte. Der Einfluß dieser luziferischen Wesenheiten ist daher ein solcher, der vorzugsweise auf unseren astralischen Leib einstmals ausgeübt worden ist und den der Mensch für die Folgezeit durch seine Entwickelung hindurch in seinem astralischen Leib hatte. Dieser luziferische Einfluß bedeutet in der menschlichen Entwickelung mancherlei. Für unseren heutigen Zweck ist es aber wichtig, hervorzuheben, daß der Mensch, indem er die luziferischen Kräfte in sich hatte, in seinem Inneren einen Verführer hatte, weniger gut zu sein, als er gewesen wäre, wenn der luziferische Einfluß nicht gekommen wäre; und ebenso hatte er dadurch einen Einfluß, mehr aus allerlei Affekten, Leidenschaften und Begierden heraus zu handeln und zu urteilen, als er geurteilt und gehandelt haben würde, wenn der luziferische Einfluß nicht gewirkt hätte. Durch diesen Einfluß wurde des Menschen eigentliche Individualität veranlaßt, anders zu sein, sozusagen mehr hingegeben zu sein an das, was wir die Begierdenwelt nennen können, als es sonst der Fall gewesen wäre. Und dadurch ist es gekommen, daß der Mensch viel tiefer hineinverstrickt worden ist in die physische Erdenwelt, als es sonst geschehen wäre. Der Mensch drängt sich durch den luziferischen Einfluß mehr hinein in seine Leiblichkeit, identifiziert sich mehr mit der Leiblichkeit, als er sie durchdrungen hätte, wenn kein luziferischer Einfluß gekommen wäre. Denn wäre der Einfluß der luziferischen Wesenheiten nicht gekommen, so wäre so mancherlei von dem, was den Menschen auf der Erde locken kann, dieses oder jenes zu begehren, nicht gekommen. Der Mensch wäre gleichgültig an den Eindrücken dieser oder jener Lockmittel vorbeigegangen. Durch Luzifers Einfluß entstanden die Verlockungen der äußeren sinnlichen Welt; diese Verlockungen nahm der Mensch in sich auf. Die Individualität, die durch das Ich gegeben war, wurde durchtränkt mit den Wirkungen, die aus dem luziferischen Prinzip heraus kamen. Und so kam es, daß der Mensch bei seinen ersten Erdeninkarnationen auch den ersten Verlockungen des luziferischen Prinzips verfallen war und diese Verlockungen mitnahm in die späteren Leben. Das heißt, daß die Art und Weise, wie der Mensch den Verlockungen des luziferischen Prinzips verfiel, zu einem Bestandteil seines Karma wurde.

Wenn nun der Mensch nur dieses Prinzip in sich aufgenommen hätte, so würde er immer mehr und mehr den Verlockungen der physischen Erdenwelt verfallen sein; er würde sozusagen immer mehr die Aussicht verloren haben, von dieser physischen Erdenwelt wieder loszukommen. Wir wissen, daß der spätere Einfluß – der Christus-Einfluß – dem luziferischen Prinzip entgegengewirkt hat und es gleichsam wieder zum Ausgleich gebracht hat, so daß der Mensch im Laufe seiner Entwickelung wieder Mittel erhalten hat, diesen luziferischen Einfluß aus sich herauszutreiben. Aber mit dem luziferischen Einfluß war zugleich etwas anderes gegeben. Dadurch, daß der Mensch in seinem astralischen Leib den luziferischen Einfluß aufgenommen hatte, erschien ihm auch die ganze äußere Welt, in die er eintrat, ganz anders, als sie ihm erschienen wäre, wenn er dem luziferischen Einfluß nicht hingegeben gewesen wäre. Luzifer drang in des Menschen Inneres. Der Mensch sah mit Luzifer im Inneren die Welt um sich herum. Dadurch trübte sich sein Blick für die Erdenwelt, und es mischte sich nun in die äußeren Eindrücke hinein der ahrimanische Einfluß. Nur dadurch konnte sich Ahriman einmischen und die äußere Welt zur Illusion gestalten, weil wir uns schon früher von innen heraus die Anlage zur Illusion, zu Maja geschaffen hatten. So war der ahrimanische Einfluß, der hineinzog in die äußere Welt, die den Menschen umgab, die Folge des luziferischen Einflusses. Wir können sagen: Der Mensch saugte ein, weil einmal die luziferischen Kräfte in ihm waren, die Möglichkeit, sich mehr in die Sinnenwelt zu verstricken, als er sich ohne den luziferischen Einfluß in das sinnliche Erdenleben verstrickt hätte. Dadurch hat er sich aber auch die Möglichkeit geschaffen, mit allen äußeren Wahrnehmungen von außen den ahrimanischen Einfluß einzusaugen. Und so lebt in der menschlichen Individualität, indem sie durch die verschiedenen Erdeninkarnationen hindurchgeht, der luziferische Einfluß, und als das Ergebnis des luziferischen Einflusses der ahrimanische Einfluß. Diese zwei Mächte kämpfen fortwährend in der menschlichen Individualität. Und die menschliche Individualität ist der Schauplatz geworden für den Kampf von Luzifer und Ahriman.

Der Mensch ist mit seinem gewöhnlichen Bewußtsein auch heute noch ausgesetzt sowohl den Verlockungen Luzifers, der aus den Leidenschaften und Affekten seines astralischen Leibes heraus wirkt, wie auch den Verlockungen Ahrimans, der durch Irrtümer, Täuschungen in bezug auf die äußere Welt von außen in den Menschen eindringt. Solange nun der Mensch in einer Inkarnation lebt und die Vorstellungen einen Riegel vorschieben, so daß das, was von Luzifer und Ahriman geschieht, nicht tiefer eindringen kann und ein Hindernis findet an den Vorstellungen, so lange bleibt das, was der Mensch tut, dem moralischen oder dem intellektuellen Urteil unterworfen. Solange der Mensch zwischen Geburt und Tod gegen die Moral sündigt, indem er Luzifer folgt, oder sich gegen die Logik und das gesunde Denken versündigt, indem er Ahriman folgt, so lange bleibt das eine Angelegenheit des gewöhnlichen bewußten Seelenlebens. Wenn der Mensch aber durch die Pforte des Todes schreitet, hört das Vorstellungsleben auf, das an das Instrument des Gehirns gebunden ist. Da beginnt eine andere Form des Bewußtseinslebens. Da dringen in der Tat alle die Dinge, welche im Leben zwischen Geburt und Tod dem moralischen oder dem vernünftigen Urteil unterworfen sind, herunter in die Untergründe des menschlichen Wesens und greifen ein in das, was dann nach dem Kamaloka für das nächste Dasein organisierend wirkt und sich hineinprägt in die plastischen Kräfte, die nun die dreifache menschliche Leiblichkeit aufbauen. Da werden Irrtümer, welche aus der Hingabe an Ahriman folgen, zu Krankheitskräften, die vom Ätherleib her den Menschen infizieren, und Ausschweifungen, also Dinge, welche im Leben dem moralischen Urteil unterworfen sind, werden zu Krankheitsursachen, welche mehr vom astralischen Leib her wirken.

Dadurch sehen wir, wie in der Tat unsere Irrtümer aus dem Ahrimanischen in uns – und dazu sind auch die bewußten Irrtümer: Lügen, Unwahrheiten zu rechnen – zu Krankheitsursachen werden, wenn wir allerdings nicht bei einer Inkarnation stehenbleiben, sondern die Wirkung einer Inkarnation auf die folgende betrachten; und wir sehen, wie auch die luziferischen Einflüsse zu Krankheitsursachen auf demselben Wege werden. Wir können in der Tat sagen: Wir begehen unsere Irrtümer nicht ungestraft! Wir tragen den Stempel unserer Irrtümer in unserer nächsten Inkarnation an uns, aber wir tun es aus einer höheren Vernünftigkeit heraus, als diejenige unseres gewöhnlichen Lebens ist, aus derjenigen Vernünftigkeit, welche uns während der Zeit zwischen Tod und neuer Geburt anweist, uns so stark und kräftig zu machen, daß wir fernerhin diesen Verlockungen nicht mehr ausgesetzt sind. So reihen sich Krankheiten sogar ein als mächtige Erzieher in unser Leben. – Wenn wir Krankheiten so betrachten, können wir förmlich sehen, wie bei der Ausbildung einer Krankheit entweder luziferische oder ahrimanische Einflüsse wirksam sind. Wenn einmal diese Dinge werden durchschaut werden von denen, die unter dem Einfluß der geisteswissenschaftlichen Weltanschauung Heiler sein werden, dann werden die Einflüsse dieser Heiler auf den menschlichen Organismus viel intimere sein, als sie heute sein können.

Wir können geradezu in diesem Sinne den Organismus gewisser

Krankheitsformen durchschauen. Nehmen wir zum Beispiel eine solche Krankheit wie die Lungenentzündung. Sie ist eine Wirkung in der karmischen Folge, welche dadurch entsteht, daß der Betreffende während seiner Kamalokazeit zurückblicken kann auf einen Charakter, der in sich hatte Hang und Neigung zu sinnlichen Ausschweifungen, der in sich hatte sozusagen ein Bedürfnis, sinnlich zu leben. Verwechseln wir ja nicht, was jetzt einem früheren Bewußtsein zugeschrieben wird, mit dem, was im Bewußtsein der nächsten Inkarnation auftritt. Damit hat es zunächst nichts zu tun. Wohl aber wird das, was der Mensch während der Kamalokazeit sieht, sich so umwandeln, daß sich ihm Kräfte einprägen zu Vorgängen, welche die Lungenentzündung überwinden. Denn gerade in der Überwindung der Lungenentzündung, in der Selbstheilung, welche dabei vom Menschen angestrebt wird, wirkt die menschliche Individualität entgegen den luziferischen Mächten, führt einen förmlichen Krieg gerade gegen die luziferischen Mächte. Daher ist in der Überwindung der Lungenentzündung eine Gelegenheit, dasjenige abzulegen, was ein Charaktermangel in einer vorherigen Inkarnation war. So sehen wir förmlich wirken in der Lungenentzündung den Kampf des Menschen gegen die luziferischen Mächte.

Anders stellt sich uns die Sache dar, wenn wir bei dem, was wir im heutigen Sprachgebrauch Lungentuberkulose nennen, die eigentümlichen Prozesse auftreten sehen, wenn die selbstheilenden Kräfte in Tätigkeit übergehen, die sich dadurch äußern, daß die schädigenden Einflüsse, welche da entstehen, umgeben werden, umrandet werden von Umhüllungen wie Bindegewebe; dann wird das Ganze ausgefüllt mit kalk-salzhaltiger Materie, welche feste Einschlüsse bildet. Solche Einschlüsse kann der Mensch in seiner Lunge haben, und viel mehr Menschen tragen solche Dinge mit sich herum, als man gewöhnlich glaubt; denn das sind diejenigen Menschen, bei denen eine tuberkulöse Lunge in Heilung übergegangen ist. Wo derartiges vor sich ging, ist wieder ein Kampf aufgeführt worden der menschlichen inneren Wesenheit gegen das, was ahrimanische Kräfte angestellt haben. Es ist ein Abwehrprozeß nach außen, ein Anstürmen gegen das, was durch äußere Materialität hergebracht wird, um zur Selbständigkeit der menschlichen Wesenheit in diesem Sinne zu führen.

Damit haben wir gezeigt, wie in der Tat die beiden Prinzipien, das ahrimanische und das luziferische, im letzten Grunde im Krankheitsverlauf tätig sind. Und es könnte in vieler Beziehung für diese oder jene Krankheitsform gezeigt werden, wie man eigentlich zwei Typen von Krankheiten unterscheiden müßte: ahrimanische und luziferische Krankheiten. Wenn man das beachten würde, so würde man auch richtige Prinzipien gewinnen können für die entsprechende Hilfe, welche man den Kranken angedeihen lassen kann. Denn luziferische Krankheitsprozesse werden ganz andere Hilfe erfordern als ahrimanische. Wenn heute noch in einer ziemlich kritiklosen Weise, zum Beispiel im äußeren Heilverfahren, Kräfte angewendet werden, die in der heutigen Elektrotherapie, in der Kaltwasserbehandlung oder in ähnlichem enthalten sind, so muß gesagt werden, daß von vornherein durch die Geisteswissenschaft ein Licht darauf geworfen werden kann, ob man die eine oder die andere Methode anwenden soll, dadurch, daß man unterscheiden würde, ob man es mit einer luziferischen oder einer ahrimanischen Krankheit zu tun hat. Kein Mensch sollte zum Beispiel das Verfahren der Elektrotherapie anwenden bei Erkrankungen, die aus dem Luziferischen stammen; sondern man sollte sie nur bei ahrimanischen Krankheitsformen anwenden. Denn eine Hilfe kann bei luziferischen Krankheitsformen niemals etwas sein, was überhaupt mit dem Wirken des Luzifer gar nichts zu tun hat, nämlich die Prinzipien der Elektrizität; denn diese fallen in das Bereich der ahrimanischen Wesenheiten, wobei sich natürlich nicht nur die ahrimanischen Wesenheiten der Kräfte der Elektrizität bedienen. Dagegen ist ein ganz besonderes Gebiet des Luziferischen dasjenige, was sich bezieht, grob ausgedrückt, auf Warm und Kalt. Alles, was damit zu tun hat, daß die menschliche Organisation wärmer oder kälter wird oder was sie selbst durch äußere Einflüsse wärmer oder kälter macht, das gehört in das Bereich des Luzifer. Und bei alledem, wo wir es zu tun haben mit Warm oder Kalt, haben wir einen Typus luziferischer Krankheitsformen.

So also sehen wir, wie Karma in dem Kranksein wirkt und wie es zur Überwindung von Kranksein wirkt. Nun wird es nicht mehr unbegreiflich erscheinen, daß im Karma auch die Heilbarkeit oder Unheilbarkeit einer Krankheit liegt. Wenn Sie sich klarmachen, daß ja das

Ziel, das karmische Ziel des Erkrankens das ist, den Menschen zu fördern und vollkommener zu machen, so ist die Voraussetzung die, daß der Mensch, wenn er nach der Vernünftigkeit, die er sich aus der Kamalokazeit beim Eintritt in ein neues Dasein mitbringt, einer Krankheit verfällt, jene Heilkräfte dann entwickelt, welche eine Stählung seines inneren Menschen bedeuten und die Möglichkeit, höher zu kommen. Nehmen wir an, die Sache liege so, daß der Mensch in dem Leben, das er noch zubringen kann, vermöge seiner sonstigen Organisation und seines übrigen Karma die Kräfte hat, mit dem, was er durch die Krankheit errungen hat, in diesem Leben selbst weiterzukommen. Dann hat die Heilung einen Sinn. Dann tritt Heilung ein und der Mensch hat in diesem Falle das errungen, was er erringen sollte und was sich an dem Vorhandensein der Krankheit zeigte. Durch das Überwinden der Krankheit hat er sich instand gesetzt, dort vollkommene Kräfte zu haben, wo er früher unvollkommene Kräfte hatte. Ist er durch sein Karma mit solchen Kräften ausgerüstet und durch die günstigen Umstände seines früheren Schicksals so in die Welt gesetzt, daß er die neuen Kräfte anwenden kann und wirken kann, um sich und andern von Nutzen zu sein, dann tritt die Heilung ein; dann windet er sich durch die Krankheit hindurch.

Nehmen wir nun an, die Sache liege für den Menschen so, daß er die Krankheit überwindet und die Heilkräfte entwickelt und nunmehr vor einem Leben stünde, welches an ihn Anforderungen stellen würde, die mit dem Maß, das er sich jetzt schon errungen hat an Vollkommenem, nicht erfüllt werden können: Er würde zwar einiges erringen durch die geheilte Krankheit, aber es wäre doch nicht möglich, daß er so viel erringt – weil sein übriges Karma das nicht zuläßt –, daß er mit dem, was er sich errungen hat, den andern zum Heile werden kann. Dann tritt das ein, daß sein tieferes Unterbewußtsein sagt: Hier hast du keine Gelegenheit, die volle Kraft von dem zu empfangen, was du eigentlich haben sollst. Du mußtest in diese Inkarnation hineingehen, weil du das Maß an Vollkommenheit gewinnen mußtest, das du nur im physischen Leibe durch die Überwindung einer Krankheit erringen kannst. Das mußtest du erringen; aber weiter ausbilden kannst du es nicht. Nun mußt du in die Verhältnisse gehen, wo dein physischer Leib und andere

Kräfte dich nicht stören und wo du frei verarbeiten kannst, was du in der Krankheit gewonnen hast. – Das heißt, es sucht eine solche Individualität den Tod, um zwischen Tod und neuer Geburt das weiterzuverarbeiten, was sie im Leben zwischen Geburt und Tod nicht verarbeiten kann. Es geht eine solche Seele durch das Leben zwischen Tod und neuer Geburt durch, um jetzt mit um so stärkeren Kräften, die sie beim Überwinden der Krankheit gewonnen hat, ihre Organisation weiter auszubilden, damit sie im neuen Leben um so mehr wirken kann. In dieser Weise kann förmlich durch die Anwesenheit einer Krankheit eine Art Abschlagszahlung bewirkt werden, die dann erst ergänzt wird nach dem Durchgehen durch den Tod zu dem, was sie sein soll.

Wenn wir die Sache so betrachten, werden wir uns sagen müssen: Es erscheint durchaus im Karma begründet, daß die eine Krankheit ausgeht mit der Heilung, die andere mit dem Tod. – Wenn wir so die Krankheiten ansehen, werden wir von einem höheren Gesichtspunkt aus durch Karma eine Art Versöhnung, eine tiefe Versöhnung mit dem Leben gewinnen; denn wir werden wissen, daß es in der Gesetzmäßigkeit von Karma liegt, daß, selbst wenn eine Krankheit mit dem Tode ausgeht, der Mensch gefördert wird, daß selbst in einem solchen Falle die Krankheit das Ziel hat, den Menschen höher zu bringen. Nun darf niemand daraus etwa den Schluß ziehen: dann könnte es auch sein, daß wir geradezu den Tod herbeiwünschen müßten in gewissen Krankheitsfällen. Das darf niemand sagen, weil die Entscheidung darüber, was eintreten soll, ob Heilung oder Unheilbarkeit, einer höheren Vernünftigkeit zufällt, als die ist, welche wir mit unserem gewöhnlichen Bewußtsein umfassen können. Mit unserem gewöhnlichen Bewußtsein müssen wir uns bescheiden innerhalb der Welt zwischen Geburt und Tod, bei solchen Fragen stehenzubleiben. Mit unserem höheren Bewußtsein dürfen wir uns allerdings selbst auf den Standpunkt stellen, der sogar den Tod hinnimmt als ein Geschenk der höheren geistigen Mächte. Mit demjenigen Bewußtsein aber, das helfen und eingreifen soll ins Leben, dürfen wir uns nicht vermessen, uns auf diesen höheren Gesichtspunkt zu stellen. Da könnten wir uns leicht irren und würden in einer unerhörten Weise eingreifen in etwas, worin wir nie eingreifen dürfen: in die menschliche Freiheitssphäre. Wenn wir einem Menschen helfen können, damit er die selbstheilenden Kräfte entwickelt, oder indem wir selbst der Natur zu Hilfe kommen, damit Heilung eintritt, so müssen wir das tun. Und soll die Entscheidung darüber fallen, ob der Mensch weiterleben soll oder ob er mehr gefördert wird, wenn der Tod eintritt, dann kann sie niemals anders als so fallen, daß unsere Hilfe eine Hilfe in der Heilung sein kann. Ist sie dies, so setzen wir es in des Menschen eigene Individualität, seine Kräfte anzuwenden, und die ärztliche Hilfe kann dabei nur eine solche sein, die ihn darin unterstützt. Dann wirkt sie nicht hinein in die menschliche Individualität. Ganz anders wäre es, wenn wir eines Menschen Unheilbarkeit in der Weise fördern würden, daß er sein weiteres Fortkommen in einer anderen Welt suchte. Da würden wir in seine Individualität eingreifen und seine Individualität einer andern Wirkungssphäre übergeben. Dann hätten wir unseren Willen der andern Individualität aufgedrängt. Diese Entscheidung müssen wir der Individualität selbst überlassen. Das heißt mit andern Worten: Wir müssen so viel als möglich tun, damit eine Heilung geschieht. Denn alle Überlegungen, die zu einer Heilung führen, kommen aus dem Bewußtsein, das für unsere Erde berechtigt ist; alle andern Maßnahmen würden übergreifen über unsere Erdensphäre; da müssen andere Kräfte eingreifen als die, welche in unser gewöhnliches Bewußtsein hineinfallen.

So sehen wir, daß ein richtiges karmisches Verständnis über Heilbarkeit und Unheilbarkeit von Krankheiten dazu führt, daß wir alles aufbringen werden, um dem Menschen zu helfen in der Krankheit; und auf der andern Seite führt es uns auch dazu, daß wir, wenn aus andern Sphären eine andere Entscheidung getroffen wird, diese ebenfalls zu unserer Befriedigung hinnehmen. Etwas anderes haben wir in bezug auf diese andere Entscheidung auch gar nicht nötig. Nötig haben wir, daß wir einen Gesichtspunkt finden, daß uns die Unheilbarkeit einer Krankheit nicht niederdrückt, als ob die Welt nur das Unvollkommene, das Schlimme und Schlechte hätte. Karmisches Verständnis lähmt nicht unsere Tatkraft in bezug auf das Heilen. Karmisches Verständnis wird uns auf der andern Seite auch wieder in Harmonie bringen mit dem schwersten Schicksal in bezug auf Unheilbarkeit dieser oder jener Krankheit.

So haben wir heute gesehen, wie uns karmisches Verständnis allein möglich macht, den Verlauf einer Krankheit in der richtigen Weise aufzufassen und zu begreifen, daß wir geradezu hineinleuchten sehen die karmischen Wirkungen aus unseren früheren Leben in das gegenwärtige. Beispiele im einzelnen werden sich uns noch bei Besprechung der nächsten Fragen darbieten.

Nun wird es uns obliegen, zu unterscheiden zwischen zwei besonderen Krankheitsformen, zwischen denjenigen, welche aus dem menschlichen Inneren kommen, und die ganz besonders erscheinen als durch das Karma herbeigetragen, und zwischen jenen Erkrankungen, die uns scheinbar zufällig treffen dadurch, daß wir äußeren Schädigungen ausgesetzt sind, daß uns dieses oder jenes passiert. Kurz, es wird sich darum handeln: Wie können wir zu einem karmischen Verständnis auch dann kommen, wenn wir zum Beispiel unter die Räder eines Eisenbahnzuges kommen? Das heißt, wie sind sogenannte «zufällige» Erkrankungen durch das Karma zu begreifen?

FÜNFTER VORTRAG

Hamburg, 20. Mai 1910

Der Inhalt des gestrigen Vortrages ist von großer Wichtigkeit sowohl für unsere nächsten Betrachtungen wie auch für das Verständnis der karmischen Zusammenhänge überhaupt. Deshalb – wegen dieser einschneidenden Wichtigkeit – lassen Sie mich heute noch einmal in den Hauptzügen kurz zusammenfassen, was der gestrige Vortrag enthalten hat.

Wir gingen davon aus, daß sich die Anschauungen über Heilung und über Heilmittel im Laufe verhältnismäßig kurzer Zeiten im letzten Jahrhundert ziemlich radikal verändert haben. Und wir haben darauf hingewiesen, wie im 16. und 17. Jahrhundert namentlich eine Anschauung sich ausbildete, welche ganz und gar auf dem Boden fußte: Für eine jede Krankheit, die mit einem Namen bezeichnet wurde und die man glaubte begrifflich abgrenzen zu können, müßten sich auch diese oder jene Heilmittel in der Welt finden. Und man glaubte mit Sicherheit, daß, wenn das betreffende Mittel angewendet würde, es auf den Verlauf der Krankheit einen Einfluß haben müsse. Wir haben dann darauf hingewiesen, wie sich diese Anschauung mehr oder weniger bis ins 19. Jahrhundert hinein erhalten hat, dann aber danebengestellt den absoluten Gegensatz dieser Anschauung, der sich namentlich zum Ausdruck gebracht hat in dem Nihilismus der Wiener medizinischen Schule, der seinen Ausgangspunkt genommen hat von dem berühmten Mediziner *Dietl*, und seinen Fortgang gefunden hat in *Skoda* und dessen verschiedenen Schülern. Und wir haben die nihilistische Richtung dadurch charakterisiert, daß wir sagten: Sie fing nicht nur an, über den absoluten Zusammenhang zwischen diesem oder jenem Heilmittel, zwischen diesen oder jenen Handgriffen in bezug auf die Krankheitsbehandlung und die Krankheit selber gründliche Zweifel zu haben, sondern sie wollte von einem solchen Zusammenhang nichts mehr wissen. Und es kam in die Gemüter der unter dem Einfluß dieser Schule stehenden jungen Ärzte die Anschauung von der sogenannten «Selbstheilung» hinein. Skoda selbst hat ja den für diese Schule bedeutungsvollen Satz ausgesprochen: Wir können eine Krankheit diagnostizieren, wir können sie vielleicht auch erklären und beschreiben; aber Mittel haben wir gegen die Krankheit nicht. – Und den Ausgangspunkt nahm diese Richtung davon, daß Dietl nachweisen konnte, daß bei der abwartenden Behandlung eine Krankheit wie die Lungenentzündung so verläuft, daß sie innerhalb einer bestimmten Zeit die selbstheilenden Kräfte entwickelt, wenn man nur die nötigen Bedingungen dafür schafft. Und er konnte statistisch nachweisen, daß bei der abwartenden Behandlung ebenso viele Menschen geheilt wurden oder auch starben wie bei Verabreichung der sonst gebräuchlichen Mittel. Damals war die Bezeichnung «therapeutischer Nihilismus» durchaus nicht unberechtigt; denn es war eine absolute Wahrheit, daß sich die Ärzte dieser Schule gar nicht schützen konnten gegen die Meinung der Kranken, daß ein Mittel, ein Rezept eben da sein muß. Der Kranke gab nicht nach, seine Umgebung auch nicht – Mittel mußten verschrieben werden, und die Anhänger dieser Schule halfen sich dann gewöhnlich dadurch, daß sie dünn aufgelösten arabischen Gummi verschrieben, der nach der Meinung der Anhänger der Schule ganz dieselbe Wirkung haben sollte wie die früher angewendeten Mittel. Wir haben daraus erkennen gelernt, wie geradezu hindrängt die moderne wissenschaftliche Tatsachenwelt zu dem, was wir den karmischen Zusammenhang im Leben nennen können. Denn wir mußten uns nun die Frage beantworten: Wie geschieht denn eigentlich das, was man nennen könnte «Selbstheilung»? Oder besser gesagt: Warum geschieht es? Und warum kann in einem andern Falle eine Selbstheilung oder überhaupt eine Heilung nicht eintreten?

Wenn eine ganze Schule, an deren Spitze medizinische Koryphäen standen, darauf verfallen konnte, den Begriff der Selbstheilung einzuführen, so hätte einer, der darüber nachdenkt, dazu kommen müssen, zu sagen: Also wird im Krankheitsprozeß etwas wachgerufen, was zur Überwindung der Krankheit führt! Und das hätte weiter dazu führen müssen, den geheimeren Gründen des Krankheitsverlaufes nachzuspüren. Wir haben nun versucht, darauf hinzuweisen, wie ein solcher karmischer Zusammenhang innerhalb der Menschheitsentwickelung für den Krankheitsverlauf gesucht werden kann. Wir haben gezeigt, daß allerdings das, was der Mensch in seinem gewöhnlichen Leben vollführt an guten und bösen Handlungen, an gescheiten und unsinnigen Handlungen, was er erlebt an richtigen und verkehrten Gemütsauffassungen, daß alles das nicht tief hineingeht in die Untergründe der menschlichen Organisation. Und wir haben den Grund aufgezeigt, warum das, was für das gewöhnliche Leben der moralischen, der intellektuellen und gemüthaften Beurteilung unterliegt, nur an der Oberfläche des gewöhnlichen Lebens sitzenbleibt und nicht dem Gesetze unterliegt, das wir im andern Falle aufzeigen konnten: die tieferliegenden Kräfte der Menschenorganisation zu beeinflussen. Wir haben gezeigt, daß es gleichsam eine Art von Hemmnis gibt gegen das Eindringen der Unmoralität in die tieferen Kräfte des Organismus. Und diese Abwehr gegen das Eindringen dessen, was wir tun und denken, in die Kräfte unserer Organisation liegt darin, daß wir unsere Handlungen, die wir zwischen Geburt und Tod vollbringen, mit unseren bewußten Vorstellungen begleiten. Indem wir eine Handlung oder ein sonstiges Erlebnis mit einer bewußten Vorstellung begleiten, schaffen wir eine Schutzwehr dagegen, daß das Resultat unserer Handlungen hinunterrückt in unseren Organismus.

Wir haben dann darauf hingewiesen, welche Bedeutung jenen Erlebnissen zukommt, die unwiederbringlich vergessen worden sind. Da liegt nicht mehr die Möglichkeit vor, sie wieder ins bewußte Vorstellungsleben hinaufzurücken; sondern von solchen Erlebnissen mußten wir sagen, daß sie schon in bestimmter Weise, weil die Schutzwehr der Vorstellung fehlt, hinunterdringen in unsere innere Organisation und dort mitwirken können an den gestaltenden Kräften unseres Organismus. Und wir haben hinweisen können auf die Krankheitsformen, welche noch mehr an der Oberfläche liegen: Neurose, Neurasthenie und dergleichen. Sogar hysterische Zustände erfahren da eine Beleuchtung. Wir sagten, daß die Ursachen für solche Zustände gesucht werden müssen in den aus dem Bewußtseinskomplex herausgefallenen, vergessenen Vorstellungen, die hinuntergesunken sind in das Innere und sich – wie Einschiebsel unseres Seelenlebens – als Krankheiten geltend machen. – Wir haben darauf hingewiesen, welche ungeheure Bedeutung jener Zeitraum hat, der verläuft von der Geburt bis zu dem Zeitpunkt, wo sich der Mensch an seine Erlebnisse zurückerinnern kann, und es wurde darauf aufmerksam gemacht, wie das, was früher vergessen worden ist, im lebenden Organismus fortwirkt, indem es gleichsam mit den tieferen Kräften der Organisation einen Bund schließt und von dort aus unsere Organisation selber beeinflußt. Es muß also ein Komplex von Vorstellungen, eine Reihe von Erlebnissen hinuntersinken in tiefere Untergründe unseres Wesens, bevor er eingreifen kann in unsere Organisation. – Wir haben dann darauf hingewiesen, wie am gründlichsten dieses Hinuntersinken geschieht, wenn der Mensch durch die Pforte des Todes gegangen ist und das weitere Dasein durchlebt zwischen Tod und neuer Geburt. Da verwandeln sich alle Erlebnisse in ihren Qualitäten in solche Kräfte, welche jetzt organisierend wirken. Und was der Mensch in der Zeit zwischen Tod und neuer Geburt empfunden und gefühlt hat, das nimmt er auf in die plastischen Kräfte, die beteiligt sind am neuen Aufbau des Leibes, wenn der Mensch jetzt neu ins Dasein tritt. Da hat er jetzt in den Bildungskräften das Resultat dessen darinnen, was er früher noch in seinem Seelenleben, vielleicht auch sogar in seinem bewußten Vorstellungsleben hatte. Und nun konnten wir darauf hinweisen, daß der Mensch mit seinem vom Ich durchtränkten Vorstellungsleben hin und her pendelt zwischen zwei Einflüssen: zwischen dem luziferischen und dem ahrimanischen Einfluß. Wenn der Mensch eine Verfehlung begeht, die hervorgerufen wird durch Eigenschaften seines astralischen Leibes, durch schlimme Affekte, Zorn und dergleichen, wird er zu Handlungen getrieben durch luziferische Mächte. Wenn dann solche Handlungen jenen Weg gehen, der eben jetzt bezeichnet worden ist, daß sie zu Bildungskräften werden, so haben wir sie in den gestaltenden Kräften, die nunmehr der neuen Leiblichkeit zugrunde liegen als luziferische Krankheitsursachen. Wir haben dann gesehen, wie der Mensch unterliegt den ahrimanischen Kräften, die mehr von außen hereinwirken. Und wieder mußten wir von den ahrimanischen Einflüssen sagen, daß sie sich umwandeln in Bildungskräfte, in gestaltende Kräfte des neu gebauten Organismus, der zustande kommt, wenn der Mensch durch die Geburt ins Dasein tritt. Und insofern sich die Einflüsse Ahrimans in die Bildungskräfte hineinmischen, können wir von Krankheitsanlagen sprechen mit ahrimanischem Charakter. Dann haben wir im einzelnen darauf hingewiesen, wie diese

Kräfte, die sich in dieser Weise herausbilden, wirken. Und ich habe Ihnen radikale Beispiele gezeigt für dieses Wirken, weil an radikalen Beispielen die Vorstellung eine deutlichere, scharf umrissene wird. Ich sagte, man nehme an, daß ein Mensch im vorigen Lebenslauf alles das getan hat, was ihn nur zu einem geringen Selbstgefühl und Selbstvertrauen bringen kann, daß er sein Ich so präpariert hat, daß es nichts auf sich gehalten hat, nur in Allgemeinheiten aufging und so weiter. Ein solcher Mensch nimmt nach dem Tode die Tendenz auf, jenen Widerstand zu überwinden und die Kräfte aufzunehmen, welche ihn fähig machen, später im weiteren Verlauf der Inkarnation sein Ich kräftiger, vollkommener zu machen. Das wirkt so, daß er solche Verhältnisse dann sucht, die es ihm möglich machen, gegen dasjenige anzukämpfen, gegen was es gut ist, anzukämpfen mit einem schwachen Selbstgefühl, so daß ein schwaches Selbstgefühl sich an dem Widerstande stärken kann. Und wahr ist es, daß eine solche Tendenz den Menschen dazu führt, sozusagen Gelegenheiten aufzusuchen zur Cholera, weil er darin etwas vor sich hat, was ihm Gelegenheit bietet, jene Widerstände zu überwinden. Und in der Überwindung dieser Widerstände liegt das, was in der nächsten Inkarnation oder aber auch bei eingetretener Heilung in derselben Inkarnation zu einem stärkeren Selbstgefühl führen kann oder zu Kräften, welche ein stärkeres Selbstgefühl durch Selbsterziehung nach und nach heranreifen lassen. Wir haben dann gesagt, daß bei einer Krankheit wie der Malaria die Gelegenheit gegeben ist, etwas auszugleichen, was sich die Seele in einem früheren Leben als ein übermäßiges Selbstgefühl herangezüchtet hat durch ihre Handlungen und Empfindungen. – Diejenigen von Ihnen, welche frühere Betrachtungen unseres theosophischen Lebens mitgemacht haben, werden sich verdeutlichen können einen solchen Verlauf. Es wurde immer gesagt, daß das Ich des Menschen seinen physischen Ausdruck findet im Blut. Nun hängen die beiden Krankheiten, von denen wir eben gesprochen haben, mit dem Blut und den Gesetzen vom Blut zusammen; sie hängen so zusammen, daß beim Cholerafall eine Verdickung des Blutes eintritt. Diese Verdickung ist es, was als Widerstand zu bezeichnen ist, den das schwache Selbstgefühl durchmachen muß und an dem es sich heranerziehen will. Ebenso können Sie es sich verdeutlichen, daß bei der Malaria eine Art Blutzerfall stattfindet und daß ein überstarkes Selbstgefühl die Möglichkeit braucht, daß es ad absurdum geführt wird, daß im Blutzerfall ein überstarkes Ich in seiner Anstrengung zur Nichtigkeit geführt wird. Das wird in dem Zerfall des Blutes geboten. – Die Dinge sind natürlich außerordentlich intim im Organismus zusammenhängend; aber wenn Sie darauf eingehen, werden Sie sie sich schon zum Verständnis bringen.

Aus all dem ergab sich uns: Wenn wir einen Organismus haben, der gebildet ist von einer Seele, die in sich die Tendenz hat, dieses oder jenes nach der einen oder der andern Richtung zu überwinden, so führt diese Tendenz den Menschen dazu, in sich hineinzuprägen die Möglichkeit zur Krankheit, aber auch zugleich die Möglichkeit, anzukämpfen gegen die Krankheit, weil ja die Krankheit aus keinem andern Grunde hervorgerufen wird als aus dem, die Möglichkeit der Heilung zu haben. Und Heilung tritt dann ein, wenn der Mensch nach seinem Gesamtkarma durch die Überwindung der betreffenden Krankheit sich solche Kräfte aneignet, daß er in dem restlichen Leben bis zum Tode durch seine Arbeit auf dem physischen Plan wirklich sich vorwärtsbringen kann. Das heißt, wenn die zu erregenden Kräfte so stark sind, daß er auf dem physischen Plan das auch erreichen kann, weswegen die Krankheit hervorgerufen worden ist, dann arbeitet der Mensch gerade mit den ihm aus dem Heilprozeß zugeflossenen verstärkten Kräften weiter, die er früher nicht gehabt hat. Liegt aber sein Gesamtkarma so, daß er zwar die Absicht gehabt hat, seinen Organismus so zu gestalten, daß er durch die Überwindung der betreffenden Krankheit sich Kräfte zuführt, welche zu seiner Vervollkommnung führen, daß aber, weil die Dinge mannigfaltig sind, er gleichzeitig den Organismus nach einer andern Richtung hin hat schwach sein lassen müssen, dann kann der Fall eintreten, daß diejenigen Kräfte, welche der Mensch herausstellt und anwendet im Heilprozeß, ihn zwar verstärken, aber doch nicht so weit, daß er dem Arbeiten auf dem physischen Plan schon gewachsen ist. Dann wird er das Stück, was er schon gewonnen hat – weil es auf dem physischen Plan nicht verwendbar ist –, verwenden, wenn er durch die Pforte des Todes geht, und er wird versuchen, das seinen Kräften hinzuzufügen, was er auf dem physischen Plan nicht hinzufügen konnte, um diese Kräfte in der Ausgestaltung des nächsten Leibes zu zeigen, wenn er wieder in die Geburt tritt.

Es bleibt uns noch, wenn wir das vor Augen haben, einen Hinweis zu geben, wie es sich mit denjenigen Krankheitsformen verhält, welche weder zu einer ordentlichen Heilung noch zum Tode führen, sondern zu chronischen Zuständen, zu einer Art von Siechtum oder dergleichen. Da liegt allerdings etwas vor, was im eminentesten Sinne für die meisten Menschen von einer großen Wichtigkeit ist zu wissen. Da liegt das vor, daß allerdings durch den Heilungsprozeß innerhalb der menschlichen Körperhüllen eingetreten ist, was nur zu erreichen war, daß also in gewissem Sinne die Krankheit überwunden ist. Aber in einem anderen Sinne ist sie doch nicht überwunden; das heißt, daß alles das, was an Ausgleich hat geschaffen werden sollen zwischen Ätherleib und physischem Leib, zwar erreicht worden ist, nicht aber das ausgeglichen worden ist, was an Disharmonie vorhanden war zwischen Ätherleib und astralischem Leib. Das bleibt zurück, und der Mensch pendelt hin und her zwischen Versuchen, zu heilen, und nicht heilen zu können. In einem solchen Falle ist es immer von einer ganz besonderen Wichtigkeit, daß der Mensch möglichst ausnutzt, was er an wirklicher Heilung errungen hat. Und das geschieht am allerwenigsten im Leben. Denn gerade bei solchen Krankheiten, die chronisch werden, befindet sich der Mensch in einem rechten Kreistanz darinnen. Wenn der Mensch in einem solchen Falle imstande sein würde, den Teil seiner Organisation, welcher in sich eine gewisse Heilung erfahren hat, zu isolieren, für sich sozusagen leben zu lassen, und wenn er davon dasjenige zurückziehen könnte, was da noch rumort und nicht in Ordnung ist und was in solchem Falle gewöhnlich mehr gegen das innere Seelenhafte zu liegt, dann würde sich der Mensch sehr viel helfen können. Aber dagegen wirkt das Allerverschiedenste, namentlich das, daß der Mensch, wenn er irgendeine Krankheit gehabt hat und ein chronischer Zustand zurückgeblieben ist, fortwährend unter dem Einflusse dieses Zustandes lebt und daß er – wenn ich mich grob ausdrücken darf – eigentlich niemals gründlich vergessen kann seinen Zustand, niemals gründlich dazu kommt, das, was in ihm doch noch nicht gesund ist, zurückzuziehen von diesem Zustande und es für sich zu behandeln; sondern er wird durch das, was man nennen kann das fortwährende Denken an den andern Teil der Organisation, veranlaßt, gleichsam seinen gesunden Teil wieder in irgendeinen Zusammenhang zu bringen mit dem früher kranken Teil und diesen so neuerdings zu irritieren. Das ist ein besonderer Prozeß. Und um Ihnen diesen Prozeß klarzumachen, möchte ich Ihnen einmal den geisteswissenschaftlichen Tatbestand klarlegen, das, was das hellseherische Bewußtsein sieht, wenn jemand eine Krankheit durchgemacht und dabei etwas zurückbehalten hat, was man als etwas Chronisches bezeichnen kann. Dasselbe geschieht übrigens auch dann, wenn nicht eine besonders auffällige akute Erkrankung vorlag, sondern wenn sich ein Chronisches einstellt, ohne daß ein Akutes besonders bemerkt worden ist. Dann kann man in der Tat sehen, daß sich in den meisten Fällen ein gewisser schwankender Gleichgewichtszustand herausstellt zwischen dem Ätherleibe und dem physischen Leibe, ein Hin-und-her-Pendeln von Kräften, wie es nicht sein soll, bei dem es sich aber doch leben läßt. Bei diesem Hin-und-her-Pendeln von Kräften des Ätherleibes und des physischen Leibes wird der betreffende Mensch fortwährend irritiert und dadurch erfüllt von fortdauernden Erregungszuständen. Die sieht das hellseherische Bewußtsein fortwährend auftauchen im astralischen Leibe, und diese Erregungszustände drängen sich fortwährend hinein in den halb kranken und halb gesunden Teil der Organisation, wodurch dann nicht ein stabiles, sondern ein labiles Gleichgewicht zustande kommt. Durch dieses Hineindringen der astralischen Erregungszustände wird der menschliche Zustand, der sonst viel besser sein könnte, in der Tat sehr verschlechtert. Ich bitte zu berücksichtigen, daß das Astralische in diesem Falle nicht zusammenfällt mit dem Bewußtsein, sondern daß es vorzugsweise mit dem zusammenfällt, was innere seelische Erregungen sind, die sich aber der Patient nicht eingestehen will. Weil in solchem Falle das Hemmende der Vorstellungen nicht da ist, deshalb wirken diese Zustände und Affekte, die Gemütserschütterungen, die fortwährenden Zustände des Überdrusses, des In-sich-unzufrieden-Seins nicht immer wie bewußte Kräfte, sondern wie organisierende, wie Lebenskräfte, die in der tieferen Wesenheit des Menschen sitzen und fortwährend den halb gesunden, halb kranken Teil irritieren. Könnte nun der betreffende Patient es wirklich durch starken Willen, durch Seelenkultur dazu bringen, wenigstens für eine gewisse Zeit seinen Zustand zu vergessen, so würde er daraus solche Befriedigung schöpfen, daß er dann schon aus dieser Befriedigung die Kraft ziehen könnte, um das weiter durchzuführen. Könnte er seinen Zustand vergessen, ganz von ihm absehen, mit starkem Willen sagen: Ich will mich jetzt nicht kümmern um meinen Zustand! – und würde er sodann die Seelenkräfte, welche er dadurch frei bekommt, auf etwas von geistigem Inhalt verwenden, was ihn erhebt, was ihn innerlich sättigt in seiner Seele, würde er diese Kräfte, die sich sonst immer damit beschäftigen, die Gefühle des Schmerzes, des Drückens und Stechens und was da alles ist, zu durchleben, frei bekommen, so würde ihm das eine große Befriedigung gewähren. Denn wenn man diese Gefühle nicht durchlebt, hat man die Kräfte ja frei; dann sind sie verfügbar. Freilich hilft es nicht viel, wenn man sich bloß sagt, man will dieses Klemmen und Stechen und so weiter nicht bemerken; denn wenn man die Kräfte, welche man da frei bekommt, nicht auf etwas Geistiges verwendet, werden die früheren Zustände bald wieder da sein. Wenn man aber die frei gewordenen Kräfte verwendet auf einen die Seele ganz in Anspruch nehmenden geistigen Inhalt, dann wird man bemerken, daß man auf einem komplizierten Wege das erreicht, was sonst unsere Organisation selber ohne unser Zutun in der Überwindung des Krankheitsprozesses erreicht. Es ist ja natürlich, daß der Betreffende dann sorgfältig darauf sehen muß, daß er nicht gerade seine Seele auf einem solchen Wege erfüllt, der wieder direkt zusammenhängt mit dem, was seine Erkrankung ist. Wenn jemand zum Beispiel an einer Schwäche seiner Augen leidet, und er beschäftigt sich, um nicht an die Schwäche seiner Augen zu denken, damit, daß er viel liest, um geistige Kräfte aufzunehmen, so ist es selbstverständlich, daß ihn das nicht zum Ziele führen kann. Aber ganz so weit herzuholen brauchen Sie sich die sogenannten kleinen Belege dafür nicht. Jeder kann an sich selbst bemerken, wenn er eine kleine Unpäßlichkeit hat, wie sehr es ihm nützt, wenn er es zu einem Vergessen seiner Unpäßlichkeit bringt, namentlich zu einem solchen Vergessen, das hervorgerufen wird durch eine anderweitige Beschäftigung. Das ist also ein positives, gesundes Vergessen! Da haben Sie schon einen Hinweis, daß wir nicht ganz machtlos sind gegen die karmischen Wirkungen unserer Verfehlungen in früheren Lebensläufen, welche sich in Krankheiten zum Ausdruck bringen. Denn wir müssen uns sagen: Wenn wir zugeben, daß das, was im Leben zwischen Geburt und Tod einer moralischen, gemüthaften und intellektuellen Beurteilung unterliegt, in einem Leben nicht so tief gehen kann, daß es die Ursache zu einer organischen Erkrankung wird, daß es sich aber in der Zeit nach dem Tode bis zur neuen Geburt so tief in das Leben hineinsenken kann, daß es Krankheit bewirkt, dann müßte es doch auch möglich sein, diesen Prozeß wieder zurückzuverwandeln in einen Bewußtseinsprozeß!

Die Frage kann auch so gestellt werden: Wenn Krankheiten sich ausleben wie eine karmische Wirkung von geistigen oder sonstigen durch die Seele hervorgerufenen oder erfahrenen Erlebnissen, wenn sie also die Umwandlung solcher Ursachen sind, können wir uns dann nicht auch denken – oder erzählen uns davon die geistigen Tatsachen nichts –, daß das Umwandlungsprodukt, die Krankheit, vermeidbar ist, insofern vermeidbar, als wir statt des Heilungsprozesses, statt dessen, was aus den organischen Regionen herausgeholt wird, als Krankheit herbeigeholt wird zu unserer Erziehung, das geistige Gegenstück, das geistige Äquivalent dafür setzen? Daß wir, wenn wir klug genug sind, die Krankheit umwandeln in einen geistigen Prozeß und die Selbsterziehung, die wir durch die Krankheit ausführen sollen, sozusagen durch die Kräfte unserer Seele ausführen?

Daß so etwas in den Bereich der Tatsachen gehört, möchte ich wieder durch ein Beispiel illustrieren. Wieder muß aber hierbei gesagt werden, daß nur solche Beispiele angeführt werden, die geisteswissenschaftlich untersucht sind; es sind nicht Hypothesenaufstellungen, sondern Fälle. Daher können Sie von mir nicht gerade eine Vollständigkeit verlangen – weil nicht Hypothesen aufgestellt werden, sondern Fälle, die als solche hingenommen werden müssen. Nehmen wir an, im späteren Leben bekommt eine Persönlichkeit Masern, und wir suchen nach dem karmischen Zusammenhang dieses Falles. Wir finden dabei, daß dieser Masernfall aufgetreten ist als eine karmische Wirkung von solchen Vorgängen in einem vorangegangenen Leben, die wir etwa so beschreiben können: Die betreffende Individualität war in einem vorhergehenden

Leben eine solche, die sich nicht gern um die äußere Welt bekümmert hat, sich nicht gerade im grob egoistischen Sinne, aber doch viel mit sich selber beschäftigt hat; eine Persönlichkeit also, die viel nachgeforscht hat, nachgedacht hat, aber nicht an den Tatsachen der äußeren Welt, sondern die im inneren Seelenleben geblieben ist. Sie finden auch heute sehr viele Menschen, welche glauben, daß sie durch In-sich-abgeschlossen-Sein, durch Grübeln und so weiter zur Lösung von Welträtseln kommen können. Bei der Persönlichkeit, die ich meine, handelte es sich darum, daß sie mit dem Leben so fertigzuwerden suchte, daß sie innerlich nachgrübelte, wie man sich in diesem oder jenem Falle verhalten soll. Die Schwäche der Seele, welche sich daraus ergeben hat im Verlaufe des Lebens, führte dazu, daß im Leben zwischen Tod und neuer Geburt Kräfte erzeugt wurden, welche den Organismus in verhältnismäßig später Lebenszeit noch einem Masernanfall aussetzten.

Jetzt können wir uns fragen: Wir haben auf der einen Seite den Masernanfall, der die physisch-karmische Wirkung ist eines früheren Lebens. Wie ist es denn aber nun mit dem Seelenzustand? Denn das frühere Leben gibt ja als karmische Wirkung auch einen gewissen Seelenzustand.

Dieser Seelenzustand stellt sich so dar, daß die betreffende Persönlichkeit in dem Leben, wo sie auch den Masernanfall hatte, immer wieder und wieder Selbsttäuschungen unterworfen war. Da haben Sie also die Selbsttäuschungen anzusehen als die seelisch-karmische Folge dieses früheren Lebens und den Eintritt der Masern als die physisch-karmische Folge jenes Lebens.

Nehmen wir nun an, dieser Persönlichkeit wäre es gelungen, bevor der Masernfall eintrat, etwas zu tun, um sich gründlich zu bessern, das heißt, um eine solche Stärke der Seele sich anzueignen, daß sie nicht mehr ausgesetzt wäre allen möglichen Selbsttäuschungen. Dann würde diese dadurch heranerzogene Seelenstärke dazu geführt haben, daß die Masernerkrankung hätte unterbleiben können, weil das, was im Organismus schon hervorgerufen war bei der Bildung dieser Organisation, seinen Ausgleich gefunden hätte durch die stärkeren Seelenkräfte, welche durch die Selbsterziehung herangezogen worden wären. Ich kann natürlich nicht ein halbes Jahr über diese Sachen reden; aber wenn Sie weit im Leben herumschauen und alle Einzelheiten, welche sich als Erfahrungen darbieten, von diesem hier gegebenen Ausgangspunkt aus betrachten würden, so würden Sie immer finden, daß das äußere Wissen voll bestätigen würde – bis in alle Einzelheiten –, was hier gesagt worden ist. Und was ich jetzt gesagt habe über eine Masernerkrankung, das kann zu Gesichtspunkten führen, die erklären, warum Masern gerade zu den gebräuchlichen Kinderkrankheiten gehören. Denn die Eigenschaften, die genannt worden sind, kommen in sehr vielen Leben vor. Insbesondere in gewissen Zeitperioden haben sie in vielen Leben grassiert. Und wenn dann eine solche Persönlichkeit ins Dasein tritt, wird sie so schnell wie möglich Korrektur üben wollen auf diesem Gebiet und in der Zeit zwischen der Geburt und dem gewöhnlichen Auftreten der Kinderkrankheiten, um organische Selbsterziehung zu üben, die Masern durchmachen; denn von einer seelischen Erziehung kann ja in der Regel in diesem Alter nicht die Rede sein.

Daraus sehen Sie, daß wir wirklich davon sprechen können, daß die Krankheit in gewisser Beziehung wieder zurückverwandelt werden kann in einen geistigen Prozeß. Und das ist das ungeheuer Bedeutsame, daß wenn dieser Prozeß in die Seele als Lebensmaxime aufgenommen wird, er eine Anschauung erzeugt, die gesundend auf die Seele wirkt. In unserer Zeit braucht man sich nicht besonders zu wundern, daß man so wenig auf die Seelen wirken kann. Und wer die Zeit heute vom geisteswissenschaftlichen Standpunkt aus durchschaut, der wird es begreifen, daß so viele Mediziner, so viele Ärzte Materialisten werden können, das heißt, verzweifeln an einem seelischen Einfluß. Denn die Mehrzahl der Menschen beschäftigt sich ja überhaupt nicht mit etwas, was eine befruchtende Kraft hat. All das Zeug, was heute durch die gebräuchliche Literatur geht, hat für die Seelen keine befruchtende Kraft. Deshalb fühlt der, welcher für die Geisteswissenschaft wirken will, in diesem theosophischen Wirken auch etwas im eminenten Sinne Gesundendes, weil das geisteswissenschaftliche Wissen der Menschheit wieder etwas bringen kann, was sich so in die Seelen hineinergießt, daß die Seele abgezogen wird von dem, was die leibliche Organisation bildete. Man darf nur nicht verwechseln, was im Anfang einer solchen Bewegung auftritt, mit dem, was die Bewegung wirklich sein kann.

Es werden ja in die theosophische Bewegung tatsächlich Dinge hineingebracht, welche in der äußeren Welt auch grassieren, das heißt, es bringen die Menschen, wenn sie Theosophen werden, vielfach genau dieselben Interessen der Theosophie entgegen, die sie für die Dinge draußen auch haben, und auch alle Unarten, die sie draußen haben. Da wird vieles hineingetragen von den Schattenseiten unseres Zeitalters. Dann aber, wenn sich irgendwelche Schattenseiten bei den Betreffenden zeigen, sagt man, das habe die Theosophie bewirkt. Das ist natürlich eine sehr billige Auskunft!

Wenn wir so den karmischen Faden sich ziehen sehen von einer Inkarnation in die andere, so haben wir damit die entsprechende Wahrheit doch nur von einer Seite erfaßt. Es werden sich demjenigen, der ein Gefühl dafür erhält, wie sich der karmische Faden von Inkarnation zu Inkarnation hindurchzieht, noch viele Fragen ergeben, die im Laufe der Vorträge berührt werden sollen. Vor allen Dingen muß die Frage berührt werden: Wie hat man zu unterscheiden zwischen einer Krankheit, bei der man äußere Ursachen angeben kann, und einer solchen Krankheit, die voll veranlagt liegt in der menschlichen Organisation selber, so daß man glaubt, was da vorliegt, damit abfertigen zu können, daß man sagt, die Krankheit ist ganz von selbst gekommen, und eine äußere Veranlassung liege nicht vor. – Ganz so stehen ja die Dinge nicht. Aber von gewisser Seite ist es doch berechtigt zu sagen, daß Krankheiten auftreten, für die der Mensch durch sein Inneres besonders disponiert ist. Für zahlreiche Krankheitserscheinungen wird man dagegen doch äußere Ursachen angeben können. Natürlich nicht für alles, was uns passiert, aber für manches, was uns von außen her zustößt, zum Beispiel, wenn wir ein Bein brechen, müssen wir äußere Ursachen ins Feld führen. Auch das müssen wir zu den äußeren Ursachen zählen, was durch die Witterung geschieht, und ebenso die zahlreichen Krankheitsfälle, deren Ursachen in den schlechten städtischen Wohnungen zu suchen sind. Da eröffnet sich uns wieder ein weites Feld. Und für den, der mit Erfahrungen in die Welt blickt, ist es auch jetzt erklärlich, daß die heutige Moderichtung der Medizin dazu kommt, Krankheitsursachen in den äußeren Einwirkungen, besonders in den Bazillen, zu suchen, von denen ein geistreicher Herr nicht mit Unrecht gesagt hat:

Heute kommen Krankheiten von den Bazillen, wie man ehedem gesagt hat, Krankheiten kommen von Gott oder vom Teufel. Im 13. Jahrhundert sagte man, Krankheiten kommen von Gott, im 15. Jahrhundert sagte man, sie kommen vom Teufel. Später hieß es dann, sie kommen von den Säften, und heute sagt man, die Krankheiten kommen von den Bazillen. Das sind die Ansichten, die sich abgelöst haben im Laufe der Zeiten.

So müssen wir also sprechen von äußeren Ursachen des menschlichen Krankseins oder Gesundseins. Und da kann der gegenwärtige Mensch leicht versucht sein, ein Wort zu gebrauchen, welches im Grunde sehr geeignet ist, in unsere ganze Weltauffassung Unordnung hineinzubringen. Wenn jemand, der vorher ganz gesund war, in eine durch Influenza oder Diphtherie verseuchte Gegend kommt und hernach erkrankt, so wird der heutige Mensch ganz gewiß geneigt sein zu sagen, daß der Betreffende den Krankheitskeim dadurch aufgenommen hat, daß er in jene Gegend gekommen ist, und er wird dann leicht das Wort Zufall gebrauchen. Von zufälligen Einflüssen wird man heute leicht sprechen. – Das Wort Zufall ist so recht eine Crux, ein Kreuz für jede Weltanschauung. Und solange man eigentlich nicht einmal den Versuch macht, sich ein wenig klarzuwerden über das, was man so leicht mit Zufall bezeichnet, wird man auch nicht vordringen können zu einer einigermaßen befriedigenden Weltanschauung. So stehen wir nun am Ausgangspunkt des Kapitels «Natürliche und zufällige Erkrankungen des Menschen». Da geht es aber nicht anders, als daß wir einleitend heute versuchen, auf das Wort Zufall ein wenig Licht zu werfen.

Ist nicht der Zufall selber etwas, was uns mißtrauisch machen könnte gegen das, was sich der Mensch heute leicht dabei denkt? Ich habe schon früher einmal darauf aufmerksam gemacht, daß ein geistvoller Mann im 18. Jahrhundert nicht ganz unrecht hatte, als er über die Sitte, großen Entdeckern, Erfindern und so weiter Denkmäler zu errichten, den Ausspruch tat, man müßte doch, wenn man den geschichtlichen Verlauf objektiv betrachtet, die weitaus meisten Denkmäler dem «Zufall» errichten! Und sonderbar: Wenn man eingeht auf die Geschichte, kann man merkwürdige Entdeckungen machen über das, was sich hinter dem Zufall verbirgt. Ich habe Ihnen erzählt, daß die Erfindung des Fernrohres dem Spiel zu verdanken ist, das Kinder in einer optischen Werkstätte mit optischen Gläsern getrieben haben; dabei kam eine Konstellation zustande, durch die jemand das Fernrohr zustande brachte. Man könnte auch hinweisen auf die berühmte Lampe im Dom zu Pisa, die schon früher vor Tausenden und Tausenden von Menschen ihre Schwingungen mit derselben Regelmäßigkeit ausgeführt hat wie vor *Galilei*. Aber erst Galilei probierte, wie die Schwingungen zusammenstimmten mit dem Gang seiner Blutzirkulation, und dadurch kam er zu der Auffindung der Pendelgesetze. Würden wir die Pendelgesetze nicht gehabt haben, so würde unser ganzes Kulturleben einen andern Anstrich bekommen haben. Versuchen Sie, ob Sie nicht in der Menschheitsentwickelung einen Sinn suchen können und ob Sie dann noch sagen möchten, daß nur ein Zufall gewaltet hat, zum Beispiel bei Galilei, und ihn zu dieser wichtigen Entdeckung gebracht hat. Aber nehmen wir einen andern Fall.

Denken wir daran, was die Luthersche Bibelübersetzung bedeutet für die Kulturländer der europäischen Welt. Machen wir uns klar, was für einen tiefgehenden Einfluß sie genommen hat auf das religiöse Fühlen und Denken und anderseits auf die Heranbildung dessen, was wir die deutsche Schriftsprache nennen. Ich will nur die Tatsache hinstellen, ohne davon zu sprechen, wie man über sie denken soll; nur daß sie diesen tiefgehenden Einfluß gehabt hat, will ich betonen. Sie müssen nun doch versuchen, einen Sinn zu sehen in jener Erziehung der Menschheit, die seit mehreren Jahrhunderten durch die Luthersche Bibelübersetzung bewirkt worden ist. Wenn Sie es versuchen, darin einen Sinn zu sehen, dann stellen Sie einmal neben dasjenige, was Sie so geistvoll wie möglich über den Sinn der Entwickelung seit dem 16. bis 17. Jahrhundert sagen können, die folgende Tatsache:

Luther hat sich bis zu einer gewissen Zeit seines Lebens tief beschäftigt mit allem, was seine eigene Persönlichkeit zu einer Art von Gotteskindschaft führen könnte durch die Bibellektüre. Er war übergegangen von der Gepflogenheit der Augustiner, vorzugsweise die Kirchenväter zu lesen, zu dem Genuß des Lesens der Bibel selber. Aber alles sprach jetzt dafür, daß sich in seiner Seele entzünden sollte die Gotteskindschaft in einem umfassenden Gefühl. Und von diesem Gesichtspunkt aus oblag er seinem theologischen Lehramt in der ersten Wittenberger Periode. Die Tatsache, die ich nun hervorheben möchte, ist die, daß Luther eine gewisse Abneigung hatte, sich den theologischen Doktortitel zu verschaffen, und daß er in einer zufälligen Unterredung, als er einmal zusammensaß mit einem alten Freunde des Erfurter Augustinerklosters, wirklich überredet worden ist, sich den theologischen Doktorhut zu erringen. Das hieß aber nun für ihn ein nochmaliges und wiederholtes Studium der Bibel. Da hat also das zufällige Zusammensitzen mit seinem Freunde zu einem nochmaligen Studium der Bibel geführt und dann zu alledem, was dadurch zum Ausdruck gekommen ist.

Versuchen Sie den Sinn für das, was für die letzten Jahrhunderte angedeutet worden ist, zusammenzuhalten mit der Tatsache, daß Luther einmal mit jenem Freunde zusammengesessen hat und sich zur Erringung des theologischen Doktorhutes hat überreden lassen: Da werden Sie eine merkwürdig groteske Zusammenstellung zu machen genötigt sein zwischen dem Sinn der Entwickelung und dem zufälligen Ereignis.

Was Sie zunächst aus dem Gesagten herauslesen werden, ist, daß es sich vielleicht doch mit der Bedeutung des Zufalles etwas anders verhalten könne, als man gewöhnlich denkt. Gewöhnlich denkt man, daß der Zufall etwas sei, was sozusagen durch die Naturgesetze, durch die Gesetze des Lebens sich überhaupt nicht restlos erklären lasse, daß er eine Art von Überschuß bilde gegenüber dem, was sich erklären läßt. Nehmen Sie nun zu dem, was eben gesagt worden ist, die Tatsache, die uns ja schon zum Verständnis so vieler Seiten des Lebens verholfen hat: daß der Mensch in seiner Individualität seit seinem Erdendasein unterworfen war den beiden Kräften des luziferischen und des ahrimanischen Prinzips. Diese Kräfte und Prinzipien spielen fortwährend in den Menschen hinein, wobei die luziferischen Kräfte mehr dadurch wirken, daß sie das Innere des astralischen Leibes des Menschen ergreifen, während die ahrimanischen Kräfte mehr wirken durch das, was der Mensch als äußere Eindrücke empfängt. In dem, was wir von der Außenwelt empfangen, sitzen die ahrimanischen Kräfte; und in dem, was als Lust oder Unlust, als Affekte und so weiter in der Seele aufsteigt und wirkt, sitzen die luziferischen Kräfte. Nun führt sowohl das luziferische wie das ahrimanische Prinzip dazu, daß wir uns Täuschungen hingeben; das luziferische Prinzip führt dazu, daß wir uns über unser eigenes Inneres Täuschungen hingeben, daß wir über unser eigenes Inneres falsch urteilen können, eine Illusion im eigenen Inneren schauen können. Es wird Ihnen nicht schwer werden, wenn Sie das Leben vernünftig betrachten, diese Maja im eigenen Seelenleben gewahr zu werden. Versuchen Sie es zu betrachten, wie unendlich oft sich der Mensch einredet, er tue dieses oder jenes aus diesem oder jenem Grunde. Er tut es aber gewöhnlich aus einem ganz andern Grunde, der wesentlich tiefer sitzt; aber er erklärt sich die Handlung, zu der er getrieben wird durch Zorn und Leidenschaft, in seinem Oberbewußtsein auf eine ganz andere Art. Namentlich versucht er das, was in der Welt nicht geschätzt wird, hinwegzudekretieren. Und wenn der Mensch aus recht egoistischen Affekten heraus zu etwas getrieben wird, werden Sie es oft erleben können, daß er seinen grobklotzig-egoistischen Trieben ein unegoistisches Mäntelchen umhängt und erklärt, warum es hat geschehen müssen. Der Mensch weiß aber gewöhnlich selbst nicht, daß er so vorgeht. Wenn er es weiß, tritt gewöhnlich schon der Anfang zu einer Besserung mit einem gewissen Schamgefühl ein. Das schlimmste ist, daß der Mensch aus der Tiefe seiner Seele heraus zu etwas getrieben wird – und sich dann ein Motiv ausdenkt, aus dem er die betreffende Handlung getan habe. Das haben auch schon die modernen Psychologen bemerkt. Aber nur weil heute so wenig psychologische Bildung vorhanden ist, kommen derartig groteske Ausbildungen solcher Wahrheiten zustande, wie das bei den heutigen materialistischen Psychologen der Fall ist. Sie kommen zu ganz eigenartigen Ausdeutungen des Lebens.

Derjenige, der als Geistesforscher eine solche Tatsache bemerkt, wird sie natürlich in ihrer wahren Bedeutung durchschauen und so charakterisieren, daß in der Tat die zwei Dinge zusammenwirken: das Bewußtsein, und das, was als die tieferen Gründe unter der Schwelle des Bewußtseins waltet. Bemerkt es aber ein materialistischer Psychologe, so wird er die Sache anders behandeln. Da spintisiert er gleich eine Theorie heraus über den Unterschied zwischen dem Vorwand, den der Mensch zu einer Handlung annimmt, und zwischen dem eigentlichen Motiv. – Wenn zum Beispiel ein Psychologe spricht über die heute so viel notierten Schülerselbstmorde, so sagt er, was als Vorwand dazu angeführt würde, das sei nicht das eigentliche Motiv; die eigentlichen Motive lägen viel tiefer: sie lägen meistens in einem irregeleiteten Geschlechtsleben. Diese würden umgewandelt, so daß sie dann dem Bewußtsein diese oder jene Gründe vortäuschen.

Eine solche Sache kann oft richtig sein. Aber es würde sie derjenige nie zu einer umfassenden Theorie machen, der nur ein wenig berührt worden wäre von einer wahrhaft tieferen psychologischen Denkungsart. Eine solche Theorie kann leicht widerlegt werden, denn der Betreffende müßte bedenken: Wenn wirklich der Fall so liegt, daß der Vorwand nichts ist und das Motiv alles, so müßte man das auch bei diesem Psychologen anwenden können und sagen: Es ist also auch bei dir dasjenige, was du hier vorbringst und als Theorie entwickelst, nur Vorwand; suchen wir nach den tieferen Gründen, so sind vielleicht deine angegebenen Gründe ganz derselben Natur. – Hätte ein solcher Psychologe ernsthaft gelernt, warum ein Urteil unmöglich ist, das nach einem solchen Schluß aufgebaut ist wie: Alle Kretenser sind Lügner –, und daß ein solches Urteil schief ist, wenn es ein Kretenser selbst sagt; hätte er gelernt den Grund, warum das so ist, so hätte er auch gelernt, was für sonderbare Zirkelschlüsse dadurch herauskommen, daß man auf gewissen Gebieten Behauptungen auf sich selber zurücktreiben kann. Aber es ist eben fast in dem ganzen Umfange unserer Literatur eine außerordentlich geringe wirklich tiefere Bildung vorhanden. Daher bemerken die Leute dasjenige, was sie selbst tun, gewöhnlich durchaus nicht mehr. Deshalb wird es gerade für die Geisteswissenschaft durchaus notwendig sein, daß solche logischen Konfusionen nach jeder Hinsicht vermieden werden. Am wenigsten vermeiden solche logischen Konfusionen die modernen Philosophen, die sich mit Seelenwissenschaft beschäftigen. Und unser Beispiel ist ein typisches dafür. Wir sehen daran die Streiche, die luziferische Einflüsse dem Menschen spielen, so daß sie ihm das Seelenleben in eine Maja verwandeln und daß er sich ganz andere Motive vortäuschen kann, als sie wirklich in seinem Inneren walten.

Auf diesem Gebiete sollte der Mensch versuchen, eine strengere Selbsterziehung zu handhaben. Heute handhabt sich das Wort gewöhnlich sehr leicht. Aber dieses Wort ist auch ein furchtbarer Verführer. Und wenn das Wort nur schön klingt und nur ein klein wenig den Eindruck macht, daß ein Satz eine wohltätige Handlung vorstellt, dann wird schon das Schönklingen des Satzes Verführer sein, zu glauben, daß das betreffende Motiv in der Seele sei, während in Wahrheit das egoistische Prinzip dahinterstecken kann, von dem der Betreffende gar keine Ahnung zu haben braucht, weil er gar nicht den Willen hat, wirkliche Selbsterkenntnis zu treiben. So sehen wir Luzifer auf der einen Seite wirken. Wie wirkt nun Ahriman auf der andern Seite?

Ahriman ist das Prinzip, das sich in unsere Wahrnehmungen mischt und von außen in uns hineinzieht. Nun wirkt Ahriman am allerstärksten in den Fällen, wo wir das Gefühl haben: Hier kommst du mit deinem Denken nicht mehr nach; da stehst du an einem kritischen Punkt mit deinem Denken, da fängt sich das Denken wie in einem Gedankenknäuel. – Da ergreift das ahrimanische Prinzip die Gelegenheit, um wie durch einen Spalt der Außenwelt in uns einzudringen. Wenn wir den Gang der Weltereignisse verfolgen und die mehr offenbaren Ereignisse ansehen, wenn wir zum Beispiel die heutige Physik zurückverfolgen bis zu dem Moment, wo Galilei vor der schwingenden Kirchenlampe im Dom zu Pisa saß, so können wir ein Gedankennetz über alle Ereignisse spinnen, das uns die Sache leicht erklärt; überall werden uns die Dinge erklärlich werden. Da aber, an der Stelle, wo wir zu der schwingenden Kirchenlampe kommen, da verwickeln sich unsere Gedanken. Da ist das Fenster, wo die ahrimanischen Kräfte am allerstärksten in uns eindringen, und da hört unser Denken auf, dasjenige aus den Erscheinungen zu begreifen, was Vernunft und Verständnis in die Sache hineinbringen kann. Da sitzt aber auch das, was man den Zufall nennt. Er sitzt da, wo uns Ahriman am allergefährlichsten wird. Diejenigen Erscheinungen nennt der Mensch zufällig, bei denen er durch den ahrimanischen Einfluß am allerleichtesten getäuscht werden kann.

So wird der Mensch verstehen lernen, daß es nicht in der Natur der Tatsachen liegt, wenn er irgendwo veranlaßt wird, von Zufall zu sprechen, sondern daß es an ihm, an seiner Entwickelung liegen wird. Und er wird sich nach und nach dazu erziehen müssen, Maja und Illusion zu durchdringen, das heißt, dort die Dinge zu durchdringen, wo

Ahriman am stärksten wirkt. Und gerade wo wir zu sprechen haben von wichtigen Krankheitsursachen und von einem Licht, das sich über manchen Krankheitsverlauf breiten soll, da werden wir es nötig haben, von dieser Seite her die Erscheinungen anzugreifen. Da werden wir zuerst zu verstehen suchen, inwiefern es kein Zufall ist, wenn ein Mensch gerade mit demjenigen Eisenbahnzug fährt, durch den er umkommen kann, oder wie die Dinge liegen, durch die ein Mensch gerade in einer bestimmten Zeit irgendeinem von außen wirkenden Krankheitskeim ausgesetzt ist oder einer andern Krankheitsursache. Und wenn wir mit einer geschärften Erkenntnis den Dingen nachgehen können, werden wir imstande sein, das wahre Wesen und die ganze Bedeutung des Krankseins und des Gesundseins für das menschliche Leben noch tiefer zu begreifen.

Ich mußte heute in ausführlicherer Weise zeigen, wie im Inneren des Menschen Luzifer zur Illusion führt und wie Ahriman sich in die äußeren Wahrnehmungen mischt und dort zur Maja führt; wie es eine Wirkung Luzifers ist, wenn sich der Mensch ein falsches Motiv vortäuscht, und wie die falsche Annahme gegenüber der Welt der Erscheinungen – die Täuschung durch Ahriman – uns zu der Annahme eines Zufalls bringt. Diesen Grund mußte ich schaffen, bevor ich zeigen kann, wie die karmischen Ereignisse, die Ergebnisse des früheren Lebens, beim Menschen auch da wirken und auch da die Erscheinungen erklären, wo scheinbar zufällige äußere Veranlassungen zur Erzeugung von Krankheiten wirken.

SECHSTER VORTRAG

Hamburg, 21. Mai 1910

Daß eine karmische Gesetzmäßigkeit dann wirken kann, wenn in dem gestern und vorgestern angedeuteten Sinne von dem Inneren des Menschen heraus die Krankheitsursache sich geltend macht, das wird ja leicht begreiflich sein. Wenn aber die Krankheitsursache in gewissem Sinne von außen hereinwirkt – und für wie vielerlei wird heute von der Wissenschaft die Krankheitsursache draußen gesucht in der Infektion –, wenn also das Hauptaugenmerk gerichtet werden muß auf eine äußere Veranlassung zur Krankheit: daß dann die karmische Gesetzmäßigkeit – das, was sich der Mensch als Wirkungen der Erlebnisse und Handlungen seines früheren Lebens mitgebracht hat durch die Geburt – auch in der Weise wirken kann, daß sie diese äußeren Krankheitsursachen herbeischafft, das scheint gewiß vielen noch, und mit Recht, weniger begreiflich zu sein. Dennoch aber werden wir, wenn wir noch weiter die eigentliche Wesenheit des Karma verfolgen, nicht nur verstehen lernen, wie äußere Ursachen zusammenhängen können mit dem, was wir in früheren Leben erlebt und getan haben, sondern wir werden sogar begreifen lernen, daß äußere Lebensunfälle, die uns treffen, also Ereignisse, die man so gern heute zufällig nennen möchte, in einem gesetzmäßigen Zusammenhange stehen können mit dem Verlauf voriger Leben. Allerdings werden wir noch etwas tiefer eindringen müssen in die ganze Natur der menschlichen Wesenheit, wenn wir gerade derartige, eigentlich durch unser ganzes menschliches Anschauen verschleierte Verhältnisse beleuchten wollen.

Wir haben ja gestern damit geschlossen, daß wir gezeigt haben, wie der Zufall uns immer eigentlich in einer verschleierten Gestalt das äußere Ereignis darbietet, weil an den Stellen, wo wir vom Zufall sprechen, die Möglichkeit der äußeren Täuschung, die durch die ahrimanischen Mächte herbeigeführt wird, am größten ist. Nun wollen wir einmal das Zustandekommen solcher Zufälligkeiten, das heißt solcher Ereignisse, die man im gewöhnlichen Leben als «Zufälligkeiten» bezeichnet, in einzelnen Fällen vor uns hinstellen.

Da ist es notwendig, daß wir uns zuerst ein Gesetz, eine Wahrheit, eine Erkenntnis vorhalten: daß im Leben gar manches, was wir mit dem Ausdruck bezeichnen «von innen herauskommend», «von dem Inneren des Menschen stammend», sich schon eigentlich in eine Täuschung kleidet, weil mancherlei, was wir zunächst als im Inneren des Menschen verursacht glauben, wenn wir in Wahrheit über die Illusion hinauskommen, schon als etwas von außen nach innen Strömendes bezeichnet werden muß. Und ein solches tritt uns immer da entgegen, wo wir es zu tun haben mit allen jenen Erlebnissen des Menschen, allen jenen Wirkungen auf den Menschen, welche wir begreifen unter dem Namen der «vererbten Merkmale». Die vererbten Merkmale, die uns so entgegentreten, als ob wir sie nur deshalb hätten, weil sie unsere Vorfahren auch hatten, können uns im eminentesten Maße erscheinen, als ob sie uns ohne unsere Schuld, ohne unser Zutun zugefallen wären. Und wir können leicht zu einer falschen Unterscheidung dessen kommen, was wir uns aus unseren früheren Inkarnationen mitbringen, von dem, was wir von Eltern oder Voreltern geerbt haben. Nun aber geschieht das Wiedereintreten in eine Verkörperung keineswegs so, als ob wir ohne irgendeine Veranlassung, die mit unserem Inneren zusammenhängt, zu diesem oder jenem Elternpaar, zu diesem oder jenem Volk, in diese oder jene Gegend hingedrängt würden. Schon bei den durchaus nicht in das Gebiet der Krankheiten hineinfallenden vererbten Merkmalen dürfen wir so etwas keineswegs voraussetzen, sondern wir müssen uns sagen: Wenn zum Beispiel in einer Familie, wie der des Musikers Bach, durch viele Generationen hindurch immer wieder und wieder kleinere und größere Musiker geboren wurden – der eine ist dann gewöhnlich hervorragender, aber in der Familie Bach sind über zwanzig mehr oder weniger begabte Musiker geboren worden –, so könnte man leicht glauben, daß man es mit der reinen Vererbungslinie zu tun hätte, daß also Merkmale von den Vorfahren vererbt werden und daß der Mensch gerade deshalb, weil solche Merkmale vorliegen, gewisse aus früheren Inkarnationen mitgebrachte Eigenschaften zu musikalischen Talenten entfaltet. Das ist aber nicht so, sondern die Sache verhält sich vielmehr ganz anders.

Nehmen wir an, es würde jemand in einem Leben zwischen Geburt und Tod Gelegenheit haben, viele musikalische Eindrücke zu empfangen. Diese musikalischen Eindrücke gingen aber in diesem Leben an ihm vorüber, einfach aus dem Grunde, weil er kein musikalisches Ohr hatte. Andere Eindrücke seines Lebens werden nicht an ihm in derselben Weise vorübergehen, weil er gerade so gebaute Organe hat, daß er die Erlebnisse und Eindrücke in eigene Fähigkeiten umsetzen kann. Daher werden wir sagen können, ein Mensch habe in seinem Leben solche Eindrücke, die er durch die Anlage, welche er von seiner letzten Geburt mitbekommen hat, umzusetzen vermag in Fähigkeiten und Talente; andere Eindrücke hat er, welche er vermöge seines Gesamtkarma, weil er durch dieses nicht die entsprechenden Anlagen erhalten hat, nicht umsetzen kann in die entsprechenden Fähigkeiten. Die bleiben aber vorhanden, bleiben aufgespeichert und bilden sich um in der Zeit zwischen Tod und neuer Geburt zu der besonderen Tendenz, in der nächsten Inkarnation nunmehr zum Ausleben zu gelangen. Und diese Tendenz führt den Menschen dahin, im nächsten Leben seine Leiblichkeit gerade in einer solchen Familie zu suchen, welche ihm die entsprechenden Anlagen geben kann. Hat also jemand viele musikalische Eindrücke empfangen und sie wegen eines unmusikalischen Ohres nicht umwandeln können in musikalische Fähigkeiten oder Genüsse, so wird gerade diese Unmöglichkeit die Tendenz in seiner Seele hervorrufen, in eine solche Familie hineinzukommen, welche ihm ein musikalisches Ohr vererben kann. So verstehen wir es, daß, wenn in einer Familie sich der Bau des Ohres ebenso vererbt wie etwa die äußere Form der Nase, alle diejenigen Individualitäten sich zusammendrängen werden in diese Familie, die gerade lechzen – infolge ihrer früheren Inkarnation – nach dem Besitz eines musikalischen Ohres. Und so sehen wir, daß der Mensch in der Tat nicht «zufällig» in irgendeiner Inkarnation ein musikalisches Ohr oder ähnliches geerbt hat, sondern daß er diese vererbten Merkmale gesucht hat, wirklich aufgesucht hat.

Beobachten wir jetzt einen solchen Menschen vom Zeitpunkt seiner Geburt an, dann wird es uns so vorkommen, als ob das musikalische Ohr in ihm wäre, eine Eigenschaft in seinem Inneren. Würden wir aber mit unseren Betrachtungen hinübergehen vor seine Geburt, so würden wir finden, wie das musikalische Ohr, das er sich erst aufgesucht hat, etwas ist, was von außen an ihn herangekommen ist. Vor der Geburt oder Empfängnis war das musikalische Ohr nicht etwas, was in seinem Inneren war, sondern da war nur die Tendenz vorhanden, zu einem solchen Ohr hingetrieben zu werden. Da hat der Mensch ein Äußeres an sich herangezogen. Vor der Wiederverkörperung war die Eigenschaft, die wir nachher eine vererbte nennen, etwas Äußeres; das ist an den Menschen herangekommen, er ist dazu hingeeilt. Mit der Verkörperung wird es dann etwas Inneres und tritt in dem Inneren dieses Menschen auf. – Reden wir also von «vererbten Anlagen», so geben wir uns wieder einer Täuschung hin, welche darin besteht, daß wir etwas, was erst ein Inneres geworden ist, nicht in jenem Zeitpunkt betrachten, wo es noch ein Äußeres war.

Fragen wir uns nun einmal, ob es so wie in diesem Falle, den wir jetzt angeführt haben, nicht auch mit äußeren Ereignissen sein könnte, welche während unseres Lebens zwischen Geburt und Tod eintreten, daß auch da ein Äußeres sich in ein Inneres verwandeln könnte? – Diese Frage würden wir uns nicht beantworten können, wenn wir nicht noch tiefer als bisher das Wesen von Krankheit und Gesundheit ins Auge fassen. Wir haben mancherlei angeführt, um Krankheit und Gesundheit zu charakterisieren, und Sie wissen, daß ich nicht definiere, sondern versuche, nach und nach die Dinge zu beschreiben, immer mehr Merkmale zu den Dingen hinzuzufügen, damit sie nach und nach begreiflich werden. Also mehr Merkmale wollen wir jetzt hinzufügen zu den schon gewonnenen.

Wir müssen Krankheit und Gesundheit vergleichen mit etwas, was im normalen Leben auftritt; dann werden wir etwas noch Tieferes finden, nämlich den Vergleich mit Schlafen und Wachen. Was geschieht im Menschenwesen, wenn die täglichen Zustände Wachen und Schlafen miteinander abwechseln? Wir wissen, daß beim Einschlafen im Bette zurückgelassen wird der physische Leib und der Ätherleib und daß herausgehen aus dem physischen Leib und dem Ätherleib der astralische Leib und das Ich. Es ist also das Einschlafen für uns ein Herausziehen von Ich und astralischem Leib aus physischem Leib und Ätherleib; das Aufwachen dagegen ist ein Wiederhineingehen des astralischen Leibes und des Ich in den physischen Leib und Ätherleib. Jeden Morgen beim Aufwachen taucht also der Mensch unter in seinen physischen Leib und

Ätherleib mit dem, was er als innerer Mensch, als astralischer Leib und als Ich ist. Was geschieht nun in bezug auf das, was sich im Menschenwesen als Erlebnis abspielt beim Einschlafen und beim Aufwachen?

Wenn wir den Moment des Einschlafens ins Auge fassen, so stellt er sich uns so dar, daß alle Erlebnisse, die vom Morgen bis zum Abend in unserem Leben auf und ab fluten, daß vor allem die Seelenerlebnisse Lust und Leid, Freude und Schmerz, Leidenschaften, Vorstellungen und so weiter hinuntersinken in ein Unbewußtes. Wir selber sind im normalen Leben, wenn wir schlafen, einem Unbewußten hingegeben. Warum werden wir mit dem Einschlafen unbewußt? – Wir wissen ja, daß wir während des Schlafzustandes von einer geistigen Welt umgeben sind, wie wir im Wachzustande umgeben sind von den Dingen und Tatsachen der physisch-sinnlichen Welt. Warum sehen wir diese geistige Welt nicht? Im gewöhnlichen normalen Leben sehen wir die geistigen Tatsachen und geistigen Dinge, die um uns herum sind, aus dem Grunde nicht, weil für uns dieses Sehen bei der gegenwärtigen Menschenreife vom Einschlafen bis zum Aufwachen im höchsten Grade gefahrbringend wäre. In dem Augenblick, wo der Mensch heute bewußt übergehen würde in die Welt, die ihn zwischen Einschlafen und Aufwachen umgibt, würde zwar sein astralischer Leib, der ja während der alten Mondenzeit seine volle Ausbildung erfahren hat, in die geistige Welt ausfließen; aber nicht könnte es das Ich, das ja erst während der Erdenzeit sich entwickeln soll und vollständig entwickelt sein wird am Ende der Erdenzeit. Das Ich ist noch nicht so voll entwickelt, daß es vom Einschlafen bis zum Aufwachen seine volle Tätigkeit entfalten könnte.

Es ist mit dem Ich so, daß wir den Zustand, in den es käme, wenn der Mensch bewußt einschlafen würde, damit vergleichen könnten, daß wir sagen: Nehmen wir an, wir haben ein kleines Tröpfchen einer gefärbten Flüssigkeit, das bringen wir in ein Bassin mit Wasser und lassen es sich darinnen verteilen. Dann wird man von der Farbe dieses Tröpfchens nichts mehr sehen, weil es sich in der ganzen breiten Masse hat auflösen müssen. – So etwas geschieht auch, wenn der Mensch im Einschlafen aus dem physischen Leib und Ätherleib herausgeht. Physischer Leib und Ätherleib sind das, was die ganze menschliche Wesenheit zusammenhält. In dem Augenblick, wo der astralische Leib und das Ich die beiden unteren Glieder verlassen, streben sie auseinander nach allen Seiten hin, haben nur das Bestreben, sich fortwährend auszudehnen. Es würde also dem Ich so gehen, daß es aufgelöst würde, und der Mensch würde vor sich haben zwar die Bilder der geistigen Welt, aber er würde sie mit denjenigen Kräften, die nur sein Ich entfalten kann – denn das Ich wäre ja aufgelöst –, also mit Urteilskräften und Begriffsvermögen und so weiter, nicht verfolgen können, also nicht mit demselben Bewußtsein, mit welchem er die Zustände des Alltags verfolgt. Er würde außer sich sein, würde hin und her gerissen, wesens- und richtungslos schwimmend auf dem Meere der astralischen Eindrücke. Aus diesem Grunde, weil das Ich noch nicht stark genug ist im normalen Zustande des Menschen, wird das Ich so lange zurückwirken auf den astralischen Leib und ihn verhindern, bewußt einzutreten in seine eigentliche Heimat, in die geistige Welt, bis das Ich selber überall mit hin kann, wohin der astralische Leib dringt. So also hat es einen guten Sinn, daß wir das Bewußtsein verlieren im Einschlafen. Wir könnten unser Ich nicht erhalten. Wir werden es erst erhalten können in genügender Weise, wenn die Erdentwickelung an ihrem Ende angekommen sein wird. Deshalb sollen wir auch unseren astralischen Leib nicht entfalten können in bezug auf seine Bewußtseinsfähigkeit.

Gerade das Umgekehrte tritt ein, wenn der Mensch aufwacht. Wenn er aufwacht und untertaucht in den physischen Leib und Ätherleib, würde er eigentlich erleben müssen das Innere des physischen Leibes und des Ätherleibes. Das tut er aber nicht. Im Augenblick des Aufwachens wird er verhindert, hineinzuschauen in das Innere seiner Leiblichkeit, denn da wird gleich die Aufmerksamkeit auf die äußeren Erlebnisse gelenkt. Da wird nicht seine Sehkraft, seine Erkenntniskraft dahin gelenkt, sein Inneres zu durchschauen, sondern sie wird abgelenkt auf die Außenwelt. Würde der Mensch sich im Inneren ergreifen, so würde genau das Gegenteil eintreten von dem, was eintritt, wenn sich der Mensch bewußt beim Einschlafen in die geistige Welt hineinbegeben könnte. Alles, was der Mensch sich schon im Verlaufe des Erdenlebens an Geistigem durch sein Ich errungen hat, das würde sich zusammendrängen und es würde jetzt im physischen Leibe und Ätherleibe nach dem Untertauchen mit aller Kraft auf ihn wirken. Das würde zur Folge haben, daß alles, was nur irgendwie egoistische Eigenschaft ist, sich mit aller Macht entfalten würde. Und der Mensch würde hinuntertauchen mit seinem Ich und würde mit jedem Stück, mit dem er hinuntertaucht, seine Leidenschaften, Triebe und Begierden in einem immer kraftvolleren Egoismus ergießen. Aller Egoismus würde sich ergießen in sein Triebleben. Damit das nicht geschieht, werden wir abgelenkt auf die Außenwelt und nicht mit unserem Bewußtsein in unser Inneres hineingelassen.

Daß das so ist, kann auch aus den Berichten derjenigen hervorgehen, die als Mystiker versuchten, wirklich hineinzukommen in das menschliche Innere. Sehen Sie sich um bei *Meister Eckart,* bei *Johannes Tauler* oder bei sonstigen Mystikern des Mittelalters, welche wirklich den Gang in das menschliche Innere unternommen haben. Da haben Sie Mystiker, welche sich hingegeben haben einem Zustand, wo sie ihre Aufmerksamkeit vollständig ablenkten von dem, was sie an der Außenwelt interessieren konnte, um hinunterzusteigen in das eigene Innere. Lesen Sie die Biographien der Heiligen oder der Mystiker, die in das eigene Innere hineinzusteigen versuchten. Was haben sie erfahren? Versuchungen, Anfechtungen und dergleichen, die sie in lebendigen Farben schildern. Das war dasjenige, was sich aus dem zusammengepreßten astralischen Leib und Ich als eine Widerkraft geltend machte. Daher haben diejenigen, welche sozusagen ungeschoren als Mystiker in das eigene Innere hinuntersteigen wollten, mit aller Macht darauf gedrungen, daß in demselben Maße, als sie hinunterstiegen, das Ich ausgelöscht würde. Ein schönes Wort hat sogar Meister Eckart gefunden, um dieses Hinuntersteigen in die eigene Leiblichkeit zu bezeichnen. Er spricht von «Entwerdung», das heißt Auslöschen des Ich. Und lesen Sie in der «Deutschen Theologie», wie der Verfasser darstellt den mystischen Gang in das menschliche Innere, wie er darauf dringt, daß derjenige, der hinuntersteigen will in die Leiblichkeit, nicht mehr aus *seinem* Ich handelt, sondern daß in ihm der Christus handelt, mit dem er sich ganz durchdrungen hat. Auslöschen wollten solche Mystiker ihr Ich. Nicht *sie* sollen denken, fühlen und wollen, sondern der *Christus in ihnen* soll denken, fühlen und wollen, damit nicht dasjenige aus ihnen herauskommt, was in ihnen als Leidenschaften, Trieb und Begierde lebt, sondern damit dasjenige herauskommt, was sich als der

Christus in sie ergießt. Daher sagt Paulus: «Nicht ich, sondern der Christus in mir»! Aus solchen Tiefen gehen solche Dinge hervor.

So können wir schildern Aufwachen und Einschlafen als innere Erlebnisse der menschlichen Wesenheit: Aufwachen als ein Hinuntertauchen der zusammengepreßten Ichheit in die Leiblichkeit des Menschen, Einschlafen als ein Sich-Befreien vom Bewußtsein, weil man noch nicht reif ist, in jener Welt zu schauen, in die man eigentlich hineindringen muß beim Einschlafen. Dadurch verstehen wir Wachen und Schlafen in jenem Sinne, in welchem wir mancherlei in der Welt verstehen müssen: als das Sich-Durchdringen der verschiedenen Glieder der menschlichen Wesenheit. Betrachten wir von diesem Gesichtspunkte aus einen wachenden Menschen, so sagen wir: In dem wachenden Menschen stecken darinnen vier Glieder der menschlichen Wesenheit: physischer Leib, Ätherleib, astralischer Leib und Ich, und sie stecken in einer bestimmten Weise ineinander. Was folgt daraus? Eben das Wachen! Denn es könnte der Mensch nicht wachen, wenn er nicht so hineinsteigen würde in seine Leiblichkeit, daß die Aufmerksamkeit durch die Außenwelt abgelenkt würde. Gerade von einem ganz bestimmten, geregelten Zusammenwirken der vier Glieder des Menschen hängt es ab, daß der Mensch wacht. Und wieder von dem richtigen Getrenntsein seiner vier Glieder hängt es ab, daß der Mensch schläft. Wir reichen damit nicht aus, daß wir sagen: Der Mensch besteht aus physischem Leib, Ätherleib, astralischem Leib und Ich, sondern wir verstehen den Menschen erst dann, wenn wir wissen, in welchem Grade die verschiedenen Glieder bei einem bestimmten Zustande miteinander verknüpft sind, wie sie ineinanderstecken. Das ist das Wesentliche für die Erkenntnis der menschlichen Natur. Nun betrachten wir die Art des Zusammengefügtseins der vier Glieder des Menschen, wie es uns beim wachenden Menschen entgegentritt, als das Normale. Wir wollen einmal von diesem Begriff ausgehen: als das Normale den Zustand des wachenden Menschen zu betrachten.

Nun werden sich die meisten von Ihnen erinnern, daß das Bewußtsein, welches wir gegenwärtig als Erdenmenschen haben zwischen Geburt und Tod, nur eine ist von den überhaupt möglichen Bewußtseinsformen. Wenn Sie zum Beispiel die «Geheimwissenschaft im Umriß» oder die früheren Aufsätze «Aus der Akasha-Chronik» studieren, so werden Sie sehen, daß das heutige Bewußtsein *eine* Bewußtseinsstufe unter sieben verschiedenen Bewußtseinsstufen ist, daß dieses Bewußtsein, das wir heute haben, sich erst entwickelt hat aus drei andern, vorangegangenen Bewußtseinszuständen und sich später entwickeln wird zu drei andern, nachfolgenden Bewußtseinsformen. Während der Mensch Mondenmensch war, hatte er noch kein Ich. Das Ich verband sich mit dem Menschen erst während der Erdenzeit. Daher konnte der Mensch auch die heutige Art des Bewußtseins erst während der Erdenzeit haben. Ein solches Bewußtsein wie das, was wir heute haben zwischen Geburt und Tod, setzt voraus, daß das Ich genau so, wie es heute der Fall ist, mit den andern drei Gliedern zusammenwirkt und das höchste ist unter den vier Gliedern der menschlichen Wesenheit. Bevor der Mensch mit dem Ich befruchtet worden ist, bestand er nur aus physischem Leib, Ätherleib und astralischem Leib. Da war der astralische Leib sein höchstes Glied, und sein Bewußtseinszustand war ein solcher, daß wir ihn heute höchstens, wenn wir etwas aus dem gewöhnlichen Leben nehmen, mit dem vergleichen könnten, was der Mensch sich wie ein altes Erbstück erhalten hat im Traumbewußtsein. Aber Sie müssen sich nicht das heutige Traumbewußtsein vorstellen, sondern ein solches, das in den Bildern des Traumes Realitäten wiedergibt. Wenn Sie den heutigen Traum studieren, werden Sie in den verschiedensten Bildern recht viel Chaotisches finden, weil das heutige Traumbewußtsein ein altes Erbstück ist. Aber wenn Sie das Bewußtsein, welches dem heutigen vorangegangen ist, studieren würden, dann würden Sie finden, daß Sie äußere Gegenstände, zum Beispiel Pflanzen, damals nicht würden gesehen haben. Also es wäre ein äußerer Eindruck auf den Menschen unmöglich gewesen. Wenn etwas in die Nähe des Menschen gekommen wäre, hätten Sie einen Eindruck bekommen, der seinen Umweg nimmt über das Traumbild in das menschliche Innere, das also ein Sinnbild ist, welches aber einem bestimmten äußeren Gegenstande und Eindruck entsprochen haben würde.

Also wir haben es vor dem Ich-Bewußtsein zu tun mit einem solchen Bewußtsein, das an den astralischen Leib als das damals höchste Glied gebunden ist, das astralische Bewußtsein, das dumpf und dämmerhaft ist und noch nicht durchleuchtet ist von dem Lichte des Ich. Dieses astralische Bewußtsein ist beim Menschen, als er Erdenmensch geworden ist, überleuchtet worden, übertönt worden von dem Ich-Bewußtsein. Nun ist aber der astralische Leib noch immer in uns, und wir können fragen: Wodurch ist das geschehen, daß unser astralisches Bewußtsein überhaupt hat übertönt, ausgeschaltet werden können, so daß das Ich-Bewußtsein ganz an seine Stelle treten konnte? – Das wurde dadurch möglich, daß durch die Befruchtung des Menschen mit dem Ich die frühere Verbindung zwischen astralischem Leib und Ätherleib zu einer viel loseren gemacht worden ist. Es ist sozusagen die frühere innigere Verbindung gelöst worden. Also es war vor dem Ich-Bewußtsein eine viel innigere Verbindung vorhanden zwischen dem astralischen Leib des Menschen und den niedrigeren Gliedern seiner Wesenheit. Es drängte sich der astralische Leib viel mehr hinein in die andern Glieder, als er es heute tut. Entrissen worden ist in einer gewissen Beziehung der astralische Leib dem Ätherleib und dem physischen Leib.

Nun müssen wir uns einmal diesen Vorgang des sozusagen teilweisen Herausgehens, des Losemachens des astralischen Leibes von Ätherleib und physischem Leib ganz klarmachen. Dann werden wir uns fragen: Gibt es vielleicht auch heute noch die Möglichkeit, bei unserem gewöhnlichen Ich-Bewußtsein etwas herzustellen, was dieser alten Verbindung ähnlich wäre? Könnte es auch heute im Menschenleben geschehen, daß der astralische Leib tiefer hinein will in die andern Glieder, als er soll, sich mehr mit allerlei imprägniert und durchdringt, als es ihm zukommt?

Also ein gewisses Normalmaß ist notwendig für das Durchdringen des astralischen Leibes mit Ätherleib und physischem Leib. Nehmen wir nun an, das Normalmaß wird nach irgendeiner Richtung hin überschritten. Dann wird eine Störung eintreten müssen im ganzen menschlichen Organismus; denn was der Mensch heute ist, das hängt davon ab, daß dieses bestimmte Verhältnis zwischen den verschiedenen Wesensgliedern da ist, das uns im wachenden Menschen vor Augen tritt. In dem Augenblicke, wo sich der astralische Leib unrichtig benimmt, wo er tiefer hineindringt in physischen Leib und Ätherleib, muß eine Störung auftreten. Nun haben wir aber in den letzten Betrachtungen gesehen, daß das, was wir jetzt folgern, wirklich geschieht. Wir haben den ganzen Vorgang nur von der andern Seite her dargestellt. Wann geschieht es denn?

Es geschieht dann, wenn der Mensch in einem früheren Leben in seinen astralischen Leib etwas hineingeprägt hat, irgend etwas hat einfließen lassen, was wir für das frühere Leben als eine moralische oder intellektuelle Verfehlung auffassen. Das hat sich dem astralischen Leib eingegraben. Das ist jetzt etwas, wenn der Mensch neuerdings ins Leben tritt, was in der Tat den astralischen Leib veranlassen kann, einen andern Zusammenhang zu suchen mit dem physischen Leib und Ätherleib, als er ihn gesucht hätte, wenn er nicht diese Verfehlung im vorigen Leben in sich hineingeprägt hätte. Also gerade unsere Verfehlungen sind es, die sich unter dem Einfluß von Ahriman und Luzifer vollzogen haben und sich umgestaltet haben in organisierende Kräfte, welche im neuen Leben den astralischen Leib veranlassen, sich anders zum physischen Leib und Ätherleib zu stellen, als er es tun würde, wenn sich solche Kräfte nicht in ihn hineingedrängt hätten.

So sehen wir, wie gerade die Wirkungen früherer Gedanken, Empfindungen und Gefühle den astralischen Leib zu dem veranlassen, was Unordnung hervorrufen muß in der menschlichen Organisation. Wenn aber solche Unordnung hervorgerufen wird, was tritt dann ein? Wenn sich der astralische Leib mehr hineindrängt in den physischen Leib und Ätherleib, als er es beim normalen Menschen sollte, so tut er etwas ganz Ähnliches, wie wir des Morgens tun beim Aufwachen, wo wir in dem Moment des Aufwachens mit unserem Ich in unsere zwei Leiber hinuntertauchen. Aufwachen besteht im Hinuntertauchen des Ich-Menschen in den physischen Leib und Ätherleib. Worin besteht nun das, was der astralische Leib tut, wenn er mehr in den physischen Leib und Ätherleib hineintritt, als er soll, veranlaßt durch die Wirkungen früherer Erlebnisse? – Was sonst eintritt, wenn wir mit dem Ich und astralischen Leib untertauchen in den physischen Leib und Ätherleib, wenn wir des Morgens aufwachen und etwas wahrnehmen, das zeigt sich gerade darin, daß wir aufwachen. Wie der ganze Wachzustand die Folge ist des Untertauchens des Ich-Menschen in den physischen Leib und Ätherleib, so muß jetzt etwas auftreten, was der astralische Leib tut, also etwas, was wir sonst als Ich-Menschen tun. Er taucht unter in den Äther- und physischen Leib. Wenn wir also einen Menschen vor uns haben, bei dem der astralische Leib die Tendenz aufgenommen hat, sich mehr zu vereinigen mit Ätherleib und physischem Leib, als es normalerweise der Fall sein sollte, so haben wir dieselbe Erscheinung für den Astralleib vor uns, welche wir sonst beim Aufwachen für den Ich-Menschen vor uns haben. Was ist dieses zu starke Eindringen des astralischen Leibes in den Ätherleib und physischen Leib? Das ist etwas, was wir sonst als das Wesen der Krankheit bezeichnen können. Wenn unser astralischer Leib dasselbe tut, was wir sonst beim Aufwachen tun, nämlich sich hineindrängt in den physischen Leib und Ätherleib, wenn der astralische Leib, der sonst bei uns kein Bewußtsein entwickeln sollte, nach einem Bewußtsein strebt im physischen Leib und Ätherleib, wenn er in uns aufwachen will, dann werden wir krank. Krankheit ist ein abnormer Wachzustand unseres astralischen Leibes. Was tun wir denn eigentlich, wenn wir im normalen Wohlbefinden stehen, wenn wir im gewöhnlichen Wachzustand leben? Dann wachen wir für das gewöhnliche Leben. Aber damit wir das gewöhnliche Wachbewußtsein haben können, mußten wir ja den astralischen Leib früher in eine andere Verbindung bringen. Wir mußten ihn zum Schlafen bringen. Der astralische Leib muß, wenn wir am Tage unser Ich-Bewußtsein haben, schlafen; wir können nur gesund sein, wenn unser astralischer Leib schläft in uns. Daher können wir jetzt das Wesen von Gesundheit und Krankheit in folgender Weise auffassen: Krankheit ist ein abnormes Aufwachen des astralischen Leibes im Menschen, und Gesundheit ist der normale Zustand des Schlafens des astralischen Leibes.

Und was ist denn das Bewußtsein dieses astralischen Leibes? Wenn wirklich Krankheit das Aufwachen des astralischen Leibes wäre, müßte ja etwas bei ihm eintreten wie ein Bewußtsein. Er wacht abnormerweise auf; also könnten wir ein abnormes Bewußtsein erwarten; aber ein Bewußtsein müßte da sein. Wenn wir in die Krankheit verfallen, müßte etwas Ähnliches entstehen, wie es sonst des Morgens beim Aufwachen eintritt. Es müßte unser Erleben abgelenkt werden auf irgend etwas anderes. Am Morgen taucht sonst unser gewöhnliches Bewußtsein auf. Wenn wir nun krank werden, taucht dann ein Bewußtsein auf?

Ja, es taucht ein Bewußtsein auf, das der Mensch nur allzugut kennt. Und welches ist dieses Bewußtsein? Ein Bewußtsein drückt sich in Erlebnissen aus! Das Bewußtsein, was da auftaucht, drückt sich aus in dem, was wir den Krankheitsschmerz nennen, den wir nicht haben im normalen Wohlbefinden des Wachzustandes, weil da unser astralischer Leib gerade schläft. Schlafen des astralischen Leibes heißt, daß er sich in regelmäßigem Zusammenhang befindet mit physischem Leib und Ätherleib, bedeutet Schmerzlosigkeit. Der Schmerz ist der Ausdruck dafür, daß der astralische Leib sich so hineinpreßt in den physischen Leib und Ätherleib, wie er nicht drinnen sein soll – und zum Bewußtsein kommt. Das ist der Schmerz.

Nun handelt es sich darum, daß wir nicht etwa das, was eben gesagt worden ist, wieder grenzenlos ausdehnen. Es muß, wenn geisteswissenschaftlich gesprochen wird, immer die Grenze eingehalten werden, innerhalb deren etwas gesagt wird. – Es ist gesagt worden, daß wenn unser astralischer Leib aufwacht, ein Bewußtsein entsteht, das von Schmerz durchtränkt ist. Daraus dürfen wir aber nicht schließen, daß Schmerz und Krankheit immer zusammenfallen. Es ist durchaus ein jegliches Hineinpressen des astralischen Leibes in den Ätherleib und physischen Leib ein Kranksein. Aber umgekehrt besteht nicht jedes Kranksein darin, und daß Kranksein auch einen anderen Charakter haben kann, werden wir uns dadurch begreiflich machen können, daß keineswegs alles Kranksein von Schmerzen begleitet ist. Das beachten nur die meisten Menschen deshalb nicht, weil sie zumeist im Leben nicht anstreben, gesund zu sein, sondern sie streben an, schmerzlos zu sein, und wenn sie schmerzlos sind, halten sie das für gesund. Das ist nicht immer so; aber in sehr vielen Fällen wird der Mensch glauben, wenn er schmerzlos ist, sei er gesund. Wir würden uns einer gewaltigen Täuschung hingeben, wenn wir glauben wollten, daß Schmerzempfinden und Kranksein zusammenfällt. Es kann die Leber eines Menschen durch und durch beschädigt sein; wenn der Schaden nicht ein solcher ist, daß durch ihn zum Beispiel das Bauchfell affiziert wird, so tritt gar kein Schmerz auf. Es kann der Mensch einen Krankheitsprozeß in sich haben, der sich gar nicht in Schmerzen äußert. Das kann in vielen Fällen so sein. Vor einer objektiveren Betrachtung sind diese Erkrankungen sogar die schlimmeren. Denn wenn der Mensch Schmerzen empfindet, geht er darauf aus, die Schmerzen loszuwerden; wenn er keine Schmerzen hat, gibt er sich nicht besonders viel Mühe, die Krankheit loszubekommen.

Wie verhält es sich nun mit den Erscheinungen, wo keine Schmerzen mit den Krankheitsfällen parallel gehen? Was haben wir da getan? – Da brauchen wir uns nur zu erinnern, daß wir uns wirklich als menschliche Wesen, wie wir heute sind, nach und nach entwickelt haben, daß wir während der Erdenzeit das Ich hinzugefügt haben zu astralischem Leib, Ätherleib und physischem Leib. Aber wir waren auch einmal ein Mensch, der nur physischen Leib und Ätherleib gehabt hat. Ein Wesen, das nur physischen Leib und Ätherleib hat, ist wie eine heutige Pflanze. Bei solchen Wesen kommen wir zu einem dritten Grade von Bewußtsein, einem viel, viel dumpferen Bewußtsein, das nicht einmal bis zur Helligkeit des heutigen Traumbewußtseins hinaufreicht. Es ist ja durchaus ein Irrtum, wenn wir glauben, daß der Mensch im Schlafe kein Bewußtsein hat. Er hat ein Bewußtsein; nur ist es so dumpf, daß er es nicht bis zur Erinnerung in seinem Ich heraufrufen kann. Aber auch in der Pflanze sitzt ein solches Bewußtsein. Es ist eine Art Schlafbewußtsein, also ein noch tieferes als das astralische Bewußtsein. Da kommen wir herunter zu einem noch tieferen Bewußtsein des Menschen.

Nehmen wir nun an, der Mensch habe durch Erlebnisse in früheren Inkarnationen nicht nur solche Unordnung hineingebracht in seine Organisation, welche den astralischen Leib veranlaßt, sich in unordentlicher Weise hineinzuversenken in den physischen Leib und Ätherleib, sondern er habe so etwas vollführt, was den Ätherleib veranlassen kann, in unrichtiger Weise sich in den physischen Leib hineinzudrängen. Es kann durchaus ein solcher Zustand eintreten, daß auch die Verbindung zwischen Ätherleib und physischem Leib nicht die für den heutigen Menschen normale ist, daß sich der Ätherleib zu tief hineindrängt in den physischen Leib. Der astralische Leib, sagen wir, wäre dabei gar nicht beteiligt, sondern was da im früheren Leben veranlagt worden ist, das bewirkt in der menschlichen Organisation eine dichtere Zusammenfügung von Ätherleib und physischem Leib, als es sonst sein soll. Da haben wir dasselbe bei dem Ätherleib, was wir bei dem astralischen Leibe haben im Schmerzbewußtsein.

Wenn der Ätherleib sich nun seinerseits zu tief hineinversenkt in den physischen Leib, so taucht ein Bewußtsein auf ähnlich wie des Menschen Schlafbewußtsein, wie das Pflanzenbewußtsein. Kein Wunder daher, daß das auch ein Zustand ist, der vom Menschen gar nicht empfunden wird. Wie er nicht im Schlaf empfindet, so empfindet er auch jetzt diesen Zustand nicht. Und doch ist es ein Aufwachen! Wie unser astralischer Leib abnormerweise aufwacht, wenn er zu tief hinuntertaucht in den Ätherleib und physischen Leib, so wacht der Ätherleib in abnormer Weise auf, wenn er zu tief in den physischen Leib hineintaucht. Nur kann es der Mensch nicht wahrnehmen, weil es das Aufwachen zu einem noch dumpferen Bewußtsein als das Schmerzbewußtsein ist. Aber nehmen wir an, der Mensch hätte wirklich in einem früheren Leben so etwas vollzogen, was sich zwischen Tod und neuer Geburt dazu umwirkt, daß der Ätherleib für sich aufwacht, das heißt, intensiven Besitz ergreift vom physischen Leib. Wenn das geschehen ist, lebt auf im Menschen ein tiefes Bewußtsein, das aber nicht in der Weise wahrgenommen werden kann, wie die sonstigen Erlebnisse der menschlichen Seele wahrgenommen werden. Braucht es deshalb nicht zu wirken, weil es nicht wahrgenommen wird? Versuchen wir uns klarzumachen, was ein Bewußtsein für eine eigentümliche Tendenz erhält, wenn es anfängt, um einen Grad tiefer zu liegen.

Wenn Sie einen solchen äußeren Eindruck erleben, wie zum Beispiel wenn Sie sich verbrennen, so verursacht das Schmerz. Wenn ein Schmerz entstehen soll, so muß das Bewußtsein wenigstens den Grad des Bewußtseins des astralischen Leibes haben. Ein Schmerz muß im astralischen Leibe leben. Wo also irgendeinmal in der Menschenseele Schmerz entsteht, ist eine Tatsache des astralischen Leibes vorhanden. Nehmen wir aber einmal an, es geschehe etwas, was nicht mit Schmerzen verbunden wäre, was dennoch aber einen äußeren Reiz, einen äußeren Eindruck hervorruft. Wenn irgend etwas auf Ihr Auge zufliegt, so verursacht das einen äußeren Reiz; das Auge schließt sich. Schmerz ist damit nicht verbunden. Was ruft der Reiz hervor? Eine Bewegung. Das ist etwas Ähnliches, wie wenn Ihre Fußsohle berührt wird: Schmerz ist es nicht – dennoch zuckt der Fuß. Es gibt also auch solche Eindrücke auf den Menschen, die nicht von Schmerzen begleitet sind, die dennoch aber herausfordern irgendein Geschehnis, eine Bewegung. Da weiß der Mensch nicht – weil er nicht bis in diesen tiefen Grad des Bewußtseins hinunterdringen kann –, wie so etwas zustande kommt, daß eine Bewegung folgt auf den Reiz. Wenn Sie Schmerz empfinden, und Sie weisen dadurch etwas zurück, so ist es der Schmerz, der Sie aufmerksam gemacht hat auf das, was Sie dann zurückweisen. Es kann aber etwas auftreten, was Sie zu einer inneren Bewegung drängt, zu einer Reflexbewegung. Da dringt das Bewußtsein nicht bis zu dem Grade hinunter, wo der Reiz in Bewegung umgesetzt wird. Da haben Sie einen solchen Bewußtseinsgrad, der nicht in Ihre astralischen Erlebnisse hineinkommt, der bewußt nicht erlebt wird, der in einer Art von Schlafbewußtseinssphäre verläuft, der aber darum doch nicht so ist, daß er nicht zu Geschehnissen führen könnte. Wenn ein solches tieferes Eindringen des Ätherleibes in den physischen Leib stattfindet, so ist dies das Hervorbringen eines Bewußtseins, das nicht ein Schmerzbewußtsein ist, weil sich der astralische Leib nicht daran beteiligt, sondern das so dumpf ist, daß es der Mensch nicht wahrnimmt. Damit ist aber nicht gesagt, daß der Mensch in diesem Bewußtsein keine Handlungen ausführen kann, nicht etwas tun könnte, was der ganzen Sachlage entspräche. Der Mensch führt ja auch sonst Handlungen aus, bei denen sein Bewußtsein nicht dabei ist. Sie brauchen nur daran zu denken, wo das gewöhnliche Tagesbewußtsein ausgelöscht ist und der Mensch als Nachtwandler alle möglichen Handlungen ausführt. Da ist nicht etwa gar kein Bewußtsein vorhanden, sondern es ist ein solches Bewußtsein daran beteiligt, das der Mensch nicht miterleben kann, weil er nur die zwei höchsten Bewußtseinsformen erleben kann: das astralische Bewußtsein als Lust und Leid und dergleichen und das Ich-Bewußtsein als Urteil und als gewöhnliches Tagesbewußtsein. Deshalb ist aber die Sache doch nicht so, daß der Mensch aus diesem Schlafbewußtsein heraus nicht handeln könnte.

Nun haben wir also auch ein solches tiefes Bewußtsein, das der Mensch nicht mehr erreichen kann, wenn der Ätherleib hinuntersteigt in den physischen Leib. Nehmen wir an, er will aber doch etwas tun, wovon er im normalen Leben nichts wissen kann, was irgendwie mit der Sachlage zusammenhängt, dann wird er das tun, ohne daß er davon etwas weiß. In ihm wird etwas, wird die Sache selbst das tun, ohne daß er selber davon weiß. – Betrachten wir jetzt einen Menschen, der durch irgendwelche Vorkommnisse in einem früheren Leben Ursachen in sich gelegt hat, welche in der Zeit zwischen Tod und neuer Geburt hinunterwirken bis dahin, wo sie zu einem tieferen Eindringen des Ätherleibes in den physischen Leib führen. Dann werden daraus Handlungen hervorgehen, welche zum Auswirken von tieferliegenden Krankheitsprozessen führen. Da wird der Mensch dazu gedrängt werden können, äußere Veranlassungen zu Krankheiten geradezu aufzusuchen.

Es kann sonderbar erscheinen, daß das nicht klar erscheint für das gewöhnliche Ich-Bewußtsein. Der Mensch würde es aber aus seinem gewöhnlichen Ich-Bewußtsein heraus auch nie tun. Er wird sich nie aus seinem gewöhnlichen Ich-Bewußtsein heraus befehlen, in einen Herd von Bazillen einzudringen. Nehmen wir aber an, jenes dumpfe Bewußtsein findet, daß es nötig ist, daß eine äußere Schädigung eintrete und daß sich das abspielen kann, was wir gestern genannt haben den ganzen Sinn des Krankseins. Dann sucht dieses Bewußtsein, das in den physischen Leib hineindringt, die Krankheitsursache auf. Es ist das eigene Wesen des Menschen, das die Krankheitsursache aufsucht, um das zu erreichen, was wir gestern den Krankheitsprozeß genannt haben. So werden Sie aus dem tieferen Wesen der Krankheit heraus begreifen, daß selbst dann, wenn noch keine Schmerzen auftreten, noch immer Gegenwirkungen auftreten können. Und auch wenn Schmerzen sich zeigen, kann noch immer, wenn nur der Ätherleib zu stark eindringt in den physischen Leib, dasjenige eintreten, was man nennen kann das Suchen von äußeren Krankheitsursachen durch tiefergelegene Schichten des menschlichen Bewußtseins selbst. So grotesk es klingt, so ist es doch richtig: Wir suchen uns, ebenso wie unsere vererbten Merkmale, mit einem andern Bewußtseinsgrade unsere äußeren Krankheitsursachen, wenn wir sie brauchen. Das eben Gesagte gilt aber wieder nur in den Grenzen dessen, wie es heute dargestellt ist.

Heute hat es sich vorzugsweise darum gehandelt, gerade klarzulegen, daß der Mensch imstande sein kann, ohne daß er es mit dem ihm bekannten Bewußtseinsgrade verfolgen kann, die Krankheit dadurch zu suchen, daß ein abnormer, tieferer Bewußtseinszustand hergestellt wird. Darum handelte es sich: zu zeigen, daß wir es in der Krankheit zu tun haben mit einem Erwachen von Bewußtseinsstadien, welche wir als Menschen früher schon überwunden haben. Dadurch, daß wir in einem früheren Leben Fehler auf uns geladen haben, verursachen wir, daß wir tiefere Bewußtseinsgrade hervorbringen, als es uns sonst für unser jetziges Leben geziemte. Und was wir aus den Antrieben dieser Bewußtseinsgrade tun, das beeinflußt den Verlauf des Krankheitsprozesses wie auch den Prozeß, der überhaupt erst zur Krankheit führt.

Da sehen wir, daß in den abnormen Zuständen alte Bewußtseinsstufen heraufsteigen, welche der Mensch längst überwunden hat. Wenn Sie nur ein wenig die Tatsachen des gewöhnlichen Lebens betrachten, können Sie sich schon ein wenig verdeutlichen, was heute gesagt worden ist. Es ist ja so, daß der Mensch durch seine Schmerzen gewissermaßen tiefer hinuntersteigt in sein Wesen. Sie kennen ja den Ausspruch, daß er dann erst weiß, daß er ein Organ hat, wenn es angefangen hat, ihn zu schmerzen. Das ist ein populärer Ausspruch; aber er ist nicht so ganz dumm. Warum weiß der Mensch im normalen Bewußtsein davon nichts? Weil sein Bewußtsein im normalen Falle so weit schläft, daß es nicht intensiv genug untertaucht in den astralischen Leib. Taucht es aber unter, dann entsteht Schmerz, und durch den Schmerz erfährt der Mensch, daß er das betreffende Organ hat. In gar manchen Aussprüchen des gewöhnlichen Lebens liegt etwas durchaus Wahres, weil sie Erbstücke sind aus den früheren Bewußtseinsstadien, in welchen der Mensch, als er in die geistige Welt hineingesehen hat, noch vieles gewußt hat von dem, was wir heute mühselig wieder heraufholen müssen.

Wenn Sie begreifen, daß der Mensch tiefere Schichten des Bewußtseins erleben kann, dann werden Sie auch die Möglichkeit haben, zu begreifen, daß nicht nur äußere Krankheitsursachen, sondern auch äußere Schicksalsschläge vom Menschen aufgesucht werden können, welche sich der Mensch nicht als vernünftig auslegen kann, aber deren Vernunft so wirkt, daß auf tiefere Schichten des Bewußtseins gewirkt wird. – So kann es auch wohl denkbar erscheinen, daß sich der Mensch bei gewöhnlicher Überlegung nicht gerade dorthin stellen wird, wo ihn ein Blitz treffen kann. Mit dem Oberbewußtsein wird er das vermeiden. Aber es könnte in ihm ein Bewußtsein tätig sein, das viel tiefer liegt als das Oberbewußtsein und das ihn gerade an die Stelle hinführt, wo ihn der Blitz treffen kann, unter einer Voraussicht, welche das Oberbewußtsein nicht hat, ein Bewußtsein, das also will, daß der Blitz ihn trifft, so daß der Mensch den Unfall geradezu aufsucht.

Daß durch karmische Wirkungen Unglücksfälle aufgesucht werden oder auch äußere Krankheitsursachen, das haben wir heute der Möglichkeit nach erst begriffen. Wie das im einzelnen geschieht, wie die Kräfte im Menschen wirken, welche in tieferen Bewußtseinsschichten sind, und wie es damit steht, ob unser Oberbewußtsein solche Unglücksfälle vermeiden darf, das ist wieder eine Frage, die uns auch noch beschäftigen wird. Wie wir verstehen können, daß, wenn der Mensch in eine Gegend geht, wo eine Infektion auf ihn ausgeübt werden kann, da ein Bewußtseinsgrad wirkt, der ihn dorthin getrieben hat, so müssen wir auch verstehen können, wie es sich damit verhält, daß der Mensch Einrichtungen trifft, damit solche Infektionen immer weniger wirken können, daß wir also durch hygienische Maßregeln durch das Oberbewußtsein die Dinge wieder abwenden können. Wir können auch begreifen die Möglichkeit, durch das Oberbewußtsein diese Wirkung abzulenken, und müssen sagen, daß es etwas höchst Unvernünftiges wäre, daß das Unterbewußtsein Krankheitskeime aufsuchen kann, wenn nicht auch auf der andern Seite Krankheitsursachen durch das Oberbewußtsein vermieden werden können.

Wir werden sehen, daß es «vernünftig» ist, Krankheitskeime aufzusuchen, und daß es auch «vernünftig» ist, von dem Oberbewußtsein aus hygienische Maßregeln zu ergreifen gegen das Eindringen von Infektionsstoffen, um dadurch Krankheitsursachen zu verhindern.

SIEBENTER VORTRAG

Hamburg, 22. Mai 1910

Sie haben in diesen Vorträgen schon gesehen, daß wir uns unserem Ziele stückweise nähern, indem wir aber auch mit jedem Stück, das wir weiterschreiten, tiefer in die Sache einzudringen versuchen. Wir haben zuletzt gesprochen über das Wesen von Schmerzen, die mit einem Krankheitsverlauf verbunden sind; wir haben aber auch darauf aufmerksam gemacht, wie in andern Fällen der Krankheitsverlauf – in gewisser Beziehung wenigstens – sich abspielen kann, ohne daß er begleitet ist von Schmerzerlebnissen.

Nun müssen wir auf das Wesen des Schmerzes noch etwas genauer eingehen. Wir müssen uns noch einmal vor Augen halten, daß Schmerz eintreten kann als eine neben der Erkrankung einherlaufende Erscheinung. Denn das mußten wir ja schon aus der vorigen Betrachtung entnehmen, daß wir Krankheit und Schmerz als etwas Zusammengehöriges nicht betrachten dürfen. Wir müssen uns gegenwärtig halten, daß, wenn mit einer Krankheit Schmerz verknüpft ist, noch etwas anderes dabei im Spiele sein muß als das bloße Erkranktsein. Nun haben wir bereits darauf aufmerksam gemacht, daß bei jenem Vorgang, der beim Übergang von einer Inkarnation in die andere sich abspielt, wo Erlebnisse früherer Inkarnationen in Krankheitsursachen umgewandelt werden, daß da auf der einen Seite das luziferische Prinzip und auf der andern Seite das ahrimanische Prinzip mit hineinspielt.

Wodurch legt sich denn eigentlich der Mensch den Grund zu Krankheitsprozessen? Warum nimmt er in sich die Tendenz auf, krank zu sein? Was führt ihn dazu, zwischen Tod und neuer Geburt – wir haben ja charakterisiert, wie das die Zeit ist, welche die die Krankheit bewirkenden Kräfte zusammenbringt – solche Kräfte vorzubereiten, welche sich im nächsten Leben in der Krankheit ausleben? – Was den Menschen dazu bringt, ist, daß er auf der einen Seite verfallen kann der Versuchung der luziferischen Macht, und auf der andern Seite der Versuchung der ahrimanischen Macht. Wir wissen ja auch schon, was es heißt: Verfallen der luziferischen Macht. – Alles, was in uns wirkt als

Begierde, als Eigenschaft der Selbstsucht, des Ehrgeizes, des Hochmutes, der Eitelkeit, alle Eigenschaften, welche zusammenhängen mit einer Art Aufspreizung unseres Ich, sich besonders geltend zu machen, das alles hängt zusammen mit der Versuchung der luziferischen Mächte in uns. Verfallen wir mit andern Worten den Kräften, die in unserem astralischen Leibe wirken und die sich darin ausdrücken, daß wir egoistische Begierden und Leidenschaften haben, dann begehen wir in der entsprechenden Inkarnation Handlungen, zu denen die Verführung von Luzifer ausgegangen ist. Und wir sehen dann das Resultat solcher von Luzifer beeinflußter Handlungen in der Zeit vom Tode bis zur neuen Geburt und nehmen da in uns die Tendenz auf, uns so zu inkarnieren, daß wir einen Krankheitsprozeß durchmachen, der dazu beitragen kann, wenn wir ihn überwinden, uns aus den Fangarmen dieser luziferischen Mächte wieder zu befreien. Würden also die luziferischen Mächte überhaupt nicht da sein, so würden wir nicht den Versuchungen verfallen können, welche uns dazu bringen, solche Kräfte in uns aufzunehmen.

Wenn nun nichts anderes bestünde im Leben als einzig und allein das, was Luzifer in uns bewirkt, daß wir diese oder jene egoistischen Triebe und Leidenschaften entfalten, dann würden wir eigentlich niemals von den luziferischen Versuchungen loskommen können im Leben. Wir würden sie auch nicht durch die aufeinanderfolgenden Inkarnationen losbekommen können, denn wir würden ihnen immer wieder von neuem verfallen. Wenn wir zum Beispiel einfach in der Erdentwickelung uns selber überlassen worden wären und der luziferische Einfluß doch dagewesen wäre, so würden wir in einer Inkarnation die Versuchungen der luziferischen Mächte haben, würden dann nach dem Tode wahrnehmen, wozu sie uns gebracht haben, würden herbeiführen einen Erkrankungsprozeß; aber wenn wirklich nichts anderes mit ins Spiel käme, würde uns dieser Krankheitsprozeß in dem Leben, wo er sich auslebt, zu keiner besonderen Besserung führen. Er führt uns nur dadurch zu einer Besserung, daß von denjenigen Mächten, deren Gegner Luzifer ist, nun etwas hinzugefügt wird zu dem ganzen Prozeß. Also wenn wir auf der einen Seite den luziferischen Mächten verfallen, stellen sich gleich als eine Gegenwirkung die Mächte ein, deren Gegner die luziferischen Mächte sind, und diese versuchen nun eine Gegenkraft zu entfalten, wodurch der luziferische Einfluß wirklich aus uns ausgetrieben werden kann. Und diese Mächte, deren Gegner also die luziferischen Mächte sind, fügen hinzu zu dem Prozeß, der unter dem Einfluß Luzifers verursacht wird, den Schmerz. So müssen wir den Schmerz als etwas ansehen, was – wenn wir die luziferischen Mächte die bösen Mächte nennen – uns von den guten Mächten zugefügt wird, damit wir gerade durch den Schmerz uns den Fangarmen der bösen Mächte entreißen können und ihnen nicht mehr verfallen. Würde bei dem Krankheitsprozeß, der sich ergibt als eine Folge des Verfallenseins an die luziferischen Mächte, nicht Schmerz eintreten, so würden wir an uns die Erfahrung machen: Es ist ja gar nicht so schlimm, den luziferischen Mächten zu verfallen! – Und wir würden nichts haben in uns, was uns dahin bringen würde, unsere Kräfte anzuwenden, um uns den luziferischen Mächten zu entreißen. Der Schmerz, der das Bewußtwerden des unrichtig wachenden astralischen Leibes ist, er ist zugleich auch das, was uns davon abbringen kann, den luziferischen Mächten auf diesem Gebiet, wo wir ihnen schon verfallen sind, immer weiter zu verfallen. So wird der Schmerz in bezug auf die Versuchungen der luziferischen Mächte unser Erzieher.

Sagen Sie nun nicht: Wie kann der Schmerz unser Erzieher sein, wenn wir in uns den Schmerz nur empfinden und seiner wohltätigen Kraft gar nicht gewahr werden? Daß wir seiner wohltätigen Kraft nicht gewahr werden, ist nur eine Folge unseres Ich-Bewußtseins. In dem Bewußtsein, das ich als unter dem Ich-Bewußtsein liegend geschildert habe, spielt sich schon der Prozeß ab, wenn auch der Mensch mit dem Tagesbewußtsein nichts davon weiß: Jetzt erfahre ich Schmerz, und der ist die Folge der durch die guten Mächte mir gegebenen Beigabe zu meinen Verfehlungen! – Das ist im Unterbewußtsein eine Kraft, welche so recht als eine karmische Erfüllung, als ein Impuls wirkt, nicht mehr den Handlungen, Trieben und Begierden, die gerade diese Krankheit hervorgerufen haben, zu verfallen.

So sehen wir, wie Karma wirkt, wie wir den luziferischen Mächten verfallen und wie uns die luziferischen Mächte eine solche Krankheit bringen, die herbeigeführt wird in einer nächsten Inkarnation; und wir sehen, wie wohltätige Mächte uns den Schmerz hinzufügen zu der bloßen Schädigung unserer Organe, damit wir an dem Schmerz ein unter der Oberfläche unseres Bewußtseins liegendes Erziehungsmittel haben. Deshalb können wir sagen: Überall, wo bei einer Krankheit Schmerz auftritt, da ist es eine luziferische Macht, welche diese Krankheit bewirkt hat. Es ist der Schmerz geradezu ein Kennzeichen dafür, daß wir es zu tun haben mit dem Zugrundeliegen von luziferischer Macht. – Menschen, die gerne einteilen, werden ein Bedürfnis danach haben, nun überhaupt zu unterscheiden solche Krankheiten, die rein auf luziferischem Einfluß beruhen, und solche, die rein auf ahrimanischen Einfluß zurückzuführen sind; denn bei allen theoretischen Beschäftigungen ist ja das Einteilen, das Schemenmachen das Allerbequemste, und man glaubt, dadurch sehr viel begriffen zu haben. Aber in Wirklichkeit benehmen sich die Dinge nicht so, daß man sie mit diesen bequemen Mitteln erfassen kann. Da kreuzen sie sich fortwährend und laufen ineinander. Und wir werden auch leicht begreifen können, wenn ein wirklicher Krankheitsprozeß vorliegt, daß ein Teil zurückgeführt werden kann auf luziferischen Einfluß, also auf Dinge, welche mehr in den Eigenschaften unseres astralischen Leibes zu suchen sind, und ein anderer Teil auch zugleich auf Dinge, die in dem ahrimanischen Einfluß zu suchen sind. So darf auch niemand glauben, wenn ihm irgend etwas wehtut, das sei nur auf luziferischen Einfluß zurückzuführen. Daß er Schmerzen hat, das zeigt ihm denjenigen Teil der Krankheit, der auf luziferischen Einfluß zurückzuführen ist. Aber wir werden das noch leichter verstehen, wenn wir uns fragen: Woher kommt denn der ahrimanische Einfluß?

Dem ahrimanischen Einfluß wären die Menschen überhaupt nicht verfallen, wenn sie nicht zuerst dem luziferischen Einfluß verfallen wären. Dadurch, daß die Menschen den luziferischen Einfluß in sich aufnahmen, kam eine solche Verbindung der vier menschlichen Glieder: physischer Leib, Ätherleib, astralischer Leib und Ich zustande, wie sie nicht zustande gekommen wäre, wenn Luzifer nicht gewirkt hätte und wenn nur die Mächte gewirkt hätten, deren Gegner Luzifer ist. Dann hätte sich der Mensch anders entwickelt. Also hat in bezug auf das menschliche Innere das luziferische Prinzip eine Störung hervorgerufen.

Aber es hängt vom menschlichen Inneren ab, wie der Mensch die Außenwelt an sich herantreten läßt. Und gerade so, wie Sie mit einem Auge, in welchem etwas zerstört ist, wegen des inneren Fehlers die Außenwelt nicht richtig sehen, so bekommt der Mensch die Außenwelt durch den luziferischen Einfluß überhaupt nicht so zu sehen, wie sie ist. Und weil ein Grund gegeben war für den Menschen, die Außenwelt nicht so zu sehen, wie sie ist, so konnte sich in das nicht richtige Bild der Außenwelt der ahrimanische Einfluß hineindrängen, so daß das Herankommen Ahrimans an den Menschen nur dadurch hat geschehen können, daß erst der luziferische Einfluß gewirkt hatte. Der ahrimanische Einfluß bewirkte, daß der Mensch nicht nur den egoistischen Leidenschaften, Trieben, Begierden, der Eitelkeit, dem Hochmut und so weiter verfallen kann, sondern daß jetzt in einem menschlichen Organismus, wo der Egoismus in solcher Weise wirkte, sich Organe ausbildeten, welche die Außenwelt schief und unrichtig sehen mußten. Dadurch konnte sich in die unrichtigen Bilder der Außenwelt Ahriman mischen. Es kam Ahriman heran, und dadurch war der Mensch dem anderen Einflusse ausgesetzt, so daß er nicht nur den inneren Verlockungen verfallen kann, sondern auch in Irrtum und – bei der Beurteilung der Außenwelt und bei seinen Aussagen über die Außenwelt – in Lüge verfallen kann. So ist Ahriman zwar von außen wirkend, aber wir haben ihm erst die Möglichkeit gegeben, daß er an uns herankommen kann.

So also stehen ahrimanischer und luziferischer Einfluß eigentlich nie für sich allein. Sie wirken immer aufeinander, halten sich in gewisser Weise das Gleichgewicht. Von innen drängt Luzifer heraus, von außen wirkt Ahriman herein, und dazwischen bildet sich das Weltenbild. Wenn in irgendeiner Inkarnation das Innere des Menschen stärker wird, wenn er mehr den inneren Einflüssen ausgesetzt ist, dann wird er für die Dinge, wo das Innere so wirkt, daß der Mensch mehr erfaßt wird von Hochmut, Eitelkeit und so weiter, sich mehr dem luziferischen Einfluß hingeben. In einer Inkarnation, wo der Mensch weniger durch sein Gesamtkarma dazu gestimmt ist, den inneren Einflüssen nachzugeben, wird er leichter den Irrtümern und den Verführungen des Ahriman verfallen können. So ist es in der Tat in unserem Leben. Wie wir täglich durch das Leben gehen, fallen wir bald mehr den Verlockungen des Luzifer, bald mehr den Verlockungen des Ahriman zum Opfer. Und wir pendeln hin und her zwischen diesen beiden, die uns auf der einen Seite dazu führen, uns in unserem Inneren aufzublähen, auf der andern Seite dazu, uns über die äußere Welt Illusionen vorzumachen.

Es darf an dieser Stelle erwähnt werden – weil es außerordentlich wichtig ist –, daß den Verlockungen von beiden Seiten insbesondere derjenige Widerstand leisten muß, welcher versucht, eine höhere Entwickelung anzustreben und in die geistige Welt einzudringen, sei es dadurch, daß er hinter die Erscheinungen der Außenwelt bis in das Geistige eindringen will oder daß er in das eigene Innere mystisch hinuntersteigen will. Beim Eindringen in die geistige Außenwelt, die hinter der physischen Welt liegt, steht immer das, was Ahriman an täuschenden Bildern vorgaukelt; wenn der Mensch mystisch hinuntersteigen will in die eigene Seele, sind immer die Verlockungen Luzifers in besonderem Maße möglich. Wenn der Mensch Mystiker wird und mit Glück hinunterstrebt, ohne daß er vorher darauf gesehen hat, durch seine Charakterbildung Gegenmittel zu ergreifen gegen Hochmut, Eitelkeit und dergleichen, wenn es ihm gelingt, als Mystiker zu leben, aber ohne besondere moralische Kultur, dann kann er um so mehr den Verlockungen Luzifers verfallen, der von innen herauf in die Seele hineinwirkt. Wenn daher der Mystiker nicht sehr gesehen hat auf seine moralische Kultur, dann kann er, wenn es ihm gelingt, ein wenig hineinzudringen in sein Inneres, in die große Gefahr kommen, daß er noch stärker, als das bisher der Fall war, die rückschlagende Kraft des luziferischen Einflusses aufruft und daß er noch eitler und hochmütiger wird als vorher. Deshalb ist es so notwendig, daß man vorher durch Charakterbildung dafür sorgt, daß man gegen die in allen Fällen an uns herantretenden Verlockungen der Eitelkeit, des Größenwahnes, des Hochmutes ein Gegenmittel hat. Und wir können nicht genug darin tun, uns gerade diejenigen Eigenschaften anzueignen, welche zur Bescheidenheit und zur Demut führen. Das ist im eminenten Maße notwendig für die Seite unserer höheren Entwickelung, die wir die mystische nennen. Auf der andern Seite ist es notwendig, daß sich der Mensch auch gegen die Wahngebilde des Ahriman schützt, wenn er versucht, durch eine Entwickelung, die hinter die Erscheinungen der Außenwelt führt, bis zu den geistigen Urgründen der Dinge zu kommen. Wenn er da nicht versucht, eine Charakterbildung zu erlangen, welche ihn innerlich stark und kräftig macht, die ihn fest gebaut sein läßt auf sein Inneres, dann wird es sehr leicht vorkommen können, daß der betreffende Mensch – und zwar gerade, wenn er Glück hat mit dem Hinausgehen in die geistige Welt – dem Ahriman verfällt, daß Ahriman ihm vorgaukelt Illusion über Illusion, Halluzination über Halluzination.

Man kommt häufig in den Fall, daß einen die Menschen in gewisser Beziehung «beim Wort nehmen». Weil so oft betont wird, daß die höhere Entwickelung, die hinter die Erscheinungen der Außenwelt kommen will, verknüpft sein muß mit vollem Bewußtsein, kommt es vor, daß einem die Leute immer wieder halb somnambule Personen bringen, welche versichern: Ja, da nehme ich die geistige Welt wahr, und zwar bei vollem Bewußtsein! – Da kann man immer nur sagen: Wenn du nur nicht bei Bewußtsein sein möchtest; das wäre viel gescheiter! – Denn über dieses «Bewußtsein» täuschen sich die Leute. Es ist ein bloßes Bilderbewußtsein, ein astralisches Bewußtsein; denn wenn diese Personen nicht in einem unterbewußten Grade bewußt wären, würden sie das ja nicht wahrnehmen. Aber darum handelt es sich, daß man, wenn man in die geistige Welt hineingeht, sein Ich-Bewußtsein zusammenhält. An das Ich-Bewußtsein aber ist gebunden Urteilskraft und ein deutliches Unterscheidungsvermögen! Das haben dann die Menschen nicht für die Gestalten, welche sie in der geistigen Welt sehen. Daß sie ein Bewußtsein haben, ist nicht weiter wunderbar; aber jenes Bewußtsein, das mit der Kultur unseres Ich verknüpft ist, das müssen wir haben. Daher wird nicht etwa betont bei einer Entwickelung zum Schauen der höheren Welten, daß die Menschen so schnell wie möglich hineinkommen in eine höhere Welt und allerlei Gestalten sehen oder vielleicht auch allerlei Stimmen hören, sondern es wird betont, daß das Hineingehen in die geistige Welt von Glück und von Vorteil nur dann sein kann, wenn man das Bewußtsein und das Unterscheidungsvermögen und die Urteilskraft schärft. Und das kann nicht besser geschehen als durch das Studium der geisteswissenschaftlichen Wahrheiten. Daher wird betont, daß das Sich-Befassen mit geisteswissenschaftlichen Wahrheiten ein Schutz ist gegen das vermeintliche Sehen von allerlei Gestalten, über das keine Urteilskraft sich ausbreiten kann. Wer wirklich geschult ist in dieser Weise, der wird nicht jede beliebige Erscheinung für dies oder jenes halten, sondern er wird vor allen Dingen unterscheiden können zwischen Realität und Nebelbild, und er wird sich vor allen Dingen auch klar sein, daß man namentlich auch mit den Dingen, welche als Gehörswahrnehmungen auftreten, besonders vorsichtig sein muß, weil nie eine Gehörswahrnehmung eine richtige sein kann, wenn der Betreffende nicht durchgegangen ist durch die Sphäre der absoluten Ruhe. Und wer nicht zuerst die absolute Stille und Lautlosigkeit der geistigen Welt erfahren hat, der kann sich ganz gewiß sagen, daß es Trugbilder sind, die er wahrnimmt, und wenn sie ihm etwas noch so Gescheites sagen. Nur wer sich Mühe gegeben hat, seine Urteilskraft zu schärfen gerade dadurch, daß er zu begreifen versucht die Wahrheiten der höheren Welten, nur der kann sich gegen Trugbilder schützen. Die Mittel der äußeren Wissenschaft reichen dazu nicht aus. Die äußere Wissenschaft gibt keine so scharfe, stärkende Urteilskraft, wie sie notwendig ist, um in einer geistigen Welt wirklich zu unterscheiden. Darum kann man wirklich sagen: Wenn Leute etwas mitteilen aus höheren Welten, die nicht vorher sorgfältig darauf geachtet haben, ihre Urteilskraft zu schärfen – was besonders durch das Studium der Geisteswissenschaft möglich ist –, dann sind solche Mitteilungen immer im höchsten Grade anfechtbar, und sie müßten mindestens immer erst kontrolliert werden durch diejenigen Methoden, die unter der Voraussetzung der wirklichen Schulung errungen sind.

Es gibt nur eine Macht, vor der sich Luzifer zurückzieht: das ist die Moralität. Das ist etwas, was den Luzifer brennt wie das furchtbarste Feuer. Und es gibt kein anderes Mittel, welches dem Ahriman entgegenwirkt, als an der Geisteswissenschaft geschulte Urteilskraft und Unterscheidungsvermögen. Denn was wir uns auf der Erde als gesunde Urteilskraft aneignen, das ist etwas, was Ahriman furchtbar flieht. Er hat im Grunde vor nichts einen so großen Widerwillen als vor dem, was wir uns durch eine gesunde Schulung unseres Ich-Bewußtseins erringen. Denn wir werden sehen, daß Ahriman einer ganz andern Region angehört, die weit entfernt ist von dem, was wir als unsere gesunde Urteilskraft entwickeln. Im Augenblick, wo Ahriman mit dem zusammentrifft, was wir uns im Erdendasein als gesunde Urteilskraft errungen haben, bekommt er einen furchtbaren Schreck, denn das ist etwas ganz Unbekanntes für ihn, davor hat er eine große Furcht. Je mehr wir uns daher bemühen, das auszubilden, was im Leben zwischen Geburt und Tod an gesunder Urteilskraft gegeben werden kann, desto mehr arbeiten wir Ahriman entgegen. Das zeigt sich besonders bei allerlei Persönlichkeiten, welche einem gebracht werden und die dann «das Blaue vom Himmel herunter» von all den geistigen Welten erzählen, die sie da gesehen haben. Und wenn man dann den allergeringsten Versuch macht, diesen Persönlichkeiten etwas klarzumachen, ihnen Verständnis und Unterscheidungsvermögen beizubringen, dann hat sie Ahriman gewöhnlich so sehr in der Gewalt, daß sie kaum darauf eingehen können; und das wird um so stärker, je mehr sich die Verlockungen Ahrimans nach der akustischen Seite hin ausdrücken. Gegen das, was sich in visionären Bildern zeigt, gibt es noch mehr Mittel als gegen das, was akustisch sich zeigt, wie gehörte Stimmen und so weiter. Solche Leute haben eine große Abneigung, etwas zu lernen, was für das Ich-Bewußtsein zwischen Geburt und Tod errungen werden muß. Sie mögen es nicht. Aber sie selber sind das nicht, die das nicht mögen. Es sind die ahrimanischen Mächte, welche sie davon wegzerren. Wenn man einen solchen Menschen dann aber so weit bringt, gesunde Urteilskraft zu entwickeln, und er darauf eingeht, Belehrungen anzunehmen, dann zeigt sich sehr bald folgendes. Dann hören die Stimmen und die Halluzinationen auf, weil sie vorher nur ahrimanische Nebelbilder waren und weil Ahriman eine furchtbare Angst bekommt, sobald er verspürt: Da, vom Menschen her, kommt eine gesunde Urteilskraft!

So ist in der Tat das beste Mittel gegen diese den Menschen besonders schädigenden Erkrankungen des durch Ahriman bewirkten Sehens und halluzinatorischen Hörens dies: den Menschen mit allen zur Verfügung stehenden Mitteln dazu zu bringen, sich eine gesunde und vernünftige Urteilskraft zu erringen. Das ist für manche Persönlichkeiten außerordentlich schwierig. Denn sie sind in dem Falle, daß es die andere Macht ihnen sehr bequem macht, diese andere Macht leitet sie. Wer aber diese Macht austreiben will, kann es sich nicht so bequem machen. Bei solchen Persönlichkeiten kommt man dann recht schwer an, denn sie behaupten, man hätte ihnen das genommen, was sie früher in die geistige Welt hinaufgeführt hat, während man sie in Wahrheit gesund gemacht hat und davor bewahrt hat, daß diese Mächte immer mehr und mehr Gewalt über sie bekommen!

Wir sehen also, wovor die luziferischen und ahrimanischen Mächte einen recht großen Widerwillen haben. Demut, Bescheidenheit beim Menschen, sich nicht für mehr halten, als wozu ein gesundes Urteil berechtigt, das ist etwas, was dem Luzifer gar nicht gefällt. Dagegen ist er da wie die Fliegen in einer unreinen Stube, wenn irgendwo die Eigenschaften des Ehrgeizes, der Eitelkeit heraus wollen. Alles dies und besonders die Dinge, welche auf falschen Vorstellungen über sich selbst beruhen, wirken nun wieder dahin, daß wir uns auch für Ahriman bereit machen. Gegen Ahriman schützt aber nichts mehr, als wenn wir uns wirklich im Leben Mühe geben, gesund zu denken, wie es uns das Leben zwischen Geburt und Tod lehrt. Und gerade diejenigen, welche auf dem Boden der Geisteswissenschaft stehen, haben alle Veranlassung, so intensiv, als es nur möglich ist, immer wieder zu betonen, daß es uns als Erdenmenschen nicht geziemt, zu übersehen, was uns gerade durch das Erdenleben gegeben werden soll. Die Menschen, welche es verschmähen, sich ein gesundes Urteil und vernünftiges Unterscheidungsvermögen anzueignen, und leicht ohne dieses hinauf wollen in eine geistige Welt, sie wollen sich im Grunde genommen dem Erdenleben entziehen. Sie wollen so hinschweben über das Erdenleben; sie finden, daß es eigentlich für sie eine viel zu geringe Beschäftigung ist, sich mit allerlei Dingen abzugeben, die zum Verständnis des Erdenlebens führen können. Sie halten sich für etwas Besseres. Gerade eine solche Empfindung ist aber ein neuer Grund zum Hochmut. Daher können wir es immer wieder sehen, daß Persönlichkeiten, die zur Schwärmerei neigen, zu einem Nicht-berührtsein-Wollen von den Erdendingen und dem Erdenleben, es ablehnen, zu lernen, «weil sie ja schon in allem darinnenstehen» und nicht Gemeinschaft machen wollen mit einer solchen Strömung wie der unserigen. Solche Menschen sagen: In die geistige Welt muß ja die Menschheit hinein!

Gewiß, aber es gibt nur *einen* gesunden Paß da hinein, und das ist die auf der Erde errungene Moralität im höheren Sinne, die uns nicht uns selbst überschätzen läßt, die uns nicht zu einem falschen Urteil über uns selbst führt, uns auch nicht abhängig sein läßt von unseren Trieben, Begierden und Leidenschaften; und auf der andern Seite ist es ein emsiges, gesundes Mitarbeiten mit den Verhältnissen des Erdenlebens, nicht ein Über-den-Verhältnissen-des-Erdenlebens-schweben-Wollen.

Damit haben wir aus den Tiefen des Karma etwas herausgeholt, was mit den Tiefen des geistigen Lebens zusammenhängt. Von großem Wert kann das sein. Aber nichts ist von Wert für die Entwickelung des Menschen und seiner Individualität, was ohne gesunde Vernunft aus der geistigen Welt herausgeholt wird; und von Wert ist auch das nicht, was ohne Moralität herausgeholt wird. Das kann man einsehen aus den Tatsachen, die das letzte Mal und heute dargestellt worden sind. Und wenn wir das einsehen, können wir uns sagen: Warum sollte der luziferische Einfluß, gerade weil er von früher her wirkt und sich umgewandelt hat in die Krankheit und ausgeglichen wird durch den Schmerz, warum sollte er nicht beim Menschen gleichsam nach sich ziehen den ahrimanischen Einfluß? Und warum sollte nicht bei dem, was uns Schmerz bereitet und uns den luziferischen Verlauf einer Krankheit anzeigt, mitspielen gerade als Folge des luziferischen Einflusses der ahrimanische Einfluß? Wie aber wirkt der ahrimanische Einfluß? Und wie wandeln sich die Verlockungen des Ahriman in Krankheitsursachen um? Wie tritt das auf in einer späteren Inkarnation?

Was ahrimanischem Einfluß zuzuschreiben ist, das ist mittelbar doch auf Luzifer zurückzuführen; aber wenn der luziferische Einfluß so stark war, daß er den ahrimanischen Einfluß herausgefordert hat, dann ist der ahrimanische Einfluß der heimtückischere. Er liegt tiefer unten, nicht nur in den Verfehlungen des astralischen Leibes, sondern in den Verfehlungen des Ätherleibes. In einem Bewußtsein, das unter dem Schmerzbewußtsein liegt, tritt der ahrimanische Einfluß auf mit einer Schädigung, welche nicht von Schmerz begleitet zu werden braucht, mit einer solchen Schädigung, die in dem betreffenden Organe, wo sich die Schädigung ausdrückt, zu einem Unbrauchbarwerden dieses Organs führt. – Nehmen wir an, in einer Inkarnation hätte ein ahrimanischer Einfluß gewirkt und hätte das hervorgerufen, was eben ein ahrimanischer Einfluß hervorrufen kann. Der Mensch durchlebt nun die Zeit zwischen Tod und neuer Geburt – und tritt wieder auf in einer neuen Inkarnation. Dann zeigt sich, daß irgendein Organ ergriffen ist von der ahrimanischen Wirkung, mit andern Worten: In diesem Organ sitzt der Ätherleib viel tiefer darinnen, als er darinsitzen sollte; das Organ ist viel stärker durchdrungen von dem Ätherleib, als es sein sollte. In solchem Falle wird der Mensch wegen des fehlerhaften Organs verleitet, sich nur noch mehr in den Irrtum – das, was Ahriman vollbringt in der Welt – zu verstricken. Mit dem Organ, welches dem ahrimanischen Einfluß seine Schädigung verdankt, in das sich so recht tief hineinversetzt hat der Ätherleib, würde der Mensch, wenn er diesen ganzen Prozeß ausleben wollte, sich tiefer in das verstricken, was Ahriman bewirken kann: in die Maja. Da nun aber alles das, was die Außenwelt als Maja erzeugt, nicht mitgenommen werden kann in die geistige Welt, so entzieht sich uns die geistige Welt immer mehr. Denn dort gibt es nur Wahrheit, nicht Illusion! Je mehr wir also in die durch Ahriman bewirkte Illusion hineinverstrickt werden, desto mehr werden wir gerade dazu gedrängt, uns noch viel mehr in die sinnlich-äußere Welt, in die Illusion des Physisch-Sinnlichen hineinzuversetzen, als wir es ohne ein solches schadhaftes Organ tun würden.

Da aber tritt die gegensätzliche Wirkung ebenso auf, wie die gegensätzliche Wirkung im Schmerz bei dem luziferischen Einfluß auftritt. Da tritt die gegensätzliche Wirkung nun so auf, daß in dem Augenblick, wo die Gefahr vorhanden ist, daß wir uns zu sehr an die physisch-sinnliche Welt ketten und uns dadurch zu viel rauben von dem, was uns hinaufführen könnte in die geistige Welt, daß in diesem Augenblick das Organ zerstört wird, daß es entweder gelähmt oder zu schwach gemacht wird zum Wirken. Es tritt also ein Zerstörungsprozeß ein. – Sehen wir also, daß ein Organ zerstört wird, so müssen wir uns klar sein, daß wir dies eigentlich wohltätigen Mächten verdanken müssen: das Organ wird uns genommen, damit wir wieder den Rückweg finden in die geistige Welt. So ist es in der Tat, daß uns – wenn es nicht anders geht – durch gewisse Mächte Organe zerstört werden oder daß wir mit kranken Organen ausgerüstet werden, damit wir nicht zu tief in die Illusion hineingestoßen werden.

Wenn also jemand zum Beispiel eine Leberkrankheit hat, die als solche nicht von schmerzlichen Erlebnissen begleitet ist, so haben wir es zu tun mit der Wirkung eines vorhergehenden ahrimanischen Einflusses, der dazu geführt hat, der Leber die betreffende Schädigung zuzufügen, weil wir sonst durch die Kräfte, welche verbunden sind mit dem Tieferhineingehen des Ätherleibes, zu sehr in Maja hineingeführt würden, wenn uns dieses Organ nicht genommen würde.

Sagen und Mythen haben immer die tiefste Weisheit gewußt und haben sie in sich ausgedrückt. Gerade die Leber ist ein gutes Beispiel dafür. Denn sie ist ein Organ, das am leichtesten für das Hineingleiten des Menschen in die physisch-illusorische Welt wirksam sein kann. Und die Leber ist zugleich das Organ, das uns eigentlich an die Erde kettet. Mit dieser Wahrheit hängt zusammen, daß bei derjenigen Wesenheit, welche den Menschen der Sage nach die Kraft gebracht hat, die sie in das Erdenleben hineinführen und dort recht wirksam machen soll – nämlich bei Prometheus –, gerade an der Leber ein Geier nagt. Ein Geier nagt an der Leber, nicht etwa darum, weil das dem Prometheus einen besonders tiefen Schmerz verursachen soll; denn in diesem Falle würde die Sage nicht stimmen mit den wirklichen Tatsachen. Aber Sagen stimmen immer überein mit den physiologischen Tatsachen! Der Geier nagt an der Leber, weil es nicht wehtut! Denn es sollte darauf hingewiesen werden, daß Prometheus der Menschheit etwas brachte, was sie tiefer hineinverstricken könnte in das Ahrimanische, wenn nicht die gegenteilige, ausgleichende Wirkung geschehen könnte. Okkulte Urkunden sind immer im Einklang mit den Wahrheiten, welche wir in der Geisteswissenschaft verkünden.

Ich habe Ihnen heute rein aus der Sache heraus gezeigt, daß es die guten Mächte sind, welche über den Menschen den Schmerz verhängen gegenüber dem Einfluß Luzifers. Bringen Sie das einmal in Zusammenhang mit der Urkunde des Alten Testamentes. Als der Einfluß des Luzifer geschehen war, wie er uns symbolisiert wird durch die Schlange, welche die Eva verführt, mußte also von den Gegnern des Luzifer gerade über das, wozu Luzifer die Menschen bringen wollte, der Schmerz verhängt werden. Es mußte die Macht, deren Gegner Luzifer ist, jetzt kommen und davon sprechen, daß von nun an Schmerz über die Menschheit gebracht wird. Das tut Jahve oder Jehovah, indem er sagt: «Unter Schmerzen sollst du Kinder gebären!»

Diese Dinge in den okkulten Urkunden weiß man in der Regel nicht zu deuten, solange man die geisteswissenschaftlichen Erklärungen als solche noch nicht hat. Nachher kommt man dann darauf, wie tief diese Urkunden sind. Daher können Sie auch von mir nicht verlangen, daß ich Ihnen aus dem Nichts heraus – ohne die entsprechenden Voraussetzungen – die Dinge ohne weiteres erklären kann. Damit es überhaupt möglich ist, über die Stelle zu sprechen: «Unter Schmerzen sollst du Kinder gebären!», müssen vorausgehen die Betrachtungen über das Karma; denn erst an der betreffenden Stelle kann man die Erklärung darüber einfügen. Daher nutzt es auch nicht viel, wenn man dieses oder jenes erklärt haben will aus den okkulten Urkunden, bevor man die betreffende Stelle in der okkulten Entwickelung erreicht hat. Und es ist immer eine mißliche Sache, zu fragen: Was bedeutet dies? Was bedeutet jenes? – Der Mensch muß immer warten und Geduld haben, bis die betreffende Stelle herangekommen ist; mit den Erklärungen allein würde man nichts erreichen.

So sehen wir in unser Leben hineinwirken auf der einen Seite die luziferischen Mächte, auf der andern Seite diejenigen Mächte, deren Gegner Luzifer ist. Dann wirken die ahrimanischen Mächte in unser Leben hinein, und wir müssen uns klarmachen, daß die Mächte, welche uns Organe unbrauchbar machen, wenn wir dem ahrimanischen Einfluß verfallen, zu den guten Mächten zu rechnen sind, deren Gegner eben Ahriman ist.

Wenn Sie Ihren Ausgangspunkt nehmen von all dem, was jetzt gesagt worden ist, werden Sie tief hineinschauen können in das komplizierte Getriebe der Menschennatur, und Sie werden dazu kommen können, sich zu sagen: Die luziferischen Mächte sind solche, die während der alten Mondenzeit zurückgeblieben sind; sie wirken heute in unserer Erdentwickelung mit denjenigen Kräften in das menschliche Leben hinein, die eigentlich Mondenkräfte sind, die sich in demjenigen Weltenplan, der zum Beispiel nur jenen Mächten entspricht, deren Gegner Luzifer ist, gar nicht innerhalb unserer Erdentwickelung abspielen können. So wirkt Luzifer hinein in den Plan einer anderen Wesenheit.

Wir können aber nun zurückgehen zu weiter zurückliegenden Epochen der Entwickelung.

Wenn wir auf der einen Seite sehen, daß auf dem Monde Wesenheiten zurückblieben in ihrer Entwickelung, um auf der Erde einzugreifen in das menschliche Leben, dann kann uns erklärlich erscheinen, daß auch auf der alten Sonne Wesen zurückgeblieben sind, die dann auf dem Mond eine ähnliche Rolle gespielt haben wie die luziferischen Wesenheiten jetzt auf der Erde. Wir haben heute in der menschlichen Wesenheit etwas, was wir eigentlich als einen Kampf bezeichnen können: der Kampf, der sich abspielt zwischen den luziferischen Gewalten, welche sich in unseren astralischen Leib hineinsetzen, und denjenigen Mächten, die durch unser Ich, durch unsere Erdenerrungenschaften auf uns wirken. Denn die Mächte, deren Gegner Luzifer ist, können ja nur durch unser Ich auf uns wirken. Wenn wir uns Klarheit und richtige Schätzung über uns selbst aneignen, so können wir das nur mit Hilfe derjenigen Mächte, die auf unser Ich wirken. Dazu müssen wir schon unser Ich anwenden. Deshalb können wir sagen: Indem sich unser Ich aufbäumt gegen die luziferischen Mächte, kämpft in uns Jahve oder Jehovah gegen Luzifer; da kämpft das, was den guten Weltenplan besorgt, gegen das, was sich auflehnt gegen diesen Weltenplan in seiner alleinigen Geltung, und wir sind mit unserem innersten Wesen darinnenstehend in diesem Kampf des Luzifer mit andern Wesenheiten. Wir sind selbst der Schauplatz dieses Kampfes. Und daß wir der Schauplatz dieses Kampfes sind, das zieht uns in Karma hinein – aber nur mittelbar dadurch, daß dieser Kampf mit dem Luzifer sich abspielt. Wenn wir dagegen den Blick nach außen richten, werden wir in die ahrimanischen Mächte hineingezogen. Da spielt sich etwas ab, was von draußen kommt, und hier kommt Ahriman in uns herein.

Nun wissen wir, daß Wesenheiten auf dem alten Monde gelebt haben, die in ähnlicher Weise damals ihre Menschheitsstufe durchgemacht haben, wie wir sie im Laufe der Erdentwickelung durchmachen. In der «Akasha-Chronik» und in der «Geheimwissenschaft» finden Sie diese Wesen bezeichnet als Engel, Angeloi, Dhyanis; auf den Namen kommt es nicht an. Im Inneren dieser Wesenheiten spielte sich damals aber ein ähnlicher Kampf ab wie der luziferische Kampf in unserer eigenen Wesenheit. Diese Wesen waren auf dem alten Monde der Schauplatz eines Kampfes, der sich abspielte durch jene Wesenheiten, welche wieder auf der Sonne zurückgeblieben waren. Dieser Kampf auf dem Monde hat mit unserem inneren Ich nichts zu tun, denn auf dem Monde hatten wir unser Ich noch nicht. Er steht außerhalb dessen, woran unser Ich beteiligt sein kann, er hat sich auf dem alten Monde «in der Brust der Engel» abgespielt. Dadurch sind diese Wesenheiten damals etwas geworden, was sie nur werden konnten unter dem Einfluß von andern Wesenheiten, die zurückgeblieben waren gegenüber der normalen Sonnenentwickelung und die damals für die Angeloi dieselbe Rolle spielten, wie sie die luziferischen Wesenheiten heute für uns spielen. Und das waren die ahrimanischen Wesenheiten, welche während der Sonnenentwickelung ebenso zurückgeblieben sind wie die luziferischen Wesenheiten während der Mondentwickelung. Daher können wir zu diesen Wesenheiten auch nur mittelbar kommen. Ahriman war es aber, der sozusagen der Versucher in der Brust der Angeloi war, und er wirkte in ihnen. Durch ihn sind die Angeloi das geworden, was sie dann geworden sind, und sie haben das, was sie durch Ahriman geworden sind, ebenso herübergebracht wie das, was sie im Guten erreicht haben.

Wir haben als Gutes von Luzifer die Möglichkeit, zwischen Gut und Böse zu unterscheiden, freies Entscheidungsvermögen zu entwickeln, freien Willen zu erringen. Das ist für uns nur durch Luzifer zu erreichen. Diese Wesenheiten aber haben etwas erreicht und mit hinübergenommen in das Erdendasein, wovon wir sagen können: Wie uns die Angeloi jetzt umgeben als Geistwesen, so haben sie sich zu ihrem jetzigen Sein vorbereitet durch den ahrimanischen Kampf in ihrer Seele zur Zeit der alten Mondentwickelung. Was diese Wesenheiten durchgemacht haben und was sie als Wirkungen in sich haben von dem, was sie durchgemacht haben, das geht uns in unserem innersten Ich nichts an, daran sind wir mit unserem Ich nicht beteiligt. – Wir werden sehen, wie wir mittelbar dazu kommen, weil ja der ahrimanische Einfluß doch wieder in uns hereinwirkt. – Was diese Wesenheiten sich unter dem Einflusse Ahrimans errungen haben, das sind gewisse Wirkungen, zu denen sie die Ursachen während ihres Mondendaseins aufgenommen haben. Während des Mondendaseins nahmen diese Wesenheiten durch den ahrimanischen

Einfluß in sich etwas auf, was sie hineingetragen haben in unser Erdendasein. Versuchen wir einmal, in unserem Erdendasein das aufzufinden, was uns erscheinen kann als eine solche Wirkung des damaligen ahrimanischen Kampfes.

Wenn dieser ahrimanische Kampf auf dem alten Monde nicht stattgefunden hätte, so könnten diese Wesenheiten nicht in unser Erdendasein hineintragen, was dem alten Mondendasein angehört hat. Denn das würde aufgehört haben, nachdem der alte Mond zugrunde gegangen war. Dadurch, daß die Angeloi den ahrimanischen Einfluß aufgenommen haben, sind sie verstrickt worden in das Mondendasein, geradeso wie wir verstrickt werden durch den luziferischen Einfluß in das Erdendasein. Sie haben das, was Mondelement ist, in ihr Innerstes aufgenommen und haben es hinübergebracht in unser Erdendasein. Dadurch sind sie imstande geworden, gerade dasjenige in unserem Erdendasein hervorzurufen, was hervorgerufen werden muß, damit unsere Erde nicht ganz dem Einfluß Luzifers verfällt. Unsere Erde würde *im ganzen* dem Einflusse Luzifers verfallen müssen, wenn diese Tatsache, welche dem Kampfe der Engel mit Ahriman auf dem Monde entspricht, nicht in unser Erdendasein hineingebracht worden wäre.

Welches sind denn die Vorgänge im Erdendasein, die wir als die normalen bezeichnen? Als sich unser jetziges Sonnensystem entsprechend dem Erdenziele geordnet hat, ist das aufgetreten, was wir als die regelmäßigen Bewegungen der Sonne, der Erde und der andern Planeten sehen und was bewirkte, daß wir Tag und Nacht haben, daß die Jahreszeiten in der regelmäßigen Weise aufeinanderfolgen, daß wir Sonnenschein und Regen haben, daß unsere Früchte auf den Feldern gedeihen und so weiter. Das sind Ordnungen, die sich immer wiederholen nach dem Rhythmus des Kosmos, der sich für das jetzige Erdendasein herausgebildet hat, nachdem das Mondendasein in die Dämmerung hinuntergestiegen ist. Aber innerhalb des Erdendaseins wirkt Luzifer. Und wir werden sehen, daß er noch viel mehr wirkt als nur in dem Gebiet, wo wir ihn schon verfolgen konnten, in dem Menschen selbst, wo er sich allerdings seinen wichtigsten Schauplatz ausgesucht hat. Aber selbst wenn Luzifer nur innerhalb des Erdendaseins vorhanden wäre, und schon durch alle die Ordnungen, welche eintreten durch den regelmäßigen Gang der Planeten um die Sonne, durch den Wechsel von Sommer und Winter, Regen und Sonnenschein und so weiter, würden die Menschen in das verfallen, was wir nennen können «luziferische Verführung». Wenn den Menschen alles das zukommen würde, was ihnen aus dem geordneten Kosmos zukommen kann, was die regelmäßigen, rhythmischen Bewegungen des Sonnensystems hervorbringen, wenn nur die Gesetze herrschten, welche unserem jetzigen Kosmos angemessen sind, so müßte der Mensch dem luziferischen Einfluß verfallen, müßte das Wohlleben lieber gewinnen als das, was er gewinnen soll zu seinem kosmischen Heil, müßte den regelmäßigen Gang lieber gewinnen als das, was er sich erringen soll.

Daher mußten Gegenkräfte geschaffen werden. Es mußten Gegenkräfte wirken, welche dadurch zustande kamen, daß sich hineinmischten in die regelmäßigen kosmischen Vorgänge unseres Erdenlebens solche Vorgänge, die für den alten Mond höchst wohltätige und normale waren, die aber heute, wenn sie auf das Erdendasein wirken, abnorme sind und den regelmäßigen Erdengang gefährden. Diese Einflüsse treten so auf, daß sie gewissermaßen zurechtrücken, was, wenn der bloße Rhythmus vorhanden wäre, als Hang zum Wohlleben, als Behaglichkeit und Üppigkeit entstehen würde; und es zeigen sich uns solche Kräfte zum Beispiel in dem, was als der heftige Hagel dahinstürmt. Und wenn das, was sonst unter den regelrechten Kräften der Erde geschaffen würde, zerstört wird, so wird in einem solchen Falle eine Korrektur geschaffen, die im ganzen wohltätig wirkt, wenn es auch der Mensch zunächst nicht einsieht, weil es eine höhere Vernünftigkeit gibt als die, welche der Mensch begreift. Wenn der Hagel hereinstürmt in die Felder, dann können wir sagen: Auf dem alten Monde waren diese Kräfte, welche im Hagel heranstürmen, segenbringende Kräfte wie heute diejenigen Kräfte, welche segenbringend im Regen und Sonnenschein wirken. Heute stürmen sie herein, damit Korrektur geschaffen wird für das, was der luziferische Einfluß sonst anrichten würde. Und wenn der regelmäßige Gang fortgeht, stürmen sie in immer heftigerer Weise herein, um noch mehr Korrektur zu schaffen. Alles, was zur regelmäßigen Fortentwickelung führt, gehört den Kräften der Erde selber an. Wenn der Vulkan seine Laven hinausschleudert, so wirken darin Kräfte, welche als verspätete Kräfte vom alten Mond mit herübergebracht worden sind, damit sie Korrektur schaffen im Erdenleben. So ist es mit den Erdbeben und mit den Elementarereignissen überhaupt. Und wir können sehen, daß manches, was von außen kommt, im Gesamtgange der Entwickelung seine vernünftige Begründung findet. Wie das mit dem menschlichen Ich-Bewußtsein zusammenhängt, das werden wir noch sehen; was unbefriedigend am heutigen Vortrag erscheint, wird sich dadurch morgen ausgleichen.

Wir müssen uns aber doch das eine klarlegen, daß diese Dinge alle nur die eine Seite des menschlichen Daseins, des Erdendaseins, des kosmischen Daseins überhaupt, darstellen. Und wenn wir auf der einen Seite sagen, wenn uns ein Organ zerstört wird, sind es wohltätige Wirkungen geistiger Mächte, und wenn wir heute gefunden haben, daß sogar der ganze Gang der Erdentwickelung wieder korrigiert werden muß durch Kräfte aus dem alten Mondendasein, so müssen wir jetzt fragen: Wie steht es nun damit, daß wir versuchen müssen, als Erdenmenschen auf der andern Seite wieder Korrektur zu schaffen für die schädlichen Einflüsse der alten Mondenkräfte? – Wir werden ja schon ahnen, daß wir als Erdenmenschen nicht gerade herbeisehnen dürfen Vulkanausbrüche und Erdbeben, daß wir nicht selber Organe zerstören dürfen, um die segensreiche Wirkung der geistigen Mächte zu unterstützen. Aber wir werden uns auch sagen können, und das hat gewiß seine Berechtigung: Bricht irgendwo eine Epidemie aus, so wird dadurch etwas herbeigeführt, was der Mensch geradezu sucht, damit in ihm etwas ausgeglichen wird. Und wir können annehmen, daß der Mensch hineingetrieben wird in gewisse Verhältnisse, um eine Schädigung zu erfahren, durch deren Überwindung er sich der Vervollkommnung nähert.

Wie steht es aber dann mit hygienischen und sanitären Maßregeln? Könnte nicht jemand sagen: Also werden Epidemien sehr Gutes wirken können? Ist es dann nicht falsch, durch allerlei gesundheitsfördernde Einrichtungen, durch krankheitsvorbeugende Maßnahmen die Möglichkeit zu vermindern, daß solche Einflüsse geschehen? Es könnte jemand darauf kommen, daß man nichts tun sollte, um elementare Ereignisse abzuschwächen, und könnte es damit motivieren, daß es ganz im Sinne der heutigen und gestrigen Ausführungen liege.

Wir werden sehen, daß das nicht der Fall ist, aber wieder nur unter gewissen Voraussetzungen nicht der Fall ist. Wir werden nämlich jetzt erst in der richtigen Weise dazu vorbereitet sein, um bei der nächsten Betrachtung der Verhältnisse einerseits zu verstehen, wie uns wohltätige Einflüsse geradezu die Schädigung eines Organs zufügen, damit wir der Wirkung der Maja nicht verfallen, und anderseits uns jener Wirkung bewußt zu werden, die wir hervorrufen, wenn wir uns selbst der Auswirkung solcher wohltätiger Einflüsse entziehen, indem wir sanitäre und hygienische Maßnahmen gegen die Krankheiten ergreifen. – Wir werden sehen, daß wir hier an einem Punkt stehen, an dem der Mensch so häufig steht: Wenn ein scheinbarer Widerspruch auftaucht und ihn die ganze Kraft des Widerspruchs treibt, dann ist er nahe daran, an einen solchen Punkt zu kommen, wo die ahrimanischen Mächte einen großen Einfluß auf ihn ausüben können. Nirgends liegt die Möglichkeit so nahe, uns Täuschungen hinzugeben, wie jetzt, wo wir in einen solchen Engpaß hineingekommen sind. Und es ist gut, daß wir jetzt da hineingekommen sind; denn jetzt können wir sagen: Wohltätige Mächte sind es, welche uns ein Organ unbrauchbar machen, denn das ist eine Gegenwirkung gegen Ahriman; also müßten es jetzt die Schädlinge der Menschheit sein, welche nicht das fordern, was man nennen kann «wohltätige Gegenwirkungen gegen die ahrimanischen Mächte». Denn hygienische Maßregeln und dergleichen würden diese wohltätige Gegenwirkung einschränken.

Wir sind in einem Engpaß. Und es ist gut, daß wir einmal in diesen Widerspruch geführt sind, damit wir darüber nachdenken, daß solche Widersprüche möglich und sogar eine gute Schulung für unseren Geist sind. Denn wenn wir gesehen haben werden, wie wir uns aus diesem Widerspruch herausretten können, dann werden wir aus uns selbst heraus etwas getan haben, was uns Kraft geben kann, um uns den Täuschungen des Ahriman zu entziehen.

ACHTER VORTRAG

Hamburg, 25. Mai 1910

Wenn wir zurückdenken an den Widerspruch, den wir am Ende unserer letzten Betrachtung vor uns hingestellt haben, so müssen wir zu seiner Lösung heute nochmals zurückblicken auf die beiden Kräfte, auf die beiden Prinzipien, die uns nun im Laufe der Zeit geradezu wie die Herausforderer und auch wieder wie die Regulatoren unseres Karma erschienen sind.

Wir haben gesehen, daß unser Karma erst dadurch in Bewegung gebracht wird, daß wir die Einflüsse der luziferischen Gewalten auf unseren astralischen Leib erleiden, daß wir durch die Versuchung dieser Gewalten zu Gefühls-, Trieb- und Leidenschaftsäußerungen kommen, die uns in gewisser Beziehung unvollkommener machen, als wir sonst wären. Wenn nun die luziferischen Einflüsse auf uns wirken, dann fordern sie auf der andern Seite heraus die ahrimanischen Einflüsse, jene Kräfte, welche nun nicht von innen heraus, sondern von außen her auf uns wirken, die im Wechselverkehr mit der Welt durch dasjenige hindurchwirken, was uns eben von außen entgegentritt. So ist es im Grunde Ahriman, der herausgefordert wird durch Luzifer, und wir Menschen sind eigentlich so lebendig hineingestellt in den Streit dieser beiden Prinzipien. Und wir müssen im Leben versuchen, gerade dadurch vorwärtszukommen, daß wir, wenn wir einmal in die Fangarme Luzifers oder Ahrimans gekommen sind, nach Mitteln und Wegen suchen, um wieder durch Überwindung dessen, was in uns angerichtet worden ist, höher zu steigen. Ganz deutlich aber können wir sehen, wie in der Tat dieses Wechselspiel zwischen luziferischen und ahrimanischen Mächten um unsere Person herum stattfindet, wenn wir uns den Fall in einer etwas andern Form noch einmal vor Augen rücken, den wir schon das letzte Mal angeführt haben: den Fall, daß jemand ahrimanischen Einflüssen verfällt, so daß er allerlei Vorspiegelungen, Täuschungen erlebt, daß er glaubt, dies oder jenes werde ihm besonders mitgeteilt oder mache auf ihn nach dieser oder jener Richtung hin einen Eindruck, woraus aber für einen andern, der sich seine gesunde Urteilskraft bewahrt hat, leicht zu erkennen ist, daß der Betreffende Irrtümern und Täuschungen verfallen ist. Das letzte Mal haben wir gesprochen von den Fällen, wo jemand hellseherischen, aber im schlimmen Sinne hellseherischen Täuschungen der geistigen Welt unterworfen wird. Da haben wir ausdrücklich angeführt, daß dies dann Täuschungen sind, die durch ahrimanische Kräfte hervorgerufen werden. Und wir haben gesehen, daß gegen solche Täuschungen, welche durch unrichtiges Hellsehen hervorgerufen werden, es kein anderes oder wenigstens kein günstigeres Mittel gibt als die gesunde Urteilskraft, die erworben wird im physischen Leben zwischen Geburt und Tod.

Was wir im letzten Vortrage gesagt haben, ist etwas Bedeutungsvolles und Wesentliches, wenn wir es mit hellseherischen Verirrungen zu tun haben. Denn bei einem Hellsehen, das nicht durch regelrechte Schulung, nicht durch systematische Übungen erreicht worden ist, die streng und richtig geleitet werden, sondern das durch alte vererbte Merkmale eintritt, in Bildern oder Hören in Tönen und dergleichen, bei einem solchen unrichtigen Hellsehen können wir immer finden, daß es zurückgeht, daß es aufhört sogar, wenn der Betreffende die Möglichkeit findet und die Neigung hat, sich ernstlich auf theosophische Studien einzulassen, theosophische Erkenntnis wirklich aufzunehmen, oder gar sich einläßt auf eine wirkliche, sinn- und sachgemäße Schulung. Also in einem solchen Falle, wo wir es mit Verirrungen der übersinnlichen Erkenntnis zu tun haben, können wir sagen, daß die echten Quellen der Erkenntnis, wenn der Betreffende ihnen zugänglich ist, auch immer für ihn eine Hilfe sein werden, die ihn auf den rechten Weg bringen kann.

Dagegen dürfen Sie das, was gerade als eine Gegenüberstellung vorgebracht werden muß und was eine so triviale Wahrheit ist, daß jeder sie kennt, nicht anführen. Jeder weiß, daß wenn jemand durch karmische Verwicklungen dazu gekommen ist, Zustände zu entwickeln, welche ihn zu den Symptomen des Verfolgungswahnes, des Größenwahnes führen, daß er dann in seiner Seele ein ganzes System von Wahnideen ausbilden kann, die von ihm so logisch wie nur möglich begründet werden, die aber doch eben Wahnideen sind. Es kann zum Beispiel vorkommen, daß jemand auf andern Gebieten des Lebens ganz richtig und logisch denkt, daß er jedoch die Wahnidee hat, er werde überall verfolgt um dieses oder jenes Grundes willen. Er wird dann imstande sein, wo er hinkommt, aus den geringsten Vorkommnissen Kombinationen geistreichster Art zu machen: Da ist wieder eine Clique, die nichts anderes will, als mir dies oder das anzutun! – Und er wird Ihnen in der geistreichsten Art beweisen, wie begründet sein Verdacht ist. So kann jemand ein ganz logischer Kopf sein und doch in sich gewisse Symptome der Verrücktheit ausleben. Da wird es ganz unmöglich sein, einen solchen Menschen mit logischen Gründen zu widerlegen. Im Gegenteil, wenn man in einem solchen Falle mit logischen Gründen kommt, dann kann es geschehen, daß die Wahnideen, die in dem Inneren des Betreffenden sitzen, erst recht herausgefordert werden und noch schärfere Beweismittel suchen für das, was er als den Inhalt seiner Verfolgungswahnidee geltend macht. – Wenn im geisteswissenschaftlichen Sinne gesprochen wird, müssen die Dinge ganz genau genommen werden. Wenn vorhin und auch das letzte Mal betont worden ist, daß man in den geisteswissenschaftlichen Erkenntnissen, denen sich jemand mit aller Mühe oder sogar in einer prinzipiellen systematischen Schulung hingibt, eine Gegenmacht hat gegen eine Verirrung der hellseherischen Kräfte, so ist damit ein ganz anderer Fall gemeint als der, welcher soeben charakterisiert worden ist. Jetzt handelt es sich nicht darum, daß man dem Betreffenden mit geisteswissenschaftlichen Erkenntnissen beikommt. In der Regel will man ihm beikommen mit Gründen aus dem Gebiet der gewöhnlichen Vernünftigkeit. Für die aber ist ein solcher Mensch absolut unzugänglich. Warum ist das der Fall?

Wenn ein solches Krankheitsbild auftaucht, wie es sich in den geschilderten Symptomen auslebt, haben wir es damit zu tun, daß der Betreffende darin eine karmische Ursache von früheren Verkörperungen, von früheren Verirrungen zutage treten läßt. Was als eine Verirrung des Inneren anzusehen ist, liegt nicht und kann nicht in diesem Falle in der gegenwärtigen Inkarnation liegen, sondern das liegt in einer vorhergehenden Inkarnation. Nun machen wir uns ein Bild, wie so etwas aus der früheren Inkarnation in die gegenwärtige herüberkommt.

Dazu müssen wir ins Auge fassen, wie eigentlich unsere Seelenentwickelung verläuft. Wir bestehen als äußerer Mensch aus physischem

Leib, Ätherleib und astralischem Leib, haben dann im Laufe der Zeit hineingebaut in diese Hüllen durch die Arbeit des Ich die Empfindungsseele in den Empfindungsleib, die Verstandes- oder Gemütsseele in den Ätherleib und die Bewußtseinsseele in den physischen Leib. Was wir in unserem Inneren als die drei Seelenglieder entwickeln, das haben wir hineingebaut in die drei Hüllen, das lebt jetzt in diesen drei Hüllen. Nun nehmen wir an, in irgendeiner Inkarnation werden wir durch den Einfluß Luzifers – also dadurch, daß wir in uns egoistische oder sonstige, dem luziferischen Einfluß zuzuschreibende Triebe, Begierden, Instinkte entwickeln – so verführt, daß wir Verfehlungen auf unsere Seele laden. Diese Verfehlungen können nun sein in der Empfindungsseele, können sein in der Verstandes- oder Gemütsseele oder auch in der Bewußtseinsseele. Das ist dann die Ursache, die in irgendeiner folgenden Inkarnation in einem der drei Seelenglieder gegeben ist. Nehmen wir an, es sei ein Fehler, der besonders auf den Kräften der Verstandesseele beruht. Der wird dann in dem Zustande zwischen Tod und neuer Geburt so umgewandelt, daß dasjenige, was zum Beispiel die Verstandesseele verbrochen hat, in seiner Wirkung sich zeigt im Ätherleib. Das ist mittlerweile beim Durchgehen durch den Tod bis zur neuen Geburt hineingearbeitet worden in den Ätherleib. Wir stoßen also in der neuen Inkarnation auf eine Wirkung in dem Ätherleib, die zurückzuführen ist auf eine Ursache in der Verstandesseele in einer vorhergehenden Inkarnation. Nun arbeitet aber die Verstandesseele der nächsten Inkarnation wieder für sich selbständig in dieser Inkarnation, und es ist nun ein Unterschied, ob der Mensch jene Verfehlung früher begangen hat oder nicht. Hat er sie in einer früheren Inkarnation begangen, so hat er jetzt einen Fehler in seinem Ätherleibe. Das sitzt nun tiefer, der sitzt nicht in der Verstandesseele, sondern im Ätherleibe. Aber was der Mensch sich auf dem physischen Plan als Vernünftigkeit, als Verständigkeit erarbeiten kann, das wirkt ja nur auf seine Verstandesseele; das wirkt nicht auf das, wie seine Verstandesseele in einer früheren Inkarnation sich betätigt hat und was jetzt schon in den Ätherleib hineingearbeitet ist. Daher kann es vorkommen, daß die Kräfte der Verstandesseele, wie sie uns jetzt bei einem Menschen entgegentreten, logisch intakt arbeiten, so daß also das eigentliche menschliche Innere ganz intakt ist, daß aber durch das Zusammenarbeiten zwischen Verstandesseele und dem krankhaften Teil des Ätherleibes von diesem Ätherleib aus nach einer gewissen Richtung hin ein Irrtum projiziert wird. Dann kann man zwar mit den Gründen, die man auf dem physischen Plan aufbringen kann, auf die Verstandesseele wirken, nicht aber unmittelbar auf den Ätherleib. Daher können Sie durch Logik, durch Überzeugung nichts ausrichten, ebensowenig wie Sie mit Logik etwas anfangen können, wenn Sie einen Menschen vor einen konvex gebogenen Spiegel hinstellen, so daß der Betreffende darin sein verzerrtes Bild sieht, und Sie ihm dann beweisen wollen, daß er unrecht hat, das Bild so zu sehen. Er sieht doch ein verzerrtes Bild. So hängt es auch nicht vom Menschen ab, daß er in einer krankhaften Weise etwas falsch versteht, denn es wird seine sonst gesunde Logik von seinem Ätherleibe aus nicht in einer gesunden Weise gespiegelt.

Auf diese Weise können wir die karmische Wirkung früherer Inkarnationen in unserer tieferen Organisation in uns tragen. Und wir können geradezu angeben, wie in einem bestimmten Teil derselben – wie hier in unserem Ätherleib – das Schadhafte vorhanden ist. Daran sehen wir, was wir durch den luziferischen Einfluß in einer früheren Verkörperung herausgefordert und dann umgewandelt haben. Und in der Zwischenzeit zwischen Tod und neuer Geburt kommt die Umwandlung zustande von einem Inneren in ein Äußeres, und dann wirkt uns Ahriman aus unserem eigenen Ätherleibe entgegen. Das zeigt uns, wie Ahriman herangelockt wird an unseren eigenen Ätherleib durch Luzifer. Die frühere Verfehlung war eine luziferische, das Umgewandelte aber ist ein solches, daß uns gleichsam die Quittung dafür in der nächsten Inkarnation durch Ahriman gegeben wird. Und dann handelt es sich darum, daß der Mensch diese Schädigung seines Ätherleibes aus sich herausbringen muß. Das kann nur dadurch geschehen, daß tiefer in seine Organisation eingegriffen wird, als es mit den gewöhnlichen Mitteln der äußeren Vernunft in einer Inkarnation möglich ist.

Wer so etwas durchmacht, daß er zum Beispiel den Symptomen des Verfolgungswahnes in einer bestimmten Inkarnation verfällt, der wird, wenn er neuerdings wieder durch die Pforte des Todes tritt, alle die Tatsachen vor sich haben, welche er sich geleistet hat infolge seiner ahrimanischen Schädigung, und er wird sie in ihrer ganzen Absurdität vor sich haben. Das wird für ihn wieder die Kraft sein, welche ihn für seine nächste Inkarnation gründlich heilt. Denn er kann nur dadurch geheilt werden, daß dasjenige, was er unter dem Einfluß der entsprechenden Symptome vollzogen hat, ihm in der äußeren Welt für die Folge als absurd erscheint. Damit haben Sie etwas gegeben, was von uns zu einer solchen Heilung getan werden kann. Wenn jemand unter derartigen Wahnideen leidet, werden Sie ihn am wenigsten durch logische Gründe von seinen Wahnideen abbringen können. Sie werden dadurch nur seinen Widerspruch erst recht herausfordern. Aber Sie werden etwas erreichen, besonders wenn sich in früher Jugend so etwas zeigt, wenn Sie den Menschen in Lagen bringen, wo sich ihm die Folgen seiner Symptome kraß als unsinnig darstellen, wenn Sie ihn vor Tatsachen führen, die er hervorruft und die als kraß unsinnige wieder auf ihn zurückschlagen. Dadurch können Sie in gewisser Weise eine Heilung hervorrufen.

Sie können auch dann heilend wirken, wenn Sie selbst so weit im Besitze der geisteswissenschaftlichen Wahrheiten sind, daß sie inneres Eigentum Ihrer Seele geworden sind. Sind sie so Ihr Besitz geworden, daß sie stehen und fallen mit Ihrer ganzen Persönlichkeit, dann haben Sie sie ja als den denkbar stärksten Glauben; dann ist Ihre ganze Persönlichkeit ein Ausstrahler dieser geisteswissenschaftlichen Wahrheiten. Mit diesen Wahrheiten, welche hereinströmen in das Leben zwischen Geburt und Tod und es erfüllen, die aber dennoch über dieses Leben selbst hinausragen, die Erkenntnisse sind aus übersinnlicher Welt, mit ihnen können Sie tiefergehende Wirkungen erzielen als mit äußeren Vernunftwahrheiten. Während Sie mit äußeren logischen Gründen nichts anfangen können, werden Sie, wenn Sie die geisteswissenschaftlichen Wahrheiten anwenden und wenn Sie genug Zeit und Gelegenheit dazu haben, allerdings so weit Impulse auf den betreffenden Menschen ausüben können, daß Sie sozusagen in der einen Inkarnation das vermögen, was sonst nur auf dem Umwege von einer auf die andere Inkarnation geschehen kann: nämlich hineinzuwirken von der Verstandesseele in den Ätherleib. Denn die Wahrheiten des physischen Planes sind nicht imstande, auch nur im geringsten die Kluft zwischen Empfindungsseele und Empfindungsleib, zwischen Verstandesseele und Ätherleib oder gar zwischen Bewußtseinsseele und physischem Leib zu überspringen. Daher werden Sie immer erleben, daß jemand auf dem physischen Plan noch so viel Weisheit über die sinnliche Welt aufnehmen kann: diese Weisheit wird in sehr geringem Zusammenhange stehen mit seiner Gemütswelt, mit dem, was wir nennen das Durchdrungensein seines Empfindungsleibes mit den entsprechenden Impulsen und Leidenschaften. Daher kommt es vor, daß jemand ein sehr gelehrtes Haus sein kann, ein großes theoretisches Wissen haben kann über die Dinge der physischen Welt, ein alter Professor geworden sein kann – und es im Inneren nicht zu einer Umwandlung seiner Triebe und Empfindungen und Leidenschaften gebracht hat, die sich im Empfindungsleib abspielen. Er kann im Grunde viel wissen über die physische Welt und ein krasser Egoist sein, weil er die Impulse dazu in der Jugend aufgenommen hat. – Natürlich kann ganz gut nebeneinander herlaufen äußere physische Wissenschaft und Durchbildung des Empfindungsleibes und Ätherleibes von innen heraus. Und ebenso kann der Mensch Verstandeswahrheiten aufnehmen, mancherlei, was sich als Kräfte der Gemütsseele aufnehmen läßt in bezug auf den physischen Plan, aber er kann jene tiefe Kluft nicht überspringen, welche zwischen der Verstandesseele und dem Ätherleib besteht. Mit andern Worten, Sie können immer wieder finden: Wenn jemand äußerliche Wahrheiten aufnimmt, wenn er auch noch so viel lernt – das eine werden Sie selten finden, daß dieses Gelernte wirklich Gewalt hat auf die formenden Kräfte seines Leibes.

Bei einem Menschen, bei dem die Wahrheiten so wirken, daß sie sein ganzes Sein ergreifen, da werden Sie erleben können, daß sich im Laufe von zehn Jahren seine Physiognomie verändert, daß Sie ihm an der Stirn ablesen können, wie er gerungen hat, wie er zum Beispiel mit gewissen Zweifeln in seinem Herzen gerungen hat. Oder auch an seinen Gesten können Sie es bemerken, wenn er zum Beispiel aus eigenem Verhalten ein ruhiger Mensch geworden ist. Da drängt sich das in die formenden Kräfte des Organismus hinein, und es wird der Organismus in den feinsten Teilen davon ergriffen. Da wirkt das, was der Mensch spirituell aufnimmt, bis in die feinsten Teile seiner Organisation hinein.

Wenn das, was das Gemüt ergreift, nicht nur auf den physischen Plan weist, dann ist der Mensch nach zehn Jahren auch ein anderer. Aber die Änderung liegt in der normalen Richtung, wie die Anlagen sich im normalen gewöhnlichen Leben ausbilden und ändern. Man kann vielleicht im Verlaufe von zehn Jahren einen andern Gesichtsausdruck bekommen; aber wenn man nicht in der inneren Weise den Abgrund überspringt, sind es äußere Einflüsse gewesen. Da ist es keine den Menschen vom Inneren ergreifende Kraft, was ihn umgestaltet. Daran können wir sehen, daß nur das Spirituelle, was sich im Innersten wirklich mit unserem innersten Menschen verbindet, in der Lage ist, schon in der Zeit zwischen Geburt und Tod umwandelnd auf die formenden Kräfte zu wirken, daß aber mit Sicherheit dieser Übergang, dieses Überschreiten des Abgrundes stattfindet in der karmischen Wirksamkeit zwischen dem Tode und einer neuen Geburt. Wenn zum Beispiel das, was die Empfindungsseele erlebt hat, hineingesenkt wird in jene Welten, die wir durchschreiten in der Zwischenzeit zwischen Tod und neuer Geburt, dann macht es sich gewiß in der nächsten Inkarnation als formende, bildende Kraft geltend.

Auf diese Weise haben wir das gegenseitige Zusammenwirken Ahrimans und Luzifers begriffen. Und nun fragen wir uns: Wie stellt sich dieses Zusammenwirken dar, wenn die Dinge noch etwas entfernter liegen, wenn sie zum Beispiel als luziferischer Einfluß nicht nur den Abgrund zu überschreiten haben von der Verstandesseele bis zum Ätherleib, sondern wenn sie sozusagen einen weiteren Weg haben?

Nehmen wir an, wir unterliegen in einem Leben ganz besonders stark dem Einflusse Luzifers. In einem solchen Falle sind wir mit unserem ganzen inneren Menschen um ein ganzes Stück unvollkommener geworden, als wir vorher waren, und in der Kamalokazeit haben wir dann in der eminentesten Weise das vor Augen, daß wir uns sagen: Du mußt etwas ganz Mächtiges tun, um diese Unvollkommenheit wieder auszugleichen! – Wir nehmen also diese Tendenz in uns auf und bilden in der nächsten oder einer der nächsten Inkarnationen mit dem, was jetzt formende Kräfte geworden sind, unseren neuen Organismus so, daß dieser die Tendenz haben muß, den Ausgleich des früher Durchlebten herbeizuführen. Aber nehmen wir an, dasjenige, was den luziferischen Einfluß ausgelöst hat, sei durch ein Äußeres veranlaßt gewesen, sei eine äußere Begierde gewesen. Dann muß doch wieder Luzifer als ein Einfluß dagewesen sein. Das Äußere hätte nicht auf uns wirken können, wenn nicht Luzifer in uns gewirkt hätte. Wir haben also die Tendenz in uns, das, was wir unter dem luziferischen Einfluß geworden sind, wieder auszugleichen.

Aber nun haben wir gesehen, daß der luziferische Einfluß in einer Inkarnation herausfordert den ahrimanischen Einfluß in einer nächsten Inkarnation, daß er ihn herbeizieht, so daß die beiden durchaus in Wechselwirkung miteinander stehen. Der luziferische Einfluß ist aber ein solcher, daß wir sagen konnten: Er zeigt sich für uns im Bewußtsein, das heißt, wir können mit unserem Bewußtsein noch notdürftig hinunterreichen in unseren astralischen Leib. Wir haben gesagt, wenn Schmerzen sich uns zum Bewußtsein bringen, so ist das luziferischer Einfluß. Aber wir können nicht in diejenigen Gebiete hinunter, die wir bezeichnen können als Bewußtsein unseres Ätherleibes und unseres physischen Leibes. Wir haben zwar auch im traumlosen Schlaf ein Bewußtsein, aber ein Bewußtsein von so niederem Grade, daß der Mensch im gewöhnlichen Leben nicht in der Lage ist, von diesem Bewußtsein überhaupt etwas zu wissen. Aber das ist durchaus kein Anlaß, daß wir in diesem Bewußtsein nichts tun. Dieses Bewußtsein hat zum Beispiel normalerweise die Pflanze, die ja nur aus physischem Leib und Ätherleib besteht. Die Pflanze lebt fortwährend in einem traumlosen Schlafbewußtsein. Unser Bewußtsein des Ätherleibes und des physischen Leibes ist auch im Tagwachen vorhanden; aber wir können nicht bis zu ihm hinuntersteigen. Daß aber dieses Bewußtsein handeln kann, das zeigt sich uns zum Beispiel, wenn wir im Schlafe somnambule Handlungen, nachtwandlerische Handlungen ausführen, von denen wir nichts wissen. Das ist das traumlose Schlafbewußtsein, das diese Handlungen vollführt. Das gewöhnliche Ich-Bewußtsein und das astralische Bewußtsein reichen nicht hinunter bis dahin, wo zum Beispiel die Handlungen des Nachtwandlers ausgeführt werden.

Aber wir dürfen nicht glauben, weil wir bei Tage im Ich-Bewußtsein und astralischen Bewußtsein leben, daß nicht mit uns leben die andern Bewußtseinsarten. Wir wissen nur von ihnen nichts. Nehmen wir nun an, wir haben durch einen luziferischen Einfluß in einer früheren Inkarnation einen starken ahrimanischen Einfluß herausgefordert; dann wird dieser ahrimanische Einfluß nicht wirken können auf unser gewöhnliches Bewußtsein. Er wird aber ergreifen das Bewußtsein, welches in unserem Ätherleibe sitzt, und dieses Bewußtsein wird uns dann nicht bloß zu einer gewissen Organisation unseres Ätherleibes führen können, sondern sogar zu Handlungen, welche sich so ausleben, daß uns das Bewußtsein unseres Ätherleibes sagt: Du kannst jetzt nur dasjenige aus dir heraus entfernen, was der luziferische Einfluß, dem du in der früheren Inkarnation so mächtig verfallen bist, in dir angestellt hat; und das kannst du dadurch, daß du jetzt eine Handlung begehst, die genau in der umgekehrten Linie liegt als die frühere luziferische Verfehlung!

Nehmen wir an, wir seien durch einen luziferischen Einfluß dazu gebracht worden, von einem vorhergehenden religiösen oder nach dem Geistigen hinzielenden Standpunkt zu einem solchen überzugehen, wo der Mensch sagt: Ich will das Leben hier genießen! –, wo er also den Sprung in das Sinnliche mit aller Macht getan hat. Dann fordert so etwas den ahrimanischen Einfluß in der Art heraus, daß genau das Umgekehrte verursacht wird. Da kommt es denn vor, daß der Mensch, wenn er durch das Leben schreitet, einen Punkt aufsucht, wo er aus dem sinnlichen Leben in das geistige mit einem Sprunge wieder hineingehen kann. Dort ist er mit einem Sprunge in das Sinnliche verfallen – hier will er mit einem Sprunge in das geistige Leben zurück. Das Oberbewußtsein bemerkt das nicht; aber das geheimnisvolle Unterbewußtsein, das an den physischen Leib und Ätherleib gekettet ist, treibt jetzt den Menschen dazu, den Ort aufzusuchen, wo man ein Gewitter abwarten kann, wo eine Eiche steht, eine Bank darunter, und – der Blitz schlägt ein! Da hat sein Unterbewußtsein den Menschen erfüllen lassen, was er in einer früheren Inkarnation getan hat. Da haben wir das Umgekehrte. So begreifen wir eine Wirkung unter einem luziferischen Einfluß in einem früheren Leben, und als Folge einen Einfluß Ahrimans in dem jetzigen Leben. Ahriman muß hier mitwirken zu dem Zwecke, daß wir unser Oberbewußtsein so weit ausschalten, daß in diesem Falle unser ganzer Mensch nur dem Bewußtsein des Ätherleibes oder des physischen Leibes folgt.

Auf diese Weise begreifen wir mancherlei Dinge, die auch sonst im Leben geschehen. Aber wir dürfen, wenn zum Beispiel jemand im Leben zum Tode kommt oder eine schwere Verwundung erleidet, nicht jeden solchen Fall auf etwas Ähnliches zurückführen. Da würden wir in einer sehr engen Weise das Karma auffassen. Aber es gibt wirklich Strömungen auch in unserer theosophischen Bewegung, welche das Karma in einer recht engen Weise auffassen, die zwar glauben, daß sie in dem Karma wirklich etwas haben, was zu einem höheren Gesichtspunkt führt, es aber nicht wirklich kennen. Sie fassen das Karma so auf, daß, wenn es wirklich so wäre, wie sie es auffassen, immer die ganze Weltordnung wegen eines jeden einzelnen Menschen besonders eingerichtet sein müßte, damit sie zum harmonischen Verlauf und zum Ausgleich eines jeden einzelnen im Menschenleben diente, daß also in einem Leben die Verhältnisse immer so zusammengeführt werden, daß ganz genau der Ausgleich für das geschaffen werden muß, was in einem früheren Leben entstanden ist. Dieser Standpunkt ist aber nicht haltbar. Wie wäre es denn, wenn sich jemand hinstellte vor einen Menschen, dem ein Unglück passiert ist, und ihm sagt: Das ist dein Karma, das ist die karmische Wirkung aus einem früheren Leben; das hast du damals verschuldet! – Wenn aber jetzt der Betreffende diesen oder jenen Glücksfall erlebt, dann sagt der andere: Das führt zurück auf ein Gutes, das du früher getan hast! – Wenn das aber einen wirklichen Wert haben soll, so müßte doch derjenige, der so spricht, erst sehen, was in dem früheren Leben geschehen ist, das diese Wirkung hervorgebracht haben soll. Hätte er sich in das frühere Leben gestellt, so würde er da die Ursachen sehen, die aus jenem Leben kommen, und müßte dann auf die spätere Inkarnation hinschauen, wenn er die Wirkungen erblicken will. Daraus folgt aber für uns logisch folgendes: Es treten in jeder Inkarnation Tatsachen ein, die *erste Ereignisse* darstellen in dem Leben jedes Menschen, wie es sich von Verkörperung zu Verkörperung abspielt, und diese werden ihren karmischen Ausgleich im nächsten Leben haben. Wenn man im nächsten Leben sich dann die Wirkungen anschaut, dann kann man auf die Ursachen hinblicken. Wenn aber jetzt ein Unglücksfall geschieht und man mit allen Mitteln im früheren Leben keine Ursachen dafür findet, dann muß man sich sagen, es findet eben der Ausgleich in einem späteren Leben statt. Karma ist kein Fatum! Es wird aus jedem Leben etwas in die späteren hineingetragen.

Wenn wir das verstehen, werden wir es auch begreiflich finden, daß der Mensch sinnvoll und bedeutungsvoll neue Ereignisse in seinem Leben finden kann. Denken wir daran, daß ja die großen Ereignisse im Gange der Menschheitsentwickelung nur dadurch zustande kommen können, daß sie von bestimmten Personen getragen werden. Personen müssen in einem bestimmten Zeitpunkt die Absichten der Entwickelung übernehmen. Denken Sie daran, wie die mittelalterliche Entwickelung verlaufen wäre, wenn nicht in einer bestimmten Zeit Karl der Große eingegriffen hätte, oder wie das Geistesleben der alten Zeiten verlaufen wäre, wenn nicht in einer bestimmten Zeit Aristoteles gewirkt hätte. Denken Sie, daß Sie, wenn Sie den Gang der Menschheitsentwickelung begreifen wollen, den Aristoteles in die Zeit hineindenken müssen, wo er gelebt hat; denn ohne ihn würde später vieles anders geworden sein. Dadurch sehen wir, daß solche Persönlichkeiten, wie *Karl der Große, Aristoteles, Luther* und so weiter nicht um ihretwillen, sondern um der Welt willen in der betreffenden Zeit leben mußten. Ihre persönlichen Schicksale sind darum doch innig verflochten mit dem, was in der Welt geschieht. Können wir aber deshalb sagen, daß das, was sie wirken, zusammentrifft mit dem, was sie sich früher verdient oder was sie früher verschuldet haben?

Nehmen Sie den Fall von Luther: Alles, was er erlebt und erduldet hat, können Sie nicht nur auf sein karmisches Konto schreiben; Sie müssen sich klar sein, daß dasjenige, was in einem bestimmten Zeitpunkt in der Menschheitsentwickelung geschehen soll, durch das Hineingestelltsein bestimmter Individualitäten geschieht. Diese Individualitäten müssen heruntergeführt werden aus der geistigen Welt ohne Rücksicht darauf, ob sie für sich selbst weit genug sind, um heruntergeführt zu werden, denn sie werden heruntergeführt zu den Zwecken der Menschheitsentwickelung. Und es muß vielleicht ein karmischer Weg frühzeitig unterbrochen oder verlängert werden, damit die betreffenden Persönlichkeiten zu einem bestimmten Zeitpunkt in das Leben hineingestellt werden können. Da werden über Personen Schicksale verhängt, die mit dem vorangegangenen Karma nichts zu tun zu haben brauchen. Aber wenn man als Mensch einmal so hineingestellt worden ist und wenn man das getan hat, was man zwischen Geburt und Tod tun kann, so bildet das karmische Ursachen. So wahr es also ist, daß ein Luther hineingestellt wird in das Leben um der Menschheit willen und Schicksale erdulden kann, welche nichts zu tun haben mit seinem früheren Karma, so wahr ist es, daß mit seinem späteren Karma dasjenige, was er da vollbringt, wieder etwas zu tun haben wird. Karma ist ein allgemeines Gesetz, und jeder muß es durchleben. Aber wir dürfen es nicht so auffassen, daß wir nur in frühere Verkörperungen zurückblicken, sondern wir müssen es so auffassen, daß wir auch vorwärtsblicken müssen. Deshalb können wir durchaus sagen: Es kann sich uns von diesem Gesichtspunkt aus ergeben, daß allerdings erst ein späteres Leben rechtfertigen kann auch vorhergehende Inkarnationen, indem uns schon Dinge zugefallen sind, welche gar nicht in unserer karmischen Linie liegen.

Nehmen wir folgenden Fall an, der sich tatsächlich zugetragen hat: Bei einer Naturkatastrophe hatten eine Anzahl von Seelen den Untergang gefunden. Wir brauchen durchaus nicht zu glauben, das wäre ihr Karma gewesen, daß sie alle zusammen dabei zugrunde gegangen sind; denn das wäre eine sehr billige Annahme. Es braucht gar nicht so zu sein, daß es immer auf frühere Verschuldungen zurückführt. Es gibt einen erforschten Fall, wo eine Anzahl von Menschen bei einer Naturkatastrophe zugrunde gegangen sind. Das hat dann aber dazu geführt, daß diese Menschen in einer späteren Zeit sich gemeinsam verbunden fühlten und durch das gemeinsame Schicksal sich als stark erwiesen, etwas Gemeinsames in der Welt zu unternehmen. Durch jene Katastrophe war die Ursache gebildet, daß sie im späteren Leben sich gründlich abgewöhnt hatten, nur an der Materie zu hängen, so daß sie sich für ihr späteres Leben eine Gesinnung mitgebracht haben, welche sie zum Spirituellen geführt hat.

Was ist in diesem Falle geschehen? Gehen wir zurück in das vorige Leben, so finden wir, daß als ein besonderes Ereignis das zusammen Untergehen bei einem Erdbeben eingetreten ist: da hat sich ihnen die Wertlosigkeit des Materiellen in dem Augenblicke des Erdbebens vor die Seele gedrängt, und da hat sich bei ihnen die Gesinnung nach dem

Spirituellen entwickelt. Daran sehen wir, wie Menschen, die ein Spirituelles der Welt zu bringen hatten, dazu vorbereitet waren durch einen solchen Fall, der uns die Weisheit der Entwickelung zeigt, der geisteswissenschaftlich untersucht ist und sich durchaus zugetragen hat. – So können wir zeigen, daß wir zum ersten Male Ereignisse ins Menschenleben eintreten sehen und daß wir auch beim Untergang eines oder mehrerer Menschen bei einer Katastrophe oder einem Unglücksfall den frühzeitigen Tod eines Menschen nicht immer auf eine frühere Verschuldung zurückführen dürfen, sondern daß so etwas als erste Ursache auftreten kann und daß im nächsten Leben der Ausgleich erfolgt.

Es sind aber noch andere Fälle möglich. Es kann vorkommen, daß jemand in zwei, drei aufeinanderfolgenden Inkarnationen ein Leben frühzeitig zu beschließen hat. Das kann eintreten, weil diese Individualität dazu berufen ist, der Menschheit durch drei Inkarnationen hindurch etwas zu bringen, was man nur bringen kann, wenn man in der physischen Welt mit solchen Kräften lebt, die sich in einem sich aufbauenden Körper ergeben. Es ist ein ganz anderes, ob man in einem Körper lebt, der sich bis zum fünfunddreißigsten Jahre entwickelt, oder in einem Körper des späteren Alters. Denn bis zum fünfunddreißigsten Jahre schickt der Mensch seine Kraft in die Körperlichkeit, so daß er die Kraft von innen heraus entfaltet. Dann aber beginnt, vom fünfunddreißigsten Jahre angefangen, ein Leben, wo der Mensch nur innerlich weiterschreitet und fortwährend mit seinen Lebenskräften anzustürmen hat gegen die äußeren Kräfte. Diese zwei Lebenshälften sind durchaus verschieden voneinander, wenn wir auf die innere Organisation sehen. Nehmen wir nun an, man braucht gemäß der Weisheit der Entwickelung der Menschheit solche Menschen, welche nur gedeihen können, wenn sie nicht anzustürmen haben gegen das, was sich uns entgegendrängt in der zweiten Lebenshälfte, dann kann es sein, daß die Inkarnationen frühzeitig abgerissen werden. Solche Fälle gibt es. Und wir haben selbst schon bei unseren Zusammenkünften hingewiesen auf eine Individualität, welche nacheinander erschienen ist als großer Prophet, als ein bedeutender Maler und als großer Dichter, und immer mit einem frühzeitigen Tode ihr Leben beschlossen hat, weil das, was diese Individualität in drei Inkarnationen zu leisten hatte, nur dadurch möglich war, daß die Inkarnationen abgebrochen wurden vor einem Sich-Hineinleben in die zweite Lebenshälfte. Darin haben Sie das Eigentümliche des Verstricktseins von menschlichem individuellem Karma und allgemeinem Menschheitskarma.

Wir können noch tiefer gehen und können im allgemeinen Menschheitskarma gewisse karmische Ursachen aufsuchen, welche sich in späteren Zeiten dann in ihren Wirkungen zeigen; da muß sich der einzelne Mensch wieder hineingestellt sehen in das Menschheitskarma. Wenn wir die nachatlantische Entwickelung in Betracht ziehen, haben wir die griechisch-lateinische Zeit in der Mitte liegend, voran ging ihr die ägyptisch-chaldäische Zeit, und ihr folgte die unsrige als der fünfte Kulturzeitraum. Auf unsere Zeit wird folgen eine sechste und dann eine siebente Kulturepoche. Aber auch bei anderer Gelegenheit habe ich schon darauf hingewiesen, daß in gewisser Beziehung ein Kreislauf stattfindet in der Aufeinanderfolge der verschiedenen Kulturen, so daß die griechisch-lateinische Kultur als eine besondere für sich dasteht, daß dann aber die ägyptisch-chaldäische Epoche in der unsrigen sich wiederholt. Nun habe ich auch schon in diesem Zyklus hervorgehoben, wie *Kepler* in unserer Kulturepoche lebte und wie früher dieselbe Individualität in einem ägyptischen Leibe lebte und damals unter dem Einfluß der ägyptischen Priesterweisen den Blick hinauflenken durfte zum Himmelsgewölbe, so daß ihr die Geheimnisse der Sterne wie von oben enthüllt wurden. Das brachte sie dann wieder heraus in ihrer Kepler-Inkarnation, die dort hingestellt worden ist, wo der fünfte Zeitraum den dritten in gewisser Weise wiederholt.

Aber das geht noch weiter. Von der Geisteswissenschaft aus kann man wirklich behaupten, daß die Weltentwickelung und das Menschenleben von den meisten Menschen heute noch in rechter Blindheit angeschaut wird. Bis in die Einzelheiten hinein könnten Sie diese Entsprechungen, diese Wiederholungen, dieses Leben in Zyklen verfolgen. Wenn man einen gewissen Zeitpunkt in der Menschheitsentwickelung nimmt, der etwa in das Jahr 747 vor Christus fällt, so haben Sie darin eine Art Hypomochlion, eine Art Nullpunkt, und was vor und nach diesem Zeitpunkt liegt, entspricht sich in einer ganz bestimmten Weise. Wir können zurückgehen in eine Zeit der ägyptischen Entwickelung und finden dort gewisse Zeremonialgesetze und Gebote, welche als «Gebote der Götter» erschienen. Und das waren sie auch. Es waren Gebote, die sich darauf bezogen, daß der Ägypter zum Beispiel am Tage ganz bestimmte Waschungen, also durch Zeremoniengebräuche und rituelle Vorschriften geregelte Waschungen, vollziehen mußte. Und man sagte dem Ägypter, daß er nur leben könne, wie es die Götter wollen, wenn er an diesem oder jenem Tage so und so viele Waschungen vornimmt. Das war ein Göttergebot, das sich in gewissen Reinlichkeitskulten auslebte. Und wenn wir dann in eine etwas weniger reinliche Zeit in der Zwischenzeit kommen und jetzt wieder, in unserer Zeit, auf hygienische Maßregeln stoßen, wie sie jetzt aus materialistischen Gründen der Menschheit gegeben werden, so sehen wir bei uns richtig sich wiederholen, was in einer entsprechenden Zeit in Ägypten untergegangen ist. Ganz merkwürdig stellt sich die Erfüllung des Früheren im Gesamtkarma dar. Nur ist der Gesamtcharakter immer ein anderer. Kepler hatte in seiner ägyptischen Inkarnation den Blick hinaufgelenkt zum Sternenhimmel; und was diese Individualität dort sah, das prägte sie aus in den großen spirituellen Wahrheiten der ägyptischen Astrologie. Bei ihrer Wiederverkörperung in dem Zeitalter, dem der Beruf des Materialismus zufiel, prägte dieselbe Individualität diese Tatsachen – unserem Zeitalter entsprechend – in den drei materialistisch gefärbten Keplerschen Gesetzen aus. – Im alten Ägypten waren die Gesetze der Reinigung «gottgeoffenbarte» Gesetze. Der Ägypter glaubte nur dadurch seine Pflicht der Menschheit gegenüber zu erfüllen, daß er bei jeder Gelegenheit in der unglaublichsten Weise für seine Reinigung Sorge trug. Das kommt heute wieder heraus, nur unter ganz materialistischen Gedankeneinflüssen. Der Mensch von heute denkt nicht daran, daß er den Göttern dient, wenn er solche Vorschriften beobachtet, sondern daß er sich selbst dient. Aber es kommt das Frühere wieder heraus.

So erfüllt sich alles in der Welt, und zwar in gewissem Sinne ganz zyklisch. Und jetzt werden Sie ahnen, daß es mit den Dingen, die wir das letzte Mal in einem Widerspruch zusammen formuliert haben, sich doch nicht so einfach verhält, wie man anzunehmen geneigt ist. Wenn in einer bestimmten Zeit die Menschen nicht in der Lage waren, gegen Epidemien gewisse Maßregeln zu ergreifen, so waren das die Zeiten, wo es die Menschen deshalb nicht konnten, weil die Epidemien nach dem allgemeinen weisheitsvollen Weltenplan wirken sollten, damit die Menschenseelen Gelegenheit fanden, auszugleichen, was durch den ahrimanischen Einfluß und durch gewisse frühere luziferische Einflüsse bewirkt worden war. Wenn jetzt andere Bedingungen herbeigeführt werden, so unterliegt das wieder ebenfalls bestimmten großen karmischen Gesetzen. Wir können daraus entnehmen, daß wir diese Fragen wahrhaftig nicht oberflächlich betrachten dürfen.

Wie stimmt das nun zusammen: Wir sagten, wenn der Mensch die Gelegenheit aufsucht, um eine Epidemie, eine Infektion aufzunehmen, so ist das die notwendige Gegenwirkung gegen eine frühere karmische Ursache. Dürfen wir nun hygienische und andere Maßregeln dagegen ergreifen?

Die Frage ist tief, und wir müssen erst das richtige Material herbeitragen, um sie zu entscheiden. Wir müssen uns klar sein, daß da, wo – ob gleichzeitig oder in längeren Zeiträumen – das luziferische und das ahrimanische Prinzip zusammenwirken oder wo sie sich entgegenwirken, gewisse Komplikationen im menschlichen Leben eintreten. Und diese Komplikationen wirken so, daß sie uns in den verschiedensten Fällen in der mannigfaltigsten Art entgegentreten, so daß wir nicht zwei Fälle in der gleichen Art sehen werden. Wenn wir aber das menschliche Leben studieren, werden wir uns in folgender Weise dabei hindurchfinden: Wenn wir das Zusammenwirken von Luzifer und Ahriman aufsuchen in dem entsprechenden einzelnen Fall, so werden wir überall einen Faden finden, um durch diesen Zusammenhang hindurchzukommen. Wir müssen aber dabei scharf unterscheiden zwischen dem inneren und dem äußeren Menschen. Wir mußten heute schon scharf unterscheiden zwischen dem, was sich in der Verstandesseele auslebt, und dem, was als Wirkung der Verstandesseele sich im Ätherleibe zeigt. Wir müssen den Fortgang betrachten, in welchem Karma sich vollzieht, und wir müssen uns zugleich klar sein, daß wir aber doch wieder die Möglichkeit haben, durch entsprechende karmische Einflüsse so auf das Innere zu wirken, daß durch das Innere ein anderer karmischer Ausgleich in der Zukunft vorbereitet wird. Dadurch ist es möglich, daß nun dieses eintreten kann:

Es kann der Mensch ganz besonders in einem früheren Leben durch Empfindungen, Gefühle und so weiter durchgegangen sein, die ihn zur Lieblosigkeit gegen seine Nächsten getrieben haben. Denken wir uns zum Beispiel, daß er durch etwas hindurchgegangen ist, wo er durch karmische Wirkung die Lieblosigkeit in sich aufgenommen hat. Es kann durchaus so sein, daß wir, wie auf absteigender Linie fortfahrend, das Böse erzeugen, daß wir also erst auf einer absteigenden Bahn gehen, damit die entgegengesetzte Spannkraft entwickelt wird, um dann wieder aufzusteigen. Nehmen wir also an, ein Mensch hat sich durch Hingabe an gewisse Einflüsse zu einer gewissen Lieblosigkeit hingeneigt; dann tritt die Lieblosigkeit in einem späteren Leben als karmische Wirkung ein und bildet innere Kräfte in seiner Organisation aus. Nun können wir ein Zweifaches tun, bewußt oder auch nicht bewußt; denn unsere Kultur ist noch nicht so weit, es bewußt zu tun. Wir werden bei einem solchen Menschen Vorsorge treffen können, daß jene Eigenschaften in seiner Organisation, welche von der Lieblosigkeit kommen, herausgetrieben werden. Wir können da etwas tun, was ein Gegenmittel ist gegen die Wirkung in der äußeren Organisation, die sich als Lieblosigkeit zeigt; aber es wird damit noch nicht immer alle Lieblosigkeit in der Seele aufgehoben sein, es wird nur das äußere Organ der Lieblosigkeit fortgeschafft sein. Denn wenn wir weiter nichts tun, haben wir nur halbe Arbeit geleistet, vielleicht auch gar keine. Wir haben vielleicht dem Menschen physisch, äußerlich geholfen; seelisch aber haben wir ihm nicht geholfen. Indem wir ihm in der äußeren Leiblichkeit das Organ für die Lieblosigkeit fortgenommen haben, kann er jetzt die Lieblosigkeit nicht ausleben; er muß sie in seiner inneren Organisation behalten für eine nächste Inkarnation.

Nehmen wir an, eine ganze Anzahl von Menschen hätte sich wegen Lieblosigkeit gegen die Menschen hingezogen gefühlt, gewisse Infektionsstoffe aufzunehmen, um einer Epidemie zu verfallen. Nehmen wir weiter an, wir könnten gegen die Epidemie etwas tun. Wir würden dann in einem solchen Falle die äußere Leiblichkeit davor bewahren, die Lieblosigkeit zum Ausdruck zu bringen, aber wir würden dadurch noch nicht die innere Neigung zur Lieblosigkeit fortgeschafft haben. Denken wir uns aber den Fall so, daß wir, wenn wir das äußere Organ der Lieblosigkeit fortschaffen, die Verpflichtung übernehmen, auf die Seele so zu wirken, daß wir auch der Seele die Neigung zur Lieblosigkeit nehmen. Das Organ der Lieblosigkeit wird im eminenten Sinne getötet – im äußeren leiblichen Sinne – in der Pockenimpfung. Da zeigt sich zum Beispiel folgendes, was geisteswissenschaftlich erforscht ist: In einer Kulturperiode traten die Blattern auf, als die allgemeine Neigung bestand, im höheren Maße Egoismus, Lieblosigkeit zu entwickeln. Da traten die Blattern auf, auch in der äußeren Organisation; das ist so. Man ist in der Theosophie durchaus verpflichtet, die Wahrheit zu sagen.

Nun können wir es begreifen, daß in unserer Zeit der Impfschutz aufgetreten ist. Wir können aber noch etwas anderes begreifen, daß nämlich bei den besten Geistern unserer Zeit etwas wie ein Widerwille gegen Impfung vorhanden ist. Das steht mit einem Inneren in Korrespondenz, das ist das Äußere eines Inneren. Und wir können jetzt sagen: Wenn wir auf der einen Seite das Organ töten, hätten wir auch die Verpflichtung, als Gegenstück dazu bei diesem Menschen den materialistischen Charakter durch eine entsprechende spirituelle Erziehung anders zu gestalten. Das müßte das notwendige Gegenstück sein. Wir leisten sonst nur halbe Arbeit. Ja, wir leisten nur eine Arbeit, zu der der Mensch selber in einer späteren Inkarnation in irgendeiner Weise wird das Gegenstück schaffen müssen, wenn er das Pockengift in sich hat und die Eigenschaft aus sich herausgeschafft hat, durch die man geradezu hinneigt zur Blatternerkrankung. Hat man die Empfänglichkeit für die Blattern herausgeschafft, so hat man nur die äußere Seite der karmischen Wirksamkeit ins Auge gefaßt. Wenn man auf der einen Seite Hygiene übt, muß man anderseits die Verpflichtung fühlen, den Menschen, deren Organisation man umgewandelt hat, auch etwas für die Seele zu geben. Impfung wird keinem Menschen schaden, welcher nach der Impfung im späteren Leben eine spirituelle Erziehung erhält. Wir haben die Waagschale zu stark zum Sinken gebracht, wenn wir nur auf die eine Seite abzielen und auf die andere keinen Wert legen. Das fühlt man im Grunde in den Kreisen, wo man sagt: Wo hygienische Maßregeln zu weit gehen, würden nur schwache Naturen fortgepflanzt. Das ist zwar unberechtigt; aber Sie sehen, wesentlich ist, daß man eine Aufgabe nicht ohne die andere übernehmen darf.

Da kommen wir zu einem wichtigen Gesetz in der Menschheitsentwickelung, das so wirkt, daß immer ein Äußeres und ein Inneres sich die Waage halten müssen und daß man nicht bloß auf das eine sehen darf, sondern auch das andere nicht unberücksichtigt bleiben darf. Da sehen wir in einen großen Zusammenhang hinein und sind jetzt noch nicht einmal zur Behandlung der Frage gekommen: Wie verhalten sich Hygiene und Karma zueinander? Sie werden sehen, daß uns die Beantwortung dieser Frage noch tiefer hineinführt in das Karma. Und wir werden noch sehen, wie auch zwischen der Geburt und dem Tode des Menschen karmische Zusammenhänge bestehen und ferner, wie andere Persönlichkeiten hineinspielen in ein Menschenleben und wie sich der freie Wille des Menschen und das Karma im Einklange befinden.

NEUNTER VORTRAG

Hamburg, 26. Mai 1910

Es wird ja, wie ich wiederholt bemerkte, nur möglich sein, die großen karmischen Gesetzmäßigkeiten in einigen skizzenhaften Linien anzudeuten, um Anregungen zu geben auf diesem schier unermeßlichen Gebiete. Wenn Sie alles bedenken, was wir in den letzten Tagen besprochen haben, so werden Sie es nicht mehr auffällig finden, daß der Mensch geradezu aus gewissen Bewußtseinsschichten heraus getrieben wird, die ausgleichenden Wirkungen für karmische Ursachen, die er sich selber einverleibt hat, auch in der Außenwelt zu suchen. Er kann geradezu dorthin getrieben werden, wo er zum Beispiel eine Infektion erhalten kann, um in dieser die ausgleichenden Wirkungen für eine sich einverleibte karmische Ursache zu suchen, und selbst zu dem, was man Lebensunfälle nennen kann, kann der Mensch hingetrieben werden, um mit dem Hereinbrechen eines solchen Lebensunfalles eine Ausgleichung zu suchen.

Wie ist es nun mit dem karmischen Verlauf, wenn wir durch irgendwelche Maßnahmen in die Lage kommen, den Menschen daran zu hindern, diesen Ausgleich zu suchen?

Nehmen wir an, daß wir durch gewisse hygienische Maßnahmen dahin wirken, daß gewisse Ursachen, gewisse Dinge, für die vielleicht der Mensch vermöge seiner karmischen Zusammenhänge Neigung haben muß, überhaupt nicht da sein können. Denken wir uns, es gelänge durch hygienische Maßnahmen, gewisse Krankheitserreger auf einem bestimmten Gebiet zu bekämpfen. Nun haben wir uns bereits vor die Seele geführt, daß es keineswegs im Belieben der Menschen steht, solche Maßnahmen zu treffen. Wir haben gesehen, wie in einem bestimmten Zeitalter zum Beispiel die Neigung zu Reinlichkeitsgesetzen daher entsteht, weil einfach diese Neigung, die in der Zwischenzeit verschwunden war, jetzt bei der umgekehrten Wiederholung in der Entwickelung wieder auftaucht. Daraus haben wir gesehen, daß es in den großen Gesetzen des Menschheitskarma überhaupt liegt, daß in einem bestimmten Zeitpunkt der Mensch dazu kommt, diese oder jene Maßnahmen zu treffen.

Wir werden es aber auch leicht begreifen, daß der Mensch in einem früheren Zeitalter nicht dazu gekommen ist, derartige Maßnahmen zu treffen, weil die Menschheit in einem früheren Zeitraum die Epidemien brauchte, die jetzt durch die hygienischen Maßnahmen aus der Welt geschafft werden sollen. In bezug auf große Einrichtungen im Leben unterliegt wirklich die Menschheitsentwickelung ganz bestimmten Gesetzen, und bevor etwas für die gesamte Menschheitsentwickelung von Bedeutung und von Nutzen sein kann, tritt gar nicht die Möglichkeit ein, solche Maßnahmen zu treffen. Denn aus dem vollbewußten, vernünftigen, verständigen Leben, das sich der Mensch zwischen Geburt und Tod aneignen kann, kommen ja solche Maßnahmen nicht, sondern sie kommen aus dem Gesamtgeist der Menschheit. Und Sie brauchen sich nur einmal vor Augen zu halten, wie diese oder jene Erfindung oder Entdeckung auch erst dann auftritt, wenn die Menschheit wirklich dafür reif ist. Ein kleiner Überblick über die Geschichte der Entwickelung der Menschheit auf der Erde kann Ihnen da so manches bieten.

Denken Sie nur daran, daß unsere Vorfahren – das heißt unsere eigenen Seelen – in Leibern von ganz anderer Gestalt als die heutigen Menschenleiber auf dem alten atlantischen Kontinent gelebt haben, daß dann dieser atlantische Kontinent hinuntergesunken ist und daß die Einrichtungen, die wir heute treffen, sich erst im Bereiche unserer heutigen Kontinente gebildet haben. Es wurden dann in einem ganz bestimmten Zeitalter erst die Bewohner der einen aufgetauchten Erdhälfte mit den Bewohnern der andern zusammengeführt. Erst vor kurzem, in einer gar nicht so fernen Vergangenheit, konnten die Völker Europas die Gebiete wieder erreichen, die nach der andern Seite des atlantischen Kontinents sich abgegliedert haben. In solchen Dingen herrschen wirklich große Gesetze. Und ob diese oder jene Dinge entdeckt werden oder ob Maßnahmen getroffen werden, welche es in dieser oder jener Richtung möglich machen, karmisch einzugreifen, das hängt nicht von der Meinung oder der Willkür der Menschen ab, sondern das tritt ein, wenn es eintreten soll. Aber dessen ungeachtet: Wenn wir gewisse Ursachen hinwegräumen, welche sonst dagewesen wären und die durch ihre karmische Verwicklung gewisse Menschen aufgesucht hätten, so können wir dadurch das Karma der Menschen beeinflussen. Dieses Beeinflussen heißt aber nicht, daß wir es hinwegschaffen, sondern es heißt, daß wir es in eine andere Richtung lenken.

Denken wir uns also den Fall, eine Anzahl von Menschen würde sich durch karmische Verwicklung gedrängt fühlen, bestimmte Einflüsse aufzusuchen, welche ein karmischer Ausgleich sein würden. Durch hygienische Maßnahmen sind nun einstweilen diese Einflüsse oder Verhältnisse hinweggeräumt worden, die Menschen können sie nicht mehr suchen. Darum aber werden diese Menschen nicht befreit von dem, was in ihnen als karmische Wirkung herausgefordert wird, sondern sie werden gedrängt, andere Wirkungen aufzusuchen. Seinem Karma entkommt der Mensch nicht. Er wird durch solche Maßnahmen nicht entlastet von dem, was er sonst aufgesucht hätte.

Daraus können Sie entnehmen, daß für einen karmischen Ausgleich, den wir in der Lage wären, nach einer Seite wegzuschaffen, wieder ein Ausgleich nach einer andern Richtung entstehen müßte. Wir schaffen nur die Notwendigkeit, andere Gelegenheiten und Einflüsse aufzusuchen, wenn wir irgendwelche Einflüsse hinwegräumen. Nehmen wir nun an, daß viele Epidemien, gemeinsame Krankheitsursachen, einfach darauf zurückzuführen sind, daß die Menschen, welche diese Krankheitsursachen aufsuchen, hinwegräumen wollen, was sie sich karmisch anerzogen haben, wie zum Beispiel bei der Pockenepidemie Organe der Lieblosigkeit. Brächten wir es zustande, diese Organe hinwegzuräumen, so bliebe die Ursache der Lieblosigkeit trotzdem bestehen, und die betreffenden Seelen müßten dann in dieser oder einer andern Inkarnation den entsprechenden Ausgleich in einer andern Weise suchen. Wir können begreifen, was da stattfindet, wenn wir auf etwas hinweisen, worauf wir sicher zählen müssen, und das ist das Folgende.

Heute werden in der Tat eine ganze Menge von äußeren Einflüssen und Ursachen hinweggeräumt, die sonst aufgesucht worden wären zum Ausgleich gewisser karmischer Dinge, welche die Menschheit in früheren Zeitaltern auf sich geladen hat. Dadurch aber schaffen wir nur die Möglichkeit hinweg, daß der Mensch äußeren Einflüssen verfällt. Wir machen ihm das äußere Leben angenehmer oder auch gesünder. Dadurch erreichen wir aber nur, daß dasjenige, was der Mensch in dem entsprechenden Krankheitsverhältnis sich als karmischen Ausgleich gesucht hätte, nun auf anderem Wege gesucht werden muß. Die Seelen, welche auf diesem Wege heute in gesundheitlicher Beziehung gerettet werden, werden also dazu verurteilt, in einer andern Weise diesen karmischen Ausgleich zu suchen. Und Sie werden ihn suchen müssen in zahlreichen Fällen, die gerade zu den geschilderten gehören. Indem ihnen durch ein gesünderes Leben größere physische Annehmlichkeit bereitet wird, indem ihnen das physische Leben erleichtert wird, wird die Seele dadurch in der entgegengesetzten Weise beeinflußt; sie wird so beeinflußt, daß sie nach und nach eine gewisse Leerheit, eine Unbefriedigtheit, eine Unerfülltheit empfinden wird. Und wenn es so fortgehen würde, daß das äußere Leben immer angenehmer, immer gesünder würde, wie man es nach den allgemeinen Vorstellungen im rein materialistischen Leben haben kann, dann würden solche Seelen immer weniger Ansporn haben, in sich selber weiterzukommen. Eine Verödung der Seelen würde in gewissem Sinne parallel einhergehen.

Wer sich genauer das Leben ansieht, kann das heute schon bemerken. In kaum einem Zeitalter hat es so viele Menschen gegeben, welche in so angenehmen äußeren Verhältnissen leben, aber mit öden, unbeschäftigten Seelen einhergehen, wie es heute der Fall ist. Diese Menschen eilen darum von Sensation zu Sensation; dann, wenn das Pekuniäre reicht, reisen sie von Stadt zu Stadt, um etwas zu sehen, oder wenn sie in derselben Stadt bleiben müssen, eilen sie jeden Abend von Vergnügen zu Vergnügen. Die Seele bleibt aber darum doch öde, weiß zuletzt selber nicht mehr, was sie aufsuchen soll in der Welt, um einen Inhalt zu bekommen. Namentlich wird durch ein Leben in rein äußeren, physisch annehmlichen Zuständen der Hang erzeugt, nur über das Physische nachzudenken. Und wenn diese Neigung, sich nur mit dem Physischen zu beschäftigen, nicht schon lange vorhanden wäre, so würde auch nicht die Neigung zum theoretischen Materialismus so stark geworden sein, wie es in unserer Zeit der Fall ist. So werden die Seelen leidender, während das äußere Leben gesünder gemacht wird.

Am wenigsten hat der Theosoph über eine solche Tatsache zu klagen, weil überall die Theosophie uns Verständnis der Dinge schafft und damit ein Einsehen, wo der Ausgleich ist. Die Seelen können nur bis zu einem gewissen Grade leer bleiben; dann werden sie wie durch die eigene Elastizität nach der andern Seite hingeschnellt. Sie suchen dann einen Inhalt, der verwandt ist mit den Tiefen der eigenen Seele, und sie werden dann einsehen, wie notwendig sie es haben, zu einer theosophischen Weltanschauung zu gelangen.

So sehen wir, wie das, was aus den materialistischen Lebensauffassungen herauskommt, wohl das äußere Leben erleichtert, aber Schwierigkeiten des inneren Lebens schafft, die dahin führen, aus den Leiden der Seele heraus den Inhalt einer spirituellen Weltanschauung zu suchen. Die spirituelle Weltanschauung, wie sie sich heute als die theosophische kundgibt, kommt so den Seelen entgegen, die in der Verödung, an dem, was das äußere Leben, das ganz angenehm eingerichtet sein kann, ihnen an Eindrücken zu geben vermag, keine Befriedigung finden können. Die Seelen werden so lange suchen, immer wieder Neues aufzunehmen, bis die Elastizität von der andern Seite so stark wirkt, daß die Seelen mit dem sich vereinigen werden, was man spirituelles Leben nennen kann. So gibt es eine Beziehung zwischen Hygiene und den Zukunftshoffnungen der geisteswissenschaftlichen Weltanschauung.

Sie können das heute im Kleinen schon bemerken. Es gibt heute solche Seelen, welche zu andern Äußerlichkeiten eine neue Äußerlichkeit fügen: sich zu interessieren für die theosophische Weltanschauung, welche als neue Sensation die theosophische Weltanschauung aufnehmen. Das ist etwas, was sich bei jeder Strömung in der Menschheitsentwickelung zeigt, daß das, was tiefe, innere Bedeutung hat, auch als Mode, als Sensation wirkt. Aber die wahrhaft für die Theosophie vorbereiteten Seelen sind solche, welche sich entweder unbefriedigt fühlen durch die äußeren Sensationen oder auch einsehen, daß die äußere Wissenschaft mit all ihren Erklärungen die Tatsachen nicht erklären kann. Diese Seelen sind es, welche durch ihr Gesamtkarma so präpariert sind, daß sie sich mit den innersten Gliedern ihres Seelenlebens mit der Theosophie verbinden können. Geisteswissenschaft gehört auch zum Gesamtkarma der Menschheit, und sie wird sich als solche darin einfügen.

So können wir das Karma der Menschen nach der einen oder andern Seite in eine andere Richtung bringen; aber wir können nicht die Rückwirkung auf den Menschen beseitigen. In irgendeiner Weise kommt das zurück, was sich der Mensch in früheren Lebensläufen selber zubereitet hat.

Wie nun das Karma sinnvoll in der Welt wirkt, das kann am besten eine Betrachtung lehren, wo Karma sozusagen noch ohne moralischen Beigeschmack wirkt, wo es in der großen Welt selber wirkt, ohne daß es etwas zu tun hat mit dem, was der Mensch aus der Seele heraus an moralischen Impulsen entwickelt und was dann zu moralischen oder unmoralischen Handlungen führt. Wir wollen ein Gebiet des Karma vor unsere Seele stellen, in dem das Moralische noch keine Rolle spielt, sondern wo sich etwas Neutrales als karmische Verkettung darstellt.

Nehmen wir an, eine Frau lebt in einer bestimmten Inkarnation. Nun werden Sie nicht in Abrede stellen, daß die Frau einfach dadurch, daß sie Frau ist, andere Erlebnisse haben muß als der Mann und daß diese Erlebnisse nicht nur bloß zusammenhängen mit inneren Seelenvorgängen, sondern daß sie im breitesten Maße zusammenhängen mit äußeren Geschehnissen, mit Lebenslagen, in welche die Frau nur dadurch kommt, daß sie Frau ist, und die wieder zurückwirken auf die ganze Seelenverfassung und Seelenstimmung. Daher können wir davon sprechen, daß die Frau zu gewissen Handlungen geführt wird, die im innigsten Zusammenhang stehen mit dem Frauendasein. Der Ausgleich zwischen Mann und Frau findet ja erst auf dem Gebiete des geistigen Zusammenlebens statt. Je tiefer wir nun hinuntersteigen in das bloß Seelische und in das Äußere des Menschen, desto größer wird der Unterschied zwischen Mann und Frau in bezug auf ihr Leben. Und so können wir sagen, daß die Frau auch in gewissen Eigenschaften der Seele verschieden ist vom Manne, daß sie mehr neigt zu jenen Eigenschaften der Seele, die zu Impulsen führen, welche als emotionelle bezeichnet werden müssen; und wir finden sie dazu veranlagt, mehr als der Mann psychische Erlebnisse zu haben. Dafür sind im Leben des Mannes Intellektualismus und Materialismus – dasjenige also, was durch den Mann gekommen ist – mehr zuhause, was auf das Seelenleben einen großen Einfluß hat. Psychisches und Emotionelles bei der Frau, intellektuelle und materialistische Momente beim Mann – so werden sie durch ihre Naturen geradezu bestimmt. Daher hat nun auch die Frau gewisse Nuancen des Seelenlebens dadurch, daß sie Frau ist.

Nun haben wir ja geschildert, daß dasjenige, was wir als Eigenschaften in der Seele erleben zwischen Tod und neuer Geburt, sich hineindrängt in unsere nächste leibliche Organisation. Was nun stärker psychisch ist, was stärker emotionell ist und im Leben zwischen Geburt und Tod mehr nach dem Inneren der Seele geht, das hat auch mehr Neigung, tiefer einzugreifen in die Organisation, sie viel intensiver zu imprägnieren. Und dadurch, daß die Frau solche Eindrücke aufnimmt, welche mit dem Psychismus, mit dem Emotionalismus zusammenhängen, nimmt sie in tiefere Seelengründe hinein auch die Erfahrungen des Lebens. Der Mann mag reichere Erfahrungen machen, auch wissenschaftlichere: so tief gehen bei ihm die Erfahrungen nicht in das Seelenleben hinein, wie es bei der Frau der Fall ist. Bei der Frau prägt sich die ganze Erfahrungsumwelt tief ein in die Seele. Dadurch haben die Erlebnisse eine stärkere Tendenz, in die Organisation hineinzuwirken, die Organisation in der Zukunft stärker zu umklammern. Und so nimmt ein Frauenleben die Tendenz auf, durch ihre Erlebnisse in einer Inkarnation tief in den Organismus hineinzugreifen und damit in der nächsten Inkarnation den Organismus selber zu gestalten. Ein tiefes Hineinarbeiten, ein tiefes Durcharbeiten des Organismus bedeutet nun aber: einen männlichen Organismus hervorbringen. Ein männlicher Organismus wird dadurch hervorgebracht, daß die Kräfte der Seele sich tiefer in das Materielle hineinprägen wollen. Daraus sehen Sie, daß aus den Frauenerlebnissen einer Inkarnation die Wirkung hervorgeht, in der nächsten Inkarnation einen männlichen Organismus hervorzubringen. Da haben Sie aus der Natur des Okkultismus einen Zusammenhang gegeben, der jenseits des Moralischen liegt. Deshalb sagt man im Okkultismus: Der Mann ist das Karma der Frau. – In der Tat ist die Mannesorganisation in einer späteren Inkarnation das Ergebnis der Erfahrungen und Erlebnisse in einer vorhergehenden Fraueninkarnation. Selbst auf die Gefahr hin, daß ich etwa unsympathische Gedanken erwecke bei einigen der Versammelten – es kommt ja immer vor, daß Männer der Gegenwart einen heillosen Respekt davor haben, als Frau inkarniert zu werden –, muß ich diese Dinge als Tatsachen auch wieder ganz objektiv beleuchten.

Wie ist es nun mit den Manneserlebnissen? Mit den Manneserlebnissen verhält es sich so, daß wir sie am besten verstehen, wenn wir gleich von dem ausgehen, was wir jetzt eben dargestellt haben. Bei der Mannesorganisation hat der innere Mensch sich gründlicher in das Materielle hineingelebt, hat es mehr umklammert als bei der Frau. Die Frau behält mehr von dem Geistigen im Unkörperlichen zurück; sie lebt sich nicht so tief in das Materielle hinein, sie erhält ihre Körperlichkeit weicher. Sie trennt sich nicht so weit von dem Geistigen. Das ist das Charakteristische der Frauennatur, daß sie mehr zurückbehält von freier Geistigkeit und sich daher weniger in die Materie hineinarbeitet und vor allem das Gehirn weicher erhält. Daher ist es nicht zu verwundern, daß die Frauen für Neues, insbesondere auf geistigem Gebiete, eben eine besondere Neigung haben, weil sie das Geistige freier behalten haben und weil weniger Widerstand da ist. Und es ist kein Zufall, sondern es entspricht einer tiefen Gesetzmäßigkeit, daß bei einer Bewegung, die durch ihre Natur mit dem Spirituellen zu tun hat, sich eine größere Anzahl von Frauen einfindet als Männer. Und wer Mann ist, der weiß, was für ein schwieriges Instrument das Mannesgehirn oftmals ist. Es bildet furchtbare Hindernisse, wenn man es für biegsamere Gedankengänge brauchen will. Da will es nicht mitgehen. Es muß erst mit allen möglichen Mitteln herangebildet werden, um sich aus der Steifigkeit zu erlösen. Das kann durchaus ein eigenes Erlebnis der Manneserfahrung sein.

Die Mannesnatur ist also kondensierter, zusammengezogener; sie ist mehr gepreßt worden, steifer, härter gemacht worden durch das, was der innere Mensch im Manne ist; sie ist materieller gemacht worden. Nun ist ein steiferes Gehirn vor allem ein Instrument für das Intellektuelle, weniger für das Psychische. Denn das Intellektuelle ist etwas, was sich viel mehr auf den physischen Plan bezieht. Was als Intellektualismus des Mannes zu bezeichnen ist, das kommt von seinem steiferen, verfestigten Gehirn. Man könnte dabei von einem gewissen Grade von «Eingefrorenheit» des Gehirns sprechen. Es muß erst auftauen, wenn es sich in feinere Gedankengänge hineinfinden soll. Dadurch aber wird der Mann veranlaßt, mehr die Äußerlichkeiten zu erfassen, weniger von denjenigen Erlebnissen aufzunehmen, die mit den Tiefen des Seelenlebens zusammenhängen. Und was er aufnimmt, das geht dann auch nicht tief. Ein äußerer Beweis dafür ist der, wie wenig tief die äußere Wissenschaft geht und wie wenig sie das Innere erfaßt – wie zwar immer im weiten Umkreis gedacht wird, aber wie wenig gründlich die Tatsachen zusammengezogen werden. Wer durch seine eigene Selbstzucht im Denken genötigt ist, die Tatsachen zusammenzufügen, dem könnte von dem, was die äußere Wissenschaft sich nicht scheut, als nebeneinander bestehend hinzustellen, manchmal recht übel werden. Da kann man sehen, wie wenig tief die Dinge gehen.

Ein Beispiel dafür, wie oberflächlich die Dinge der heutigen Wissenschaft sein können: Nehmen Sie an, ein junger Mensch ist in irgendeinem Kolleg, wo ein enragierter Darwinianer vorträgt. Und bei diesem Vertreter der Selektionstheorie kann der Student etwa solche Dinge vertreten hören: Woher kommt es, daß der Gockel zum Beispiel so schöne, blauschillernde Farben an seinen Federn hat? Das ist auf eine geschlechtliche Zuchtwahl zurückzuführen; denn durch die Farben zieht er die Hennen an, und die Hennen wählen dann unten den Gockeln diejenigen, welche die bläulichschillernden Federn haben. Dabei kommen dann die andern zu kurz, und es bildet sich infolgedessen besonders die eine Sorte aus. Das ist eine Höherentwickelung, das ist «geschlechtliche Zuchtwahl»! – Und der Student ist froh, daß er weiß, wie eine Aufwärtsentwickelung zustande kommen kann. Jetzt geht er ins nächste Kolleg, wo, sagen wir, das Gebiet der Sinnesphysiologie behandelt wird. Und hier kann es jetzt vorkommen, daß derselbe Student nun im zweiten Kolleg etwa folgendes zu hören bekommt: Man hat Versuche gemacht, welche zeigen, wie verschieden die Farben des Spektrums auf die verschiedenen Wesenheiten wirken. Man kann nachweisen, daß zum Beispiel die Hühner von den gesamten Farben des Spektrums das nicht wahrnehmen, was zum Blau und Violett gehört, sondern daß sie nur dasjenige wahrnehmen, was vom Grünen zum Orange, Rot und Ultrarot geht!

Jetzt ist der Student, wenn er diese beiden Tatsachen, die er heute wirklich hören kann, zusammendenken will, darauf angewiesen, die Dinge oberflächlich zu nehmen. Es ist die ganze Selektionstheorie darauf gebaut, daß die Hennen am Gockel etwas sehen sollen an bunten Farben, was ihnen besondere Freude machen soll, was sie aber in Wirklichkeit gar nicht sehen, was für sie wie rabenschwarz erscheint.

Das ist nur ein Beispiel. Aber die Dinge sind so, daß sie dem, der wirklich wissenschaftlich forschen will, auf Schritt und Tritt so begegnen. Daraus sehen Sie, daß die Intellektualität nicht gerade sehr tief eingreift in das Leben, daß sie an der Oberfläche stehenbleibt. Ich wähle absichtlich die krassen Beispiele.

Man wird es ja nicht so leicht glauben wollen, daß die Intellektualität etwas ist, was sich mehr äußerlich abspielt, nicht tief eingreift in das Seelenleben, was wenig das Innere des Menschen ergreift. Und die materialistische Gesinnung ergreift das Seelenleben erst recht nicht. Die Folge davon ist aber die, daß der Mensch aus einer solchen Inkarnation, wo er wenig hineinwirkt in die Seele, die Tendenz aufnimmt zwischen Geburt und Tod, in der nächsten Inkarnation weniger in die Organisation einzudringen. Es ist ja die Kraft dazu weniger aufgenommen worden; deshalb wirkt sie jetzt so, daß der Mensch weniger seine Leiblichkeit imprägniert. Daraus entsteht nun aber die Neigung, in der nächsten Inkarnation einen Frauenleib aufzubauen. Wiederum ist es richtig, wenn man im Okkultismus sagt: Das Weib ist das Karma des Mannes!

Auf diesem moralisch neutralen Gebiete sehen wir, wie das, was sich der Mensch in einer Inkarnation vorbereitet, in der nächsten Inkarnation seine Leiblichkeit organisiert. Und weil diese Dinge nicht nur tief eingreifen in unser inneres Leben, sondern auch in unsere äußeren Erlebnisse und in unser Handeln, so müssen wir sagen: Indem der Mensch in einer Inkarnation Mannes- oder Frauenerlebnisse hat, wird in der nächsten Inkarnation sein äußeres Handeln in dieser oder jener Weise bestimmt, weil er durch die Frauenerlebnisse die Neigung hat, eine Mannesorganisation sich zu bilden, und umgekehrt durch die Manneserlebnisse eine Frauenorganisation. Nur in seltenen Fällen wiederholt sich die gleiche geschlechtliche Inkarnation; sie kann sich höchstens siebenmal wiederholen. Die Regel jedoch ist die, daß jede männliche Organisation in der nächsten Inkarnation danach strebt, weiblich zu werden, und umgekehrt. Da nützt alle Abneigung nichts, denn es kommt nicht darauf an, was man in der physischen Welt möchte, sondern es kommt auf die Neigungen an, die man in der Zeit zwischen Tod und neuer Geburt hat, und die werden durch vernünftigere Gründe bestimmt als solche, daß man etwa in einer männlichen Inkarnation einen Horror davor hat, in der nächsten Inkarnation sich als Frau zu inkarnieren. Da können Sie sehen, wie das spätere Leben karmisch bestimmt wird durch das frühere und wie auch die Handlungen des späteren Lebens bestimmt werden können.

Nun handelt es sich darum, daß wir noch einen andern karmischen Zusammenhang einsehen lernen, den wir auch noch benötigen, wenn wir auf die wichtigen Betrachtungen der nächsten Tage Licht werfen wollen.

Blicken wir dazu noch einmal zurück auf einen recht fernliegenden Zeitpunkt der menschlichen Entwickelung: auf den Zeitpunkt, wo einmal auf der Erde die menschlichen Inkarnationen angefangen haben. Das geschah in der alten lemurischen Zeit. Nun handelt es sich darum, daß damals auf den Menschen zuerst in einer durchgreifenden Art gewirkt hat der luziferische Einfluß und daß dieser dann den ahrimanischen Einfluß herausgefordert hat. Versuchen wir uns einmal vor die Seele zu stellen, wie der luziferische Einfluß äußerlich im Menschenleben gewirkt hat. – Dadurch, daß der Mensch überhaupt in die Lage gekommen ist, in jenen alten Zeiten den luziferischen Einfluß in sich aufzunehmen, also seinen astralischen Leib mit dem luziferischen Einfluß zu durchdringen, dadurch wurde sein astralischer Leib geneigt, viel tiefer noch in die Organisation einzugreifen, in das Materielle des physischen Leibes viel tiefer hinunterzusteigen, und vor allem auch ganz anders, als er ohne den luziferischen Einfluß hinuntergestiegen wäre. Der Mensch wurde durch den luziferischen Einfluß materieller. Hätte der luziferische Einfluß nicht gewirkt, dann wäre eine geringere Neigung des Menschen entstanden, in die materielle Welt hinunterzusteigen, der Mensch hätte sich als solcher in höheren Regionen des Daseins gehalten. Also es ist eine viel stärkere Durchdringung von äußerem und innerem Menschen geschehen, als es ohne den luziferischen Einfluß der Fall gewesen wäre. Diese Durchdringung war nun zunächst die Veranlassung dafür, daß der Mensch durch die stärkere Verbindung mit dem Materiellen des äußeren Leibes den Rückblick auf die Ereignisse, welche seiner Einkörperung vorangegangen sind, verloren hat.

Der Mensch trat jetzt durch eine so geartete Geburt ins Dasein, daß er sich tief mit dem Materiellen verband und dadurch alle Rückschau auf die früheren Erlebnisse auslöschte. Der Mensch hätte sich sonst die Erinnerung bewahrt an das, was er vor der Geburt im Geistigen erlebt hat. Durch den luziferischen Einfluß wurde nun die Geburt ein Akt, durch den der Mensch so intensive Verbindungen zwischen äußerem und innerem Menschen herstellt, daß ausgelöscht wurde, was der Mensch in der Zeit vorher in der geistigen Welt erleben kann. Es wurde der Mensch durch den luziferischen Einfluß beraubt seiner Erinnerungen an die vorhergehenden geistigen Erlebnisse. Die Verbindung mit der äußeren Leiblichkeit macht es, daß der Mensch nicht zurückblicken kann auf das Frühere. Dadurch aber ist der Mensch während seines Lebens darauf angewiesen, immer nur aus der Außenwelt seine Erfahrungen und Erlebnisse zu holen.

Nun wären Sie aber auf einem ganz falschen Wege, wenn Sie glauben würden, daß nur die groben äußeren Stoffe, die der Mensch in sich aufnimmt, auf ihn wirken. Es wirken auf den Menschen nicht nur die Nahrungsmittel und -kräfte, sondern auch die sonstigen Erfahrungen, welche er macht, auch die Dinge, welche durch seine Sinne in ihn einfließen. Aber durch das gröbere Verbinden mit der Materie wirken auch die Nahrungsmittel anders. Stellen Sie sich vor, der luziferische Einfluß wäre nicht dagewesen; dann würde von den Nahrungsmitteln bis zu den Sinneseindrücken alles auf den Menschen weit feiner wirken. Er würde alles, was er als Wechselwirkung mit der Außenwelt erlebt, durchdringen mit dem, was er zwischen Tod und neuer Geburt erlebt hat. Dadurch, daß der Mensch die Materialität dichter gestaltet hat, ist er geneigt, auch viel Dichteres aufzunehmen.

Es wirkt also der luziferische Einfluß so, daß der Mensch durch die Verdichtung der Materie auch aus der Außenwelt viel Dichteres heranzieht, als er sonst herangezogen hätte. Das Dichtere, was er nun von außen heranzieht, ist aber ganz anders als das sonst weniger Dichte. Das weniger Dichte würde die Erinnerungen an das frühere Leben aufrechterhalten haben; es würde auch bewirken, daß er die Sicherheit hat, daß alles, was der Mensch erlebt zwischen Geburt und Tod, seine Wirkungen hineinerstreckt in einen nie endenden Zeitraum. Der Mensch würde wissen: Es tritt zwar äußerlich der Tod ein, aber alles, was geschieht, wirkt weiter. Dadurch, daß der Mensch Dichteres aufnehmen mußte, schafft er von Geburt an eine starke Wechselwirkung zwischen seiner eigenen leiblichen Natur und der Außenwelt.

Was hat nun dieser Wechselzustand zur Folge? Die geistige Welt ist ausgelöscht seit der Geburt. Und damit der Mensch im Geistigen leben, in der geistigen Welt aufwachen kann, muß erst wieder jener Zustand eintreten, wo alles, was von außen als dichtere Materialität in uns hineinkommt, wieder von den Menschen genommen wird. Weil wir uns eine dichtere Materialität angeeignet haben, müssen wir, um wieder in das Geistige hineinzukommen, auf den Zeitpunkt warten, wo die äußere materielle Leiblichkeit von uns genommen wird. Was nun da als dichtere Materialität in uns hineindringt, das zerstört stückweise, von unserer Geburt an, unsere menschliche Leiblichkeit. Was da hereinfließt, das ist etwas, was immer mehr und mehr die Leiblichkeit zerstört, bis es sie endlich ganz zerstört hat, daß sie nicht mehr bestehen kann. Von unserer Geburt angefangen, nehmen wir eine dichtere Materialität auf, als wir ohne den luziferischen Einfluß aufgenommen hätten, so daß wir unsere Leiblichkeit langsam vernichten, bis sie mit dem Eintreten des Todes ganz unbrauchbar geworden ist.

Daran sehen wir, wie der luziferische Einfluß die karmische Ursache des Todes des Menschen ist. Gäbe es nicht diese Form der Geburt, so gäbe es nicht diese Form des Todes für den Menschen. Der Mensch würde sonst so vor dem Tode stehen, daß ihm die sichere Aussicht auf Kommendes vor Augen stehen würde. Der Tod ist die karmische Folge der Geburt, Geburt und Tod hängen karmisch zusammen. Ohne Geburt, wie sie der Mensch heute erlebt, gäbe es keinen Tod, wie ihn der Mensch erlebt.

Ich habe vorhin schon gesagt, daß beim Tier nicht in demselben Sinne von Karma gesprochen werden kann wie beim Menschen. Wenn jemand sagen würde, daß auch beim Tier Geburt und Tod karmisch zusammenhängen, so wüßte der Betreffende eben nicht, daß Geburt und Tod für den Menschen etwas ganz anderes sind als für das Tier. Was sich da äußerlich gleich sieht, ist innerlich nicht dasselbe; es handelt sich bei Geburt und Tod nicht um das äußerliche Aufbauen, sondern um das innere Erleben. Beim Tier erlebt nur die Gattungsseele, die Gruppenseele. Das Absterben eines Tieres bedeutet für die Gruppenseele ungefähr dasselbe, was Sie erleben, wenn Sie sich beim Herankommen des Sommers die Haare kürzer schneiden lassen, die dann wieder langsam nachwachsen. Es fühlt die Gruppenseele einer Tiergattung das Absterben eines Tieres wie das Absterben eines Gliedes, das sich nach und nach wieder ersetzt. Also die Gattungsseele ist das, was wir mit dem menschlichen Ich vergleichen dürfen. Sie kennt nicht Geburt und Tod, sie sieht auf das, was der Geburt vorangeht, fortwährend, und auch auf das, was dem Tode nachfolgt, sieht sie fortwährend. Von Geburt und Tod beim Tier zu sprechen, wie man davon beim Menschen spricht, ist ein Unsinn, weil ganz andere Ursachen vorangehen. Und man leugnet die innere Wirksamkeit des Geistes, wenn man glaubt, was sich äußerlich gleich darstelle, das sei auch von innerlich gleichen Ursachen bewirkt. Gleichheit der äußeren Vorgänge weist nie mit Sicherheit auf gleiche Ursachen hin. Der Geburt des Menschen liegen ganz andere Ursachen zugrunde als der des Tieres, und ebenso stirbt der Mensch aus ganz andern Ursachen heraus als das Tier.

Wenn man ein wenig nachdenken würde, wie das Äußere sich ganz gleich ausnehmen kann, ohne daß das Innere im entferntesten Gleiches erlebt, dann würde man auch schon methodologisch darauf kommen, daß es sich so verhält. Sie können sogar auf höchst einfache Weise darauf kommen, daß der äußere Sinnenschein kein Beweis ist für das innere Leben. Denken Sie sich zwei Menschen; Sie kommen um neun Uhr an einen bestimmten Ort und sehen dort die zwei Menschen nebeneinanderstehen. Um drei Uhr gehen Sie wieder an den betreffenden Ort, nachdem Sie in der Zwischenzeit nicht dort gewesen sind. Da stehen die zwei Menschen wieder an derselben Stelle. Nun könnten Sie schließen: A steht immer noch an demselben Ort, B steht immer noch an demselben Ort, wo er um neun Uhr schon gestanden hat. Untersuchen Sie aber, was diese beiden Menschen inzwischen getan haben, dann werden Sie vielleicht finden, daß der eine da stillgestanden hat, während der andere unterdessen einen weiten Gang getan hat und in der Zwischenzeit müde geworden ist. Da liegen dann ganz andere Vorgänge zugrunde. Und wie es unsinnig wäre, wenn die beiden Menschen um drei Uhr wieder an derselben Stelle stehen, zu sagen, daß in ihrem Inneren das Gleiche vorgegangen sei, ebenso unsinnig ist es, wenn man zwei gleichgeformte Zellen findet, aus ihrer gleichen Struktur schließen zu wollen, daß sie innerlich die gleiche Bedeutung haben. Es handelt sich darum, den ganzen Zusammenhang der Tatsachen zu kennen, der eine Zelle an den betreffenden Ort hingeführt hat. Daher ist die moderne Zellenphysiologie, die ausgeht von der Untersuchung der inneren Struktur der Zellen, auf ganz falschem Wege. Niemals kann das, was sich dem äußeren Sinnenschein darbietet, ausschlaggebend sein für das innere Wesen des Dinges.

So etwas muß man durchdenken, wenn man solche Dinge einsehen will, wie sie sich dem Okkultisten aus den okkulten Beobachtungen ergeben, wie zum Beispiel Geborenwerden und Sterben etwas ganz anderes ist beim Menschen als beim Säugetier oder gar bei den Vögeln. Diese Dinge zu studieren wird erst möglich sein, wenn die Leute wieder ein wenig auf das eingehen, was die geistige Forschung zu sagen hat. Bevor nicht darauf eingegangen wird, wird die äußere Wissenschaft, die beim Sinnenschein und bei den äußeren Tatsachen stehenbleibt, zwar sehr schöne Tatsachen zutage bringen; aber alles, was Menschen meinen können unter solchen Voraussetzungen über solche Tatsachen, das wird niemals maßgebend sein für die Wirklichkeit. Daher ist alles, was heute theoretische Wissenschaft ist, ein phantastisches Gebilde, das dadurch entstanden ist, daß man die äußeren Tatsachen nach dem äußeren Schein kombiniert. Auf manchen Gebieten drängen geradezu die äußeren Tatsachen dazu, in der richtigen Weise zu interpretieren; aber durch die heutigen Meinungen kommt man nicht dazu.

So haben wir heute zwei neutrale Gebiete auf dem Felde der karmischen Gesetzmäßigkeit auf uns wirken lassen, und Sie werden sehen, daß sie uns eine Grundlage sein werden für die weiteren Betrachtungen. Wir haben eingesehen, wie die Frauenorganisation die karmische Folge der Manneserlebnisse ist und die Mannesorganisation eine karmische Folge der Frauenerlebnisse; und wir haben endlich eingesehen, daß der Tod eine karmische Wirkung der Geburt im Menschenleben ist. Das ist etwas, was, wenn man versucht, es nach und nach zu verstehen, uns tief hineinführen kann in die karmischen Zusammenhänge des Menschenlebens.

ZEHNTER VORTRAG

Hamburg, 27. Mai 1910

Gewisse tiefere Fragen des karmischen Zusammenhanges, die sich namentlich auf unseren menschlichen Einfluß auf das Karma und besonders auf das Karma anderer Menschen beziehen, solche Fragen also, die sich auf eine Richtungsänderung des Karma im Kleinen und im Großen beziehen, kann man nicht beantworten, auch nicht eine Vorstellung hervorrufen, wie sie beantwortet werden müssen, wenn man nicht in der Weise, wie wir es heute tun wollen, gewisse bedeutsame Geheimnisse unseres Weltendaseins berührt. Solche Fragen können sich vielleicht dann für jeden aus dem Gesagten ergeben, wenn Sie diesen oder jenen Gedanken, der angeschlagen und von der einen oder andern Seite beleuchtet worden ist, für sich selber weiter ausführen.

So kann sich die Frage aufwerfen: Was geschieht, wenn im karmischen Zusammenhange eines Menschen durch das, was er früher erlebt und getan hat, ein Krankheitsprozeß zur Hinwegschaffung dieser karmischen Tatsache notwendig ist und wenn diesem Menschen durch Heilmittel oder durch einen andern Eingriff in der Weise geholfen wird, daß er durch menschliche Hilfe wirklich geheilt wird? Was liegt da vor, und wie verhält sich eine solche Tatsache zu den tieferen Auffassungen von der karmischen Gesetzmäßigkeit?

Nun bemerke ich von vornherein: Um überhaupt auch nur einige wesentlichere Lichter auf diese Frage zu werfen, müssen Dinge berührt werden, die der heutigen Wissenschaft und dem heutigen Denken der Menschen ganz fern liegen und welche auch nur sozusagen unter Theosophen besprochen werden können, die sich für solche Dinge schon dadurch vorbereitet haben, daß sie mancherlei Wahrheiten aufgenommen haben, die sich auf tiefere Untergründe des Daseins beziehen, und die sich auch ein Gefühl dafür erworben haben, wie Dinge, welche heute nur angedeutet werden können, sich doch voll begründen lassen. Dennoch möchte ich bei dieser Gelegenheit eine Bitte einfügen: Was ich genötigt bin zu sagen über die tieferen Untergründe des Erdendaseins, zum Beispiel was ich mich bemühen werde, in der präzisesten Form auszusprechen, und was sogleich falsch sein würde, wenn es in anderem Zusammenhang oder gar ohne Zusammenhang gesagt würde und deshalb zu Mißverständnissen Veranlassung geben würde, davon bitte ich, daß es nicht anders behandelt werde als so, daß man es eben aufnimmt. Auch ich muß daher gerade bei diesen Dingen darauf halten, daß niemand sie als ein Lehrgut betrachten sollte, das er irgendwie weitergeben könnte, weil nur der Zusammenhang eine solche Darstellung rechtfertigt und weil eine solche Darstellung nur gerechtfertigt ist, wenn dahinter das Bewußtsein liegt, wie man solche Worte zu prägen hat, um derartiges in Gedanken zum Ausdruck zu bringen.

Um was es sich nun handelt, das ist die Frage nach dem tieferen Wesen des materiellen Daseins auf der einen Seite und nach dem Wesen des seelischen Daseins auf der andern Seite. Eine tiefere Auffassung vom Seelischen und Materiellen werden wir uns heute notwendig aneignen müssen, und zwar werden wir es nötig haben aus einem ganz bestimmten Grunde heraus, aus dem Grunde, weil wir in den verflossenen Vorträgen angeführt haben, daß das Seelische des Menschen mehr oder weniger tief hineindringen kann in das Materielle. Ja, wir haben gestern das Wesen des Männlichen dadurch charakterisieren können, daß wir sagten, beim Manne dringe das Seelische tiefer in das Materielle hinein, präge sich tiefer ein, während das Seelische beim Weiblichen in gewisser Beziehung sich mehr zurückzieht und sich mehr ein selbständiges Dasein gegenüber dem Materiellen aneignet. So haben wir gesehen, daß vieles im karmischen Ausleben darauf beruht, wie die Durchdringung des Seelischen und des Materiellen stattfindet. Wir haben auch gesehen, wie ein gewisser Krankheitsprozeß, der in einer Inkarnation auftritt, sich darstellt als die karmische Folge von Verfehlungen, welche die Seele in früheren Verkörperungen begangen hat, indem die Seele damals ihre Taten, Erlebnisse und Impulse in sich verarbeitet und dann auf dem Wege zwischen Tod und neuer Geburt die Tendenz aufgenommen hat, dasjenige, was früher bloß als ein Merkmal, als ein Einfluß des Seelischen sich abgespielt hat, hineinzudrängen in das Körperliche, in das Materielle. Und indem dann die menschliche Wesenheit durchtränkt wird von einem solchen Seelischen, das den luziferischen oder ahrimanischen Einfluß in sich aufgenommen hat, wird gerade dadurch das menschliche Materielle verdorben. Darinnen liegt ja dann der Krankheitsverlauf. Daher können wir sagen: In einem kranken Leibe steckt ein verdorbenes Seelisches, das einen unrichtigen Einfluß erfahren hat, einen luziferischen oder ahrimanischen Einfluß; und in dem Augenblick, wo wir den luziferischen oder ahrimanischen Einfluß aus dem Seelischen herausbringen könnten, würde die richtige Durchdringung von Seele und Leib eintreten, das heißt, es würde Gesundheit eintreten. – Wir müssen also fragen: Wie verhält es sich mit diesen zwei Wesensgliedern des irdischen menschlichen Daseins, welche uns da vor Augen treten, mit der Materie und dem Seelischen? Was sind sie in ihrem tieferen Wesen?

Wenn diese Frage aufgeworfen wird, so hat der heutige Mensch gewöhnlich die Meinung, daß die Antwort auf die Frage: Was ist Materie? Was ist Seele? – überall in der Welt gleich ausfallen müßte; und ich glaube nicht, daß es einem Menschen leicht würde, sich mit der Meinung bekanntzumachen, daß für Wesen, welche auf dem alten Monde gelebt haben, die Antwort auf die Frage: Was ist Materie? Was ist Seele? – ganz anders hätte ausfallen müssen als für Wesen, welche auf der Erde leben. Aber das Dasein ist so sehr in Entwickelung, daß sich selbst solche Dinge ändern wie die Vorstellungen, welche sich ein Wesen machen kann von den tieferen Grundlagen seines eigenen Wesens. Und so ändert sich auch dasjenige, was als Antwort gegeben werden muß auf die Frage: Was ist Materie? Was ist Seele? Es ist daher von vornherein zu betonen, daß die Antworten, die gegeben werden, nur Antworten sind, welche der Erdenmensch geben kann und die nur für diesen Erdenmenschen eine Bedeutung haben.

«Materie» wird ja der Mensch zunächst nach dem beurteilen, was ihm in der Außenwelt an den verschiedenen Wesenheiten und Dingen entgegentritt und was auf ihn in irgendeiner Weise Eindruck macht. Der Mensch findet dann, daß es verschiedene Arten von Materien gibt, und ich brauche ja darin nicht sehr weit auszuholen, denn was darüber zu sagen wäre, wenn wir mehr Zeit hätten, können Sie in allen entsprechenden Trivialschriften finden. Ich sage daher für jetzt genug, wenn ich darauf hinweise, daß sich Materie verschieden darstellt für den Menschen, indem er die verschiedenen Metalle sieht, Gold, Kupfer,

Blei und so weiter, oder wenn er dasjenige sieht, was nicht in die Reihe der Metalle gehört. Sie wissen auch, daß die Chemie diese Materien nach und nach zurückgeführt hat auf gewisse Grundstoffe der Materie, die sie Elemente nennt. Diese Elemente wurden ja noch bis ins 19. Jahrhundert hinein so angesehen, daß sie Materien sind, die sich nicht weiter zerlegen lassen. Während wir irgendeine Substanz, welche uns als Materie entgegentritt, zum Beispiel Wasser, trennen können in Wasserstoff und Sauerstoff, haben wir in Wasserstoff und Sauerstoff solche Materie vor uns, die nach der Meinung der Chemie des 19. Jahrhunderts nicht weiter zerlegt werden kann. Bis siebzig solcher Elemente hat man unterschieden. Und Sie wissen wohl auch, daß durch die Erscheinungen, welche in Anknüpfung an einige besondere Elemente, zum Beispiel Radium, haben angestellt werden können, oder daß auch in Anknüpfung an mancherlei Erscheinungen der Elektrizitätslehre der Begriff der Elemente verschiedentlich erschüttert worden ist, daß man zu der Ansicht gekommen ist, daß es nur eine vorläufige Grenze der Materie sei, was man als die etwa siebzig Elemente kennt, und daß man die Zerlegbarkeit weiter zurückführen kann auf eine einzige Grundmaterie, die dann nur durch die innere Kombination, durch das innere Wesenselement, das eine Mal sich zu Gold, das andere Mal zu Kalium, Kalzium und so weiter spezialisiert.

Das sind veränderliche wissenschaftliche Theorien. Und geradeso wie sich die wissenschaftlichen Theorien im Laufe von je fünfzig Jahren im 19. Jahrhundert verändert haben, wie es dahin kommen konnte, daß gewisse Physiker in dem, was Materie sein soll, etwas mit Entitäten, mit Wesenheiten zu Bezeichnendes sahen, etwas, was von der Elektrizität hergenommen ist, wie jetzt die Ionentheorie – das sind wissenschaftliche Moden –, ebenso werden in gar nicht so ferner Zeit andere wissenschaftliche Moden existieren, und man wird sich die Materie anders konstituiert denken. Das sind Tatsachen. Die wissenschaftlichen Meinungen sind veränderlich, müssen auch veränderlich sein, denn sie hängen ganz ab von den jeweiligen Tatsachen, die gerade auf ein Zeitalter besonders signifikant wirken. Dagegen hat die geisteswissenschaftliche Lehre durch alle Epochen hindurchgehend, so lange es Erdenkulturen gibt – und sie wird so lange hindurchgehen, solange es eine

Erdenkultur geben wird –, immer eine einheitliche, gleiche Anschauung gehabt über das Wesen des materiellen Daseins, über die Materie. Um Sie auf das zu führen, was die Geisteswissenschaft als das Wesentliche der Materie, des Materiellen ansieht, möchte ich folgendes sagen:

Sie kennen den ganz gewöhnlichen Vorgang: wenn wir Eis haben, ist das ein fester Körper, eine feste Materie. Diese Materie ist nicht fest durch ihre eigentliche Wesenheit, sondern sie ist eine feste Materie nur durch äußere Umstände. Sie ist sofort keine feste Materie mehr, wenn wir die Temperatur in entsprechender Weise erhöhen; da ist sie eine flüssige Materie. Wie sich eine Materie in der äußeren Welt darlebt, das hängt also nicht ab von dem, was in ihr selber ist, sondern von den ganzen Verhältnissen des umgebenden Weltalls. – Dann können wir weiter dieser Materie Wärme zuführen, und aus dem Wasser wird von einem bestimmten Punkt ab Dampf. So haben wir Eis, Wasser, Dampf und haben durch die Erhöhung der Temperatur der Umgebung etwas herbeigeführt, was wir bezeichnen können als «die Materie in den verschiedensten Formen». So haben wir an der Materie, wie sie sich uns darstellt, nicht nach einer innerlichen, sie konstituierenden Wesensart zu unterscheiden, sondern wir müssen uns klar sein, daß die Art, wie Materie uns entgegentritt, von der Art der Gesamtkonstitution des Weltalls abhängt und daß man nichts vom ganzen Weltall in einzelne Materien trennen darf.

Nun liegen allerdings die Dinge so, daß die Methoden der heutigen Wissenschaft überhaupt nicht ausreichen, um zu dem zu kommen, wozu Geisteswissenschaft kommen kann. Es kann die heutige Wissenschaft mit ihren Mitteln die Materie, die in der Form eines Stückes Eis durch Temperaturerhöhung erst flüssig und dann dampfförmig wird, niemals so weit führen, daß sie bis zu dem auf der Erde als letzten erreichbaren Zustand kommt, in welchen jede Materie überzuführen ist. Es ist nicht möglich, heute mit wissenschaftlichen Mitteln solche Verhältnisse herbeizuführen, wodurch etwa gezeigt werden könnte: Wenn du Gold nimmst und es immer weiter verdünnst, so weit als du es nur auf der Erde verdünnen kannst, dann kommst du zuletzt zu diesem oder jenem Zustand. Wenn du mit Silber dasselbe machst, ist es ebenso, bei Kupfer auch, und so weiter. – Die Geisteswissenschaft kann das, weil sie zuletzt fußt auf den hellseherischen Forschungsmethoden. Dadurch ist sie imstande, eines zu beobachten: Wie in den, man könnte sagen, Zwischenräumen unserer Materien immer sich ein Gleiches überall findet, ein Gleiches, welches in der Tat die äußerste Grenze darstellt, zu dem überhaupt Materie gebracht werden könnte, was für eine Materie es auch immer sein mag. Es gibt wirklich einen für hellseherische Forschung erreichbaren Auflösungszustand aller Materie, wo sich alle Materie in einem dabei Gleichen zeigt; nur ist das, was da auftritt, nicht mehr Materie, sondern etwas, was jenseits aller spezialisierten Materien liegt, die uns umgeben. Und jede einzelne Materie stellt sich dann dar als ein aus dieser Grundmaterie – es ist ja keine Materie mehr – Kondensiertes, Verdichtetes, ob Sie Gold, Silber oder was immer für eine Materie haben. Es gibt ein Grundwesen unseres materiellen Erdenseins, von dem alles Materielle nur durch Verdichtung zustande gekommen ist. Und auf die Frage: Was ist das für eine Grundmaterie unseres Erdendaseins? – antwortet die Geisteswissenschaft: Jede Materie auf der Erde ist kondensiertes Licht! Es gibt nichts im materiellen Dasein, was etwas anderes wäre als in irgendeiner Form verdichtetes Licht. Daher sehen Sie, daß es für denjenigen, der die Tatsachen kennt, nicht eine Theorie zu begründen gibt wie etwa die Schwingungshypothese des 19. Jahrhunderts, in welcher man versuchte, Licht darzustellen mit Mitteln, die selber gröber sind als das Licht. Licht ist nicht auf etwas anderes in unserem materiellen Dasein zurückzuführen. Wo Sie hingreifen und eine Materie anfühlen, da haben Sie überall kondensiertes, zusammengepreßtes Licht. Materie ist ihrem Wesen nach Licht.

Damit haben wir vom geisteswissenschaftlichen Standpunkt aus auf die eine Seite der Sache hingewiesen. Wir haben also dasjenige, was allem materiellen Dasein zugrunde liegt, im Lichte zu sehen. Und wenn wir den materiellen Menschenleib ansehen, so ist auch er, insofern er materiell ist, nichts anderes als aus Licht Gewobenes. Insofern der Mensch ein materielles Wesen ist, ist er aus Licht gewoben.

Nunmehr nehmen wir die andere Frage: Was ist das Wesen des Seelischen? – Wenn wir in ähnlicher Weise mit geisteswissenschaftlichen Mitteln das Substantielle, das wirkliche Grundwesen des Seelischen erforschen würden, so würde sich uns darstellen – so wie alles Materielle nur zusammengepreßtes Licht ist –, daß alle noch so verschiedenen seelischen Erscheinungen auf der Erde sich uns ergeben als Modifikationen, als mannigfaltige Umformungen dessen, was genannt werden muß, wenn wir die Grundbedeutung dieses Wortes wirklich erfassen: Liebe. Jede Regung seelischer Art, wo sie auch immer auftritt, ist in irgendeiner Weise modifizierte Liebe. Und wenn wir Inneres und Äußeres beim Menschen gleichsam ineinandergesteckt haben, ineinandergeprägt haben, so haben wir seine äußere Leiblichkeit gewoben aus Licht, sein inneres Seelisches haben wir gewoben in einer vergeistigten Weise aus Liebe. Liebe und Licht sind in der Tat in allen Erscheinungen unseres Erdendaseins irgendwie ineinandergewoben. Und wer geisteswissenschaftlich die Dinge zu begreifen hat, der fragt in allererster Linie: Wie sind in irgendeinem Grade Liebe und Licht ineinander verwoben?

Liebe und Licht sind die zwei Elemente, die zwei Komponenten, die alles Erdendasein durchsetzen: Liebe als seelisches Erdendasein, Licht als äußeres materielles Erdendasein.

Nun aber tritt gerade jetzt dasjenige ein, daß für die beiden Elemente Licht und Liebe, die sonst eigentlich nach dem großen Gange des Weltendaseins nebeneinanderstehen würden, ein Vermittler da sein muß, der das eine Element in das andere hineinverwebt, der Licht in Liebe hineinverwebt. Das muß eine Macht sein, welche sozusagen kein besonderes Interesse hat an der Liebe, die also hineinverwebt in das Element der Liebe das Licht – die nur Interesse daran hat, dem Lichte die größtmögliche Ausbreitung zu geben, die also Licht hineinstrahlen läßt in das Element der Liebe. Eine solche Macht kann keine Erdenmacht sein, denn die Erde ist gerade der Kosmos der Liebe. Die Erde hat die Mission, die Liebe überall hineinzuverweben. Also alles, was mit dem Erdendasein so recht verknüpft ist, hat kein Interesse, das nicht irgendwie von der Liebe berührt sein würde.

Ein solches Interesse aber haben die luziferischen Wesenheiten; die sind gerade auf dem Monde zurückgeblieben, auf dem Kosmos der Weisheit. Sie haben besonders das Interesse, Licht in Liebe hineinzuweben. Daher sind in der Tat die luziferischen Wesenheiten überall am Werke, wo unser Inneres, das eigentlich aus Liebe gewoben ist, irgendwie in Zusammenhang tritt mit dem Lichte, wo es in irgendeiner Form vorhanden ist; und Licht tritt uns ja in allem materiellen Dasein entgegen. Kommen wir nur irgendwie mit dem Licht in Zusammenhang, so treten die luziferischen Wesenheiten auf, und es verwebt sich das Luziferische in die Liebe. Dadurch ist der Mensch im Laufe der Verkörperungen überhaupt erst in das luziferische Element hineingekommen: Luzifer hat sich verwoben mit dem Elemente der Liebe. So daß in dasjenige, was aus Liebe gewoben ist, sich hineinpreßt das Element des Luzifer, das uns allein dasjenige bringen kann, was die Liebe nicht nur eine restlose Hingabe sein läßt, sondern was die Liebe durchsetzt mit Weisheit, so daß sie eine aus einem Innersten mit Weisheit durchsetzte Liebe ist. Denn sonst, ohne diese Weisheit, wäre die Liebe eine selbstverständliche Kraft, für die der Mensch nicht verantwortlich sein könnte.

So aber wird die Liebe zur eigentlichen Ich-Kraft, in die hineinverwoben wird das luziferische Element, das sonst nur draußen im Materiellen war. Dadurch wird es erst möglich, daß unser Inneres, dem im Erdendasein das Merkmal der Liebe in allem Umfange zukommen müßte, durchsetzt wird von all dem andern, was wir als ein Wirken des Luzifer bezeichnen können und was von dieser Seite her zu einer Durchdringung des äußeren Materiellen führt, so daß Liebe nicht nur von dem durchwoben wird, was vom Licht gewoben ist, sondern daß solche Liebe entsteht, die von Luzifer durchzogen ist. Indem der Mensch das luziferische Element aufnimmt, durchwebt er das materielle Dasein in seiner eigenen Leiblichkeit mit einem solchen Seelischen, das zwar aus Liebe gewoben ist, wo aber hineinverwoben ist das luziferische Element. Die mit dem luziferischen Element durchsetzte Liebe, die sich in das Materielle hineinimprägniert, das ist die von innen heraus wirkende Krankheitsursache. Und in Anknüpfung an alles, was wir früher angeführt haben als eine notwendige Folge der aus dem luziferischen Element herrührenden Erkrankung, dürfen wir jetzt sagen: Was wir als eine solche Folge im Schmerz zu sehen haben – wir haben ja gesehen, wie der Schmerz eine Folge des luziferischen Elementes ist –, das zeigt uns die Wirkung der karmischen Gesetzmäßigkeit in der Weise, daß die Wirkung einer Tat oder einer Versuchung, die von Luzifer herrührt, sich karmisch dergestalt auslebt, daß im Schmerz sich kundgibt, was zur Überwindung der betreffenden Wirkung führen soll.

Wie ist es nun aber damit, ob wir in einem solchen Falle helfen dürfen? Dürfen wir hier helfen? Dürfen wir alles, was sich aus dem luziferischen Element hineingedrängt hat mit seinen ganzen Folgen in den Schmerz, in irgendeiner Weise beseitigen?

Nach der Antwort auf die Frage nach dem Wesen des Seelischen ergibt sich uns als Notwendigkeit, daß wir das nur tun dürfen, wenn wir für einen Menschen, der das luziferische Element als Krankheitsursache in sich hat, das Mittel finden, um das Luziferische in der entsprechenden Weise zu vertreiben. Was ist das für ein Mittel allein, was stärker wirken muß, damit das luziferische Element in der richtigen Weise entfernt wird? Was ist verunreinigt durch das luziferische Element unserer Erde? – Die Liebe! Daher können wir nur durch Zuführung von Liebe wirkliche Hilfeleistung haben, damit das karmische Element sich in der entsprechend richtigen Weise abspielt. So haben wir letzten Endes bei allem, was in dieser Richtung zu Krankheitsursachen wird, in dem Element der Liebe, das beeinträchtigt worden ist im Seelischen durch den luziferischen Einfluß, etwas zu sehen, dem wir etwas zuführen müssen. Wir müssen Liebe einflößen, damit das, was als Liebestat einfließt, eine Hilfe sein kann. Diesen Charakter zugeführter Liebe haben alle diejenigen Heilungstaten, die sich mehr oder weniger auf das stützen, was man psychische Heilungsprozesse nennen kann. In irgendeiner Form hängt das, was bei psychischen Heilungsprozessen angewendet wird, zusammen mit der Zuführung von Liebe. Liebe ist es, was wir als Balsam dem andern Menschen einflößen. Auf Liebe muß es zuletzt zurückgeführt werden können. Und das kann es auch. Auf Liebe kann es zurückgeführt werden, wenn wir einfache psychische Faktoren in Bewegung setzen, wenn wir einen andern veranlassen, vielleicht auch nur sein herabgedrücktes Gemüt in Ordnung zu bringen. Das muß alles seinen Impuls in der Liebe haben, von einfachen Heilprozessen ausgehend bis zu dem, was heute oft in laienhafter Weise mit dem Namen «Magnetisieren» benannt wird.

Was wird dabei in Wirklichkeit von dem Heiler demjenigen mitgeteilt, der geheilt werden soll? Es ist – wenn wir mit einem Ausdruck der Physik sprechen wollen – ein «Austausch von Spannungen». Was in dem Heiler lebt, namentlich gewisse Prozesse im Ätherleibe, das wird dadurch, daß es in ein gewisses Verhältnis tritt zu dem, der geheilt werden soll, in eine Art Polarität gebracht zu dem zu Heilenden. Polarität wird hervorgerufen gerade so, wie Sie sonst in einem abstrakteren Sinne Polarität hervorrufen, wenn Sie die eine Art von Elektrizität, die positive, hervorrufen und die entsprechend andere, die negative, in einer gewissen Weise erscheint. Es werden Polaritäten hervorgerufen. Und das ist im eminentesten Sinne als eine Opfertat aufzufassen. Man ruft in sich selber in der Tat einen Prozeß hervor, der nicht nur dazu bestimmt ist, in uns selber eine Bedeutung zu haben – sonst ruft man nur einen Prozeß hervor; in diesem Fall soll aber der Prozeß dazu bestimmt sein, in dem andern eine Polarität zu dem ersten Prozesse hervorzurufen. Und diese Polarität, die natürlich davon abhängt, daß der Heiler und der zu Heilende in irgendeinem Sinne in Zusammenhang gebracht werden, diesen andern Prozeß in dem andern hervorzurufen, ist im eminentesten Sinne die Hinopferung einer Kraft, die nichts anderes ist als umgewandelte Liebeskraft, Liebestat in irgendeiner Form. Das ist das eigentlich Wirkende bei solchen psychischen Heilungen: die in irgendeine Form umgewandelte Liebeskraft. Und wir müssen uns daher klar sein, daß ohne die zugrunde liegende Liebeskraft die Sache immer etwas haben wird, was nicht zu dem richtigen Ziele führen kann. Aber Liebesprozesse brauchen ja nicht immer nur so zu verlaufen, daß sich der Mensch dessen im gewöhnlichen Tagesbewußtsein vollständig bewußt ist; sie verlaufen auch in den unterbewußten Schichten. Sogar in dem, was als Technik der Heilprozesse angesehen werden kann, selbst in der Art, wie man zum Beispiel die Handstriche macht, wie sie technisch in ein System gebracht werden, auch da liegt schon darinnen, daß sie ein Abbild sind einer Opfertat. Also selbst da, wo wir nicht unmittelbar in einem Heilprozesse den Zusammenhang erblicken, wo wir nicht sehen, was getan wird, liegt doch vor eine Liebestat, wenn sie auch ganz und gar in Technik umgewandelt ist.

So sehen wir, daß wir deshalb, weil das Seelische im Grundwesen Liebe ist, mit psychischen Heilfaktoren eingreifen können, die scheinbar sehr nach der Peripherie des menschlichen Wesens liegende Prozesse sein können, und daß durch solche Heilfaktoren das, was im Grundwesen Liebe ist, sich bereichert mit dem, was es braucht als Liebe. Da sehen wir die Hilfe von der einen Seite, die Hilfe, die wir leisten dürfen, weil wir dem Menschen Beistand gewähren müssen, damit er, nachdem er in die Fangarme Luzifers gekommen ist, sich auch wieder aus ihnen befreien kann. Weil das Grundwesen des Seelischen Liebe ist, dürfen wir sehr wohl das Karma in seiner Richtung beeinflussen.

Nun – nach der andern Seite – fragen wir, was ist geworden aus dem aus Licht gewobenen Materiellen, wo das Seelische darinnensteckt? Was ist geschehen mit dem aus Licht gewobenen Materiellen des Menschen?

Nehmen wir die Körperlichkeit eines Menschen, den äußeren Menschen in seiner materiellen Leiblichkeit. Würde nicht aus dem Seelischen heraus durch den karmischen Prozeß in das Materielle eingeprägt sein eine solche Liebessubstanz, die von Luzifer oder Ahriman durchsetzt wäre, würde nur eine reine Liebessubstanz einfließen, dann würden wir diese Liebessubstanz nicht als verunreinigend, als verschlechternd empfinden können für die aus Licht gewobene Materie. Würde bloß Liebe einfließen in die Materie, so würde sie so einfließen in die menschliche Leiblichkeit, daß diese nicht verschlechtert werden könnte; nur weil Liebe einfließen kann, welche luziferische oder ahrimanische Kräfte aufgenommen hat, kann die aus Licht gewobene Materie schlechter werden, als sie ursprünglich sein sollte. Also kann es nur herrühren von den während der aufeinanderfolgenden Inkarnationen in die Menschen eingeflossenen luziferischen oder ahrimanischen Schädigungen, daß wir in der menschlichen Organisation etwas vor uns haben, was nicht so ist, wie es sein sollte. Wäre es so, wie es sein sollte, so würde es die gesunde Menschenmaterie darstellen; aber da es die Wirkungen Ahrimans und Luzifers in sich aufgenommen hat, kann es krankes Leibliches sein.

Wie können wir nun von außen herausbringen die entsprechenden Einflüsse, die von innen durch ein nicht richtiges Seelisches, durch eine nicht richtige Liebessubstanz eingeflossen sind? Was geschieht denn mit dem Leiblichen dadurch, daß etwas Unrichtiges einfließt? Für die Geisteswissenschaft geschieht dadurch etwas, was aus gewobenem Lichte in irgendeiner Weise sein Gegenteil macht. Licht hat sein Gegenteil in einer irgendwie gearteten Finsternis. Alles, was sich real – so sonderbar es auch klingt – als die Verunreinigung dessen darstellt, das aus Licht gewoben ist, ist eine aus ahrimanischem oder luziferischem Einfluß hineingewobene Finsternis oder Dunkelheit. So sehen wir im menschlichen Materiellen hineingewobene Finsternis. Aber diese Finsternis wurde erst dadurch hineinverwoben, daß diese menschliche Leiblichkeit Träger wurde von dem, was sich als «Ich» durch die Inkarnationen hindurchlebt. Das war früher nicht darinnen. Nur ein menschliches Leibliches kann gerade spezifisch diese Verschlechterungen haben. Die waren früher nicht in dem, was das Licht gewoben hat.

Nun nimmt der Mensch heute die Grundlage zum Materiellen aus dem, was er im Verlaufe der Entwickelung nach und nach aus sich herausgesetzt hat. Das ist das Tierreich, das pflanzliche und das mineralische Reich. Diese enthalten auch die verschiedenen Materien, das heißt für das Erdendasein aus Licht Gewobenes. Aber in all diesen Materien ist noch nicht das darinnen, was im Verlaufe des menschlichen Karma hat vom Inneren des Menschen hineinkommen können in das menschliche materielle Dasein. Wir haben also in den drei Reichen um uns herum etwas, auf das der Mensch durch seinen luziferischen oder ahrimanischen Einfluß von sich aus, insofern er von seiner Liebessubstanz aus wirkt, niemals hat verunreinigend wirken können. Da drinnen ist nichts von ihm, so daß in seiner Reinheit hat ausgebreitet werden können dasjenige, was in bezug auf seine Reinheit beim Menschen verunreinigt ist. Wenn wir zum Beispiel draußen eine mineralische Materie haben, ein Salz oder etwas anderes, so ist das eine Materie, die der Mensch auch in sich trägt oder tragen kann; bei ihm ist sie aber durchwoben von dem, was wir die von Ahriman oder Luzifer verunreinigte Liebessubstanz nennen können. Draußen aber ist sie rein. So unterscheidet sich jede Substanz draußen von dem, was der Mensch als Substanz in sich trägt. Draußen ist es immer anders, als es im Menschen ist, weil es bei ihm durchwoben ist vom ahrimanischen und luziferischen Einfluß. Das ist der Grund, warum für alles, was der Mensch mehr oder weniger an seiner äußeren Substantialität verderben kann, draußen etwas zu finden sein muß, was das Entsprechende im reinen Zustande darstellt, ohne daß die menschliche Schädigung darinnen ist. Was draußen existiert in der Welt ohne Schädigung, das ist das äußere Heilmittel für das entsprechend Geschädigte. Führen Sie das der menschlichen Wesenheit zu in richtiger Weise, dann haben Sie das Spezifikum für die entsprechende Schädigung.

Da haben Sie ganz objektiv dasjenige, was Sie dem menschlichen Leib als Heilmittel zuführen. Da haben Sie charakterisiert die Schädigung als spezifizierte Dunkelheit, dasjenige, was noch nicht dunkel ist, als das außen gewobene reine Licht – und Sie sehen, warum Sie die im Menschen befindliche Dunkelheit, die dunkle Materie, aufheben können, wenn Sie ihm reine, aus Licht gewobene Materie beibringen können. So haben wir in der reinen, aus Licht gewobenen Materie ein spezifisches Heilmittel gegen die Schädigung.

Es handelt sich nun darum – und oft wurde darauf aufmerksam gemacht, daß es ein Irrtum ist, dem gerade die Theosophie nicht verfallen darf –, daß es eine Engherzigkeit wäre, wenn man leugnen wollte, daß es eigentlich doch in solchen Fällen etwas gibt, was man bei dieser oder jener Schädigung als ein auf dieses oder jenes Organ wirksames spezifisches Heilmittel verabreichen kann. Es wurde freilich oft gesagt, daß der Organismus die Kräfte habe, sich zu helfen; aber wenn auch das richtig ist, was die Wiener Schule der nihilistischen Therapie geltend gemacht hat: durch die Aufrufung der Gegenkräfte den Heilprozeß einzuleiten –, so können wir dennoch durch spezifische Mittel dem Heilprozeß entgegenkommen. Hier sehen wir einen Parallelismus herrschen, den man aus der Geisteswissenschaft heraus schildern kann.

Aus dem, was ich geschildert habe zum Beispiel über Diphtherie, können Sie entnehmen, daß es sich dabei um etwas handelt, was ganz besonders in der karmischen Ursache den astralischen Leib getroffen hat. Nun finden wir etwas, was diesem astralischen Leib am nächsten verwandt ist, in der Umgebung des Menschen, in dem Tierreich. Daher werden Sie bei denjenigen Krankheitsformen, die dem astralischen Leib eminent nahe stehen, immer finden, daß die Heilwissenschaft unbewußt, aus einem dunklen Triebe heraus, nach Mitteln sucht, die aus dem Tierreich hergenommen sind. Bei solchen Krankheiten, deren Ursache im Ätherleib liegt, greift die Heilwissenschaft nach Mitteln aus dem Pflanzenreich. Und es könnte jetzt ein interessanter Vortrag gehalten werden zum Beispiel über die Beziehung der Digitalis purpurea zu gewissen Herzkrankheiten. Das sind Dinge, die, insofern sie auf Wirklichkeit beruhen, nicht bloß fünf Jahre richtig sind und dann anfangen falsch zu werden, wie ein Mediziner sagte und wie es tatsächlich der Fall ist, wenn nur aus äußeren Symptomen geschlossen wird. Aber es gibt einen gewissen Schatz von Heilmitteln, der immer auf irgendeinen Zusammenhang mit der Geisteswissenschaft zurückgeht, der sich vererbt hat, ohne daß die Leute wissen, woher er gekommen ist. Ebenso wie es heute die Astronomen nicht wissen, daß die Kant-Laplacesche Theorie aus den Geheimschulen des Mittelalters gekommen ist, so wissen es die Leute nicht, woher die eigentlichen Heilschätze oft stammen. – Und Krankheitsursachen, die mit der Wesenheit des physischen Leibes zusammenhängen, führen dann zur Anwendung von Heilmitteln aus dem Mineralreich.

Selbst durch diese analogen Anschauungen kann also ein Fingerzeig auf die Sache gegeben werden. Daher ist für den Menschen durch den Zusammenhang mit der uns umgebenden Welt die Möglichkeit vorhanden, daß ihm von zwei Seiten her geholfen wird: indem man ihm auf der einen Seite modifizierte Liebe beibringt in den psychischen Heilprozessen, oder anderseits in der verschiedensten Weise modifiziertes Licht bei jenen Prozessen, die irgendwie mit äußeren Heilprozessen zusammenhängen. Alles, was getan werden kann, wird entweder mit inneren psychischen Mitteln, mit Liebe, oder mit äußeren Mitteln, mit irgendwie verdichtetem Licht, geleistet. Und wenn einmal die Wissenschaft so weit sein wird, daß sie lernen wird, an das Übersinnliche zu glauben und an den Satz: Materie ist irgendwie kondensiertes Licht –, dann wird von diesem Grundsatz aus ein geistiges Licht geworfen werden auf das systematische Suchen nach der Art, wonach mit äußeren Mitteln dem Menschen geholfen werden kann. Daraus sehen wir, wie in dem, was während langer Zeiträume aus den Geheimschulen des alten Ägypten und des alten Griechenland heraus nach und nach dem Heilschatze zugefügt worden ist, nicht nur ein bloßer Unsinn steckt, sondern daß in den Sachen überall ein gesunder Kern vorhanden ist. Theosophie ist nicht dazu da, um eine gewisse Partei zu ergreifen, um etwa zu sagen: Das ist eine Richtung, die bringt dem Menschen Gift bei! – Das Wort Gift wirkt ja heute geradezu suggestiv, und die Leute denken nicht daran, wie relativ dieses Wort ist. Was ist denn eigentlich ein Gift? Jeder Stoff kann ein Gift sein. Es kommt nur auf die Heilweise an und auf die Menge, die auf einmal genossen wird. Wasser ist ein starkes Gift, wenn man zehn Liter auf einmal genießt. Diese Wirkung, innerlich chemisch erfaßt, unterscheidet sich gar nicht besonders davon, daß man dem Menschen irgendeinen andern Stoff zuführt. Es kommt immer auf die Menge an, denn alle diese Begriffe sind relativ.

Aus dem, was wir heute durchschaut haben, können wir sagen: Wir können froh sein, daß selbst für das, was sich der Mensch an Schädigung einverleiben kann, in alledem, was uns als Natur umgibt – wie wir jetzt den Weltprozeß ansehen –, das Gesundende sich irgendwie finden muß, so daß der Mensch die Schädigung wieder überwinden kann. Und das ist auch ein schönes Gefühl, das wir gegenüber der Außenwelt haben können: Wir können uns nicht nur über die Außenwelt freuen, weil sie uns sprießende Blumen schenkt oder uns im Lichtglanz die Berge erstrahlen läßt, sondern wir können uns auch deshalb über sie freuen, weil alles um uns herum in einer so innigen Beziehung steht zu dem, was im Menschen selbst als gut oder böse bezeichnet werden kann. Wir können uns in der Natur nicht nur über das freuen, was uns zunächst anspricht; sondern je tiefer wir eindringen in das, was sich bis zum äußeren materiellen Dasein verdichtet hat, desto mehr werden wir finden: Diese uns erfreuende Natur hat in sich zugleich den mächtigen Heiler für alles, was sich der Mensch als Schädigung zuführen kann, irgendwie ist der Heiler in der Natur verborgen. Es handelt sich nur darum, die Sprache des Heilers nicht bloß zu verstehen, sondern ihr auch zu gehorchen und sie wirklich auszuführen. Und heute haben wir in den meisten Fällen aus dem Grunde nicht die Möglichkeit, der Sprache der heilenden Natur zu gehorchen, weil die Verkennung des Lichtes, weil die Finsternis, die sich auch in die Erkenntnis hineingemischt hat, in vieler Beziehung Zustände herbeigeführt hat, welche es nicht gestatten, der reinen Sprache der Natur zu folgen. Und so müssen wir uns darüber klar sein: Wo in einem Falle keine Hilfe geleistet, wo ein Leiden wegen karmischer Zusammenhänge nicht gemildert werden kann, würde das nicht bedeuten, daß es absolut nicht gemildert werden könnte.

So sehen wir auch hier wieder einen merkwürdigen Zusammenhang, der uns doch wieder die ganze große Welt einschließlich des Menschen ais ein Wesen erscheinen läßt. In dem Satze: Materie ist gewobenes Licht, Seelisches ist in irgendeiner Weise verdünnte Liebe –, liegen die Schlüssel für unzählige Geheimnisse des Erdendaseins. Die gelten aber nur für das Erdendasein und für kein anderes Gebiet des Weltendaseins. Damit haben wir ja nichts Geringeres gezeigt, als daß wir, wenn wir dem Karma irgendeine Richtungsänderung geben, uns in dem einen oder andern Falle mit dem verbinden, was gerade die zusammensetzenden Elemente unseres Erdendaseins sind: auf der einen Seite mit dem zur Materie gewordenen Licht, auf der andern Seite mit der zum Seelischen gewordenen Liebe. Wir entnehmen das Heilmittel entweder aus der Umgebung, aus dem dichtgewordenen Licht oder aus unserer eigenen Seele, aus der heilenden Liebestat, Opfertat, und heilen dann mit der aus der Liebe gewonnenen seelischen Kraft. Wir verbinden uns mit dem, was auf der Erde im tiefsten Inneren berechtigt ist, wenn wir uns auf der einen Seite verbinden mit dem Licht, auf der andern Seite mit der Liebe. Alle Erdenzustände sind irgendwie Gleichgewichtszustände zwischen Licht und Liebe. Und ungesund ist eine Störung in dem Gleichgewicht zwischen Licht und Liebe. Ist irgendwo die Störung in der Liebe, so können wir helfen, indem wir die Kraft der Liebe selbst entfalten; und ist die Störung im Lichte, so können wir helfen, indem wir uns im Weltall irgendwie dasjenige Licht verschaffen, welches die Finsternis in uns aufheben kann.

Da haben Sie die Grundelemente des menschlichen Helfens. Sie zeigen, wie alles im Erdendasein auf Gleichgewichtslagen beruht von einander entgegengesetzten oder einander gegenüberstehenden Elementen. Licht und Liebe sind eigentlich sich gegenüberstehende Elemente. Aber auf ihrem Ineinanderverwobensein beruht zuletzt alles, was in unserem Erdenleben an Seelischem und an Materiellem vor sich geht. Daher dürfen wir uns nicht wundern, wenn auf allen Gebieten des Menschenlebens von Epoche zu Epoche die Fortentwickelung so geschieht, daß gleichsam die Gleichgewichtslage nach der einen Seite besonders ausschlägt und dann nach der andern Seite wieder versucht wird, sie einzurenken, wenn also unsere Entwickelung so verläuft, daß sie einem Wellenschlage gleicht. In der Tat gleicht unsere Entwickelung einer Art Wellenschlag: sie geht herunter und sie geht hinauf, und es wird immer der gestörte Gleichgewichtszustand ausgeglichen durch das, was nach der andern Seite wieder den entsprechend andern, über die Gleichgewichtslage hinausgehenden Pendelschlag bedeutet. Wenn Sie darauf eingehen, daß es sich im Menschenleben überall handelt um eine Störung des Gleichgewichtes nach der einen oder andern Richtung, dann werden Sie finden, wie Sie dadurch selbst die intimsten Kulturprozesse in irgendeiner Weise beleuchten können. Wenn Sie eine Zeitepoche betrachten, wo in der menschlichen Entwickelung gewisse Schädigungen dadurch eingetreten sind, daß die Menschen nur auf das Innere gesehen haben und nicht auch auf das Äußere, wie zum Beispiel im Mittelalter, wo bei der starken Blüte der Mystik das Äußere unberücksichtigt geblieben ist und auch zu Mißverständnissen nicht nur im Erkennen, sondern auch im Handeln geführt hat, so sehen Sie dann auf der andern Seite jene Zeit folgen, in welcher man die Mystik absolut nicht ertragen kann, dafür aber den Blick in die Außenwelt richtet, um alles zu tun, was das Pendel wieder nach der andern Seite ausschlagen läßt. Da haben Sie Übergänge zwischen Mittelalter und neuerer Zeit. Und Sie werden in der mannigfaltigsten Art solche Störungen der Gleichgewichtslage finden können.

Dabei möchte ich anführen, daß in der Tat in solchen Zeiten wie den unsrigen eine charakteristische Eigenschaft vieler Menschen sich darin zeigt, daß sie völlig vergessen und ganz aus der Aufmerksamkeit verlieren, was man nennen könnte ein Bewußtsein von einer übersinnlichen Welt. Das heißt, es gibt in unserer Zeit zahlreiche Menschen, die völlig außer acht lassen, daß es eine geistige Welt gibt, und die also die Gedanken an die geistige Welt ablehnen. In einer solchen Zeit – und überhaupt in solchen Zeiten – ist immer auch in einer gewissen Beziehung das Gegenbild davon vorhanden. Ich möchte das in einer ganz einfachen Weise charakterisieren.

Wenn es Menschen auf dem physischen Plane gibt, die sich so sehr in das Physische verstricken, daß sie das Geistige ganz und gar vergessen, dann haben jene Menschen, die zwischen Tod und neuer Geburt in der geistigen Welt leben, auf der andern Seite dafür den entgegengesetzten

Drang, der hervorgerufen ist wie durch ein Karma, das vom physischen Plan hinüberwirkt auf den geistigen Plan: den Drang nämlich, in irgendeiner Weise sich mit Dingen zu beschäftigen, die aus der geistigen Welt in die physische hineinspielen. Das liegt in der Tat zugrunde mancherlei Hereinwirkungen in die physische Welt von seiten von Menschen, die in der Zeit vor einer neuen Geburt stehen. In die physische Welt wirken dann diese Menschen so hinein, wie sich eben gerade die Mittel ergeben, auf dem Umwege über solche Menschen, die im höheren Maße diesen Einflüssen aus der geistigen Welt zugänglich sind. – Hat man auf diesen Gebieten Klarheit zu bringen, so wird man ja vieles ablehnen müssen, was von dieser oder jener Seite her erzählt wird als Offenbarungen der geistigen Welt von Menschen, die zwischen Tod und neuer Geburt stehen. Und man wird die charakteristischen Fälle gut heraussondern können, wo die Toten – um das Pendel nach der andern Seite ausschlagen zu machen – sehr stark darauf verfallen, irgendwie den Menschen handgreiflich zu zeigen: Es gibt doch eine geistige Welt! Dafür, daß es in unserer Zeit Menschen gibt, die völlig umnachtet sind, die so viel Finsternis in ihr Geistiges hineinverwoben haben, daß sie gar nichts wissen wollen von der geistigen Welt, dafür gibt es Tote, welche aus diesem Mangel heraus den Drang haben, hineinzuwirken in die physische Welt. Am meisten geschehen solche Dinge, wenn von den Menschen auf dem physischen Plan gar nichts dazu getan wird. Und am charakteristischsten sind die Dinge, die sich ohne künstliche Versuche anbieten, die sozusagen auftreten als Kundgebungen aus der geistigen Welt. Daher der Zusammenhang von Menschen auf dem materialistischen Felde auf der einen Seite, und der Drang, der besteht, von der geistigen Welt aus belehrend hereinzuwirken auf der andern Seite.

Sie werden vieles, was dafür Beleg sein kann, finden in dem Buche unseres Freundes *Ludwig Deinhard* «Das Mysterium des Menschen». Da ist vieles zusammengestellt und systematisiert von dem, was Sie gerade brauchen und was heute in der Literatur, wo sie wissenschaftlich ist, so zerstreut ist, daß nicht für jeden möglich ist, es sich zusammenzuholen. Daher ist es sehr schön, daß Sie in diesem Buche eine Zusammenstellung haben gerade dieser Seite der geisteswissenschaftlichen Tatsachen, die, wie Sie jetzt sehen, im eminenten Sinne sogar charakteristisch sind für unsere Zeit. Insbesondere finden Sie darin mit großem Glück verzeichnet eine charakteristische Tatsache von einem Forscher, welcher in seinem hiesigen Erdenleben alles mögliche versuchte, um auf dem Wege der materialistischen Methode zum Beweise von der geistigen Welt zu kommen – der verstorbene *Frederick Myers* – und der dann nach seinem Tode den starken Drang fühlte, dasjenige, was er hier angestrebt hat, durch Hereinstrahlungen aus der geistigen Welt, mit Hilfen aus der geistigen Welt, hier den Menschen zu zeigen.

Das sollte eine Illustration sein zu dem Satze, daß wir in der Welt und dem Weltendasein zu sehen haben fortwährende Störungen von Gleichgewichten und wiederum das Suchen von Gleichgewichten. Im Erdendasein haben wir als tiefste Elemente dieses sich immerfort störenden und wiederherstellenden Gleichgewichtes die beiden Elemente Licht und Liebe. Und im menschlichen Karma wirken nun von Inkarnation zu Inkarnation die beiden Elemente Licht und Liebe ausgleichend auf die gestörten Gleichgewichtslagen. Denn im Grunde genommen haben wir in dem durch alle Inkarnationen sich durchschlängelnden Karma gestörte Gleichgewichtslagen, und in Licht und Liebe haben wir den fortwährenden Versuch, das Gleichgewicht wiederherzustellen. Bis einst in ferner Zukunft der Mensch in dem Durchgehen durch seine Inkarnationen endlich dahin gekommen sein wird, einen letzten, durch die Erde erreichbaren Gleichgewichtszustand auszubilden, der dahin führen wird, daß die Menschheit die Erdenmission erfüllt haben wird und das Erdendasein sich in eine neue planetarische Form hinüberentwickeln wird.

So habe ich versucht, etwas auseinanderzusetzen, ohne das eine tiefere Begründung der karmischen Zusammenhänge und Gesetze nicht möglich ist. Ich habe mich darum auch nicht gescheut, die geheimnisvollen Grundlagen, für die unsere heutige Wissenschaft noch lange nicht reif sein wird, einmal heute abzuhandeln: daß Materie in Wahrheit verwobenes Licht ist und daß Seelisches in irgendeiner Beziehung verdünnte Liebe ist. Das sind alte okkulte Sätze, aber Sätze, die für alle folgenden Zeiten wahr bleiben werden und die sich fruchtbar erweisen werden in der Menschheitsentwickelung nicht nur für die Erkenntnis, sondern auch für das menschliche Wirken und Handeln.

ELFTER VORTRAG

Hamburg, 28. Mai 1910

Vieles wäre noch zu sagen über die verschiedenen Offenbarungen des Karma. Aber da wir heute die letzte unserer Betrachtungen haben und die Zeit überhaupt für ein so reiches Thema notwendigerweise kurz sein mußte, so werden Sie es begreiflich finden, daß mancherlei von dem zu Besprechenden, mancherlei vielleicht auch von dem, was Ihnen als Fragen auf der Seele liegt, diesmal nicht seine Erledigung finden kann. Aber unsere Bewegung wird ja weitergehen, und wir werden das, was bei einem Kursus notwendigerweise unerledigt bleiben muß, bei einem andern weiter ausführen und erledigen können.

Was Ihnen wiederholt vor die Seele getreten sein wird, das ist, daß der Mensch die karmische Gesetzmäßigkeit als etwas erlebt, was sozusagen in jedem Augenblick, in dem er lebt, etwas vollkommen Bestimmtes ist, so daß wir in jedem Augenblick unseres Lebens zurückblicken können auf das, was wir durchgemacht haben, was wir getan, gedacht, gefühlt haben in den Inkarnationen, die der betreffenden vorangegangen sind, in welcher wir unsere Betrachtungen anstellen. Und immer werden wir finden, daß unser augenblickliches menschliches inneres und äußeres Schicksal dadurch gefaßt werden kann, daß wir sozusagen eine Art «Lebenskonto» haben, wo wir alle klugen, verständigen, weisen Erlebnisse auf die eine Seite schreiben, und alles Unverständige, alles Böse und Häßliche auf die andere Seite. Auf irgendeiner Seite wird sich dabei ein Überschuß ergeben, und der bedeutet in einem Augenblicke des Lebens auch das Schicksal dieses Augenblickes.

Nun können verschiedene Fragen dabei auftauchen, und die nächste muß die sein: Wie verhält sich das, was die Menschen in ihrem Zusammenleben tun, was sie vollbringen als menschliche Gemeinschaft, zu demjenigen, was wir das individuelle Karma des einzelnen Menschen nennen? Wir haben diese Fragen von andern Seiten her schon berührt. Wenn wir auf irgendein Ereignis der Geschichte zurückblicken, zum Beispiel auf die Perserkriege, so können Sie unmöglich glauben, daß dieses Ereignis, zunächst von griechischer Seite aus angesehen, etwas darstellt, was nur in das Schicksalsbuch der einzelnen Menschen zu schreiben wäre, die auf dem äußeren physischen Plan als zunächst daran beteiligt zu gelten haben. Denken Sie an alle die Führer der Perserkriege, an alle die Menschen, welche sich damals aufgeopfert haben, denken Sie an alles, was von den Führern bis zu dem einzelnen damals im griechischen Heere getan worden ist: Werden Sie jemals, wenn Sie nur einigermaßen vernunftgemäß ein solches Ereignis auf sich wirken lassen, das, was die einzelnen Menschen damals getan haben, bei jedem einzelnen Menschen nur auf das karmische Konto dieser einzelnen Persönlichkeiten schreiben können? Unmöglich werden Sie das können. Denn Sie werden unmöglich sich vorstellen können, daß bei den Ereignissen, die ein ganzes Volk oder einen großen Teil der zivilisierten Menschheit angehen, nichts anderes geschieht, als daß jede einzelne menschliche Individualität nur ihr Karma auslebt. Und so müssen Sie im Verlauf der geschichtlichen Entwickelung immer wieder von Ereignis zu Ereignis gehen, und Sie werden sehen, daß innerhalb der Menschheitsentwickelung selber Sinn und Bedeutung zu finden sind, daß aber solche Ereignisse nicht eines sein können mit dem individuellen Karma des einzelnen Menschen.

Wir können eine Angelegenheit wie die Perserkriege auf unsere Seele wirken lassen und uns dann fragen: Was haben sie im Entwickelungsgang der Menschheit für eine Bedeutung? Im Orient hatte sich eine gewisse Kultur entwickelt, die große, gewaltige Lichtseiten hatte. Aber wie jedes Licht seine Schatten mit sich bringt, so müssen wir uns auch klar sein, daß die ganze Kultur des Orients nur dadurch für die Menschheit zu erreichen war, daß auch mancherlei Schattenseiten, die nicht in der menschlichen Entwickelung hätten weitergeführt werden dürfen, sich in jene Kultur hineingedrängt haben. Vor allem war eine solche Schattenseite die, daß der Orient den Drang hatte, durch äußere, rein auf dem physischen Plan liegende Machtmittel sich immer mehr zu vergrößern. Wäre dieser Vergrößerungstrieb nicht erstanden, so wäre natürlich die ganze orientalische Kultur nicht zustande gekommen. Eines ist nicht ohne das andere zu denken. Aber damit die Menschheit sich weiterentwickeln konnte, mußte aus ganz andern Voraussetzungen heraus sich zum Beispiel die griechische Kultur entwickeln. Die griechische Kultur hätte aber nicht einen unmittelbaren Anfang nehmen können, sie mußte gewisse Voraussetzungen anderswoher bekommen. Und sie hat in der Tat wichtige Voraussetzungen aus der orientalischen Kultur entlehnt. Verschiedene Sagen von Heroen, die von Griechenland hinüberzogen nach dem Orient, stellen nichts weiter dar, als daß Schüler gewisser griechischer Schulen hinübergezogen waren nach dem Orient und den Griechen jene Güter gebracht haben, die nur innerhalb der orientalischen Kultur gewonnen werden konnten, die dann aber weitergepflegt und umgewandelt werden konnten durch das, was aus dem griechischen Volkscharakter, durch das griechische Volkstalent sich herangebildet hatte. Aber dazu mußte aus diesen herübergebrachten Gütern ausgemerzt werden, was ihre Schattenseite war: der Drang, durch rein äußere Machtmittel sich so nach dem Westen hinüber auszudehnen, wie sie waren. Das Römertum, das später entstand als das Griechentum, und alles, was die weiteren Voraussetzungen waren für die Weiterentwickelung der europäischen Menschheit, das hätte sich nicht herausbilden können, wenn nicht die Griechen sich den freien Boden geschaffen hätten für die Fortentwickelung der orientalischen Kultur, wenn sie nicht die Perser und das, was dazugehört, zurückgeschlagen hätten. So konnte filtriert werden, was in Asien geschaffen worden war, indem man die Asiaten zurückschlug.

Von diesem Gesichtspunkt aus sind viele Ereignisse in der Weltentwickelung zu betrachten, und man bekommt dann ein eigentümliches Bild. Wenn wir bei einem Vortragszyklus, der drei bis vier Jahre dauern würde, diesen Gedanken nur für die uns geschichtlich überlieferten Dokumente der Menschheit ausführen könnten, so würde sich uns etwas ergeben, was wir wirklich nennen könnten einen Plan in der Entwickelung der Menschheit. Wir würden dann einen solchen Plan überschauen und uns sagen: Dies mußte errungen werden; das hatte diese Schattenseiten, die wieder ausgemerzt werden mußten; das errungene Gut mußte einem andern übergeben und dort weiter ausgebildet werden.

Auf diese Weise würden wir einen Plan der Menschheitsentwickelung herausbekommen und würden bei Besprechung dieses Planes eigentlich gar nicht auf den Gedanken verfallen können: Wie ist denn das zustande gekommen, daß zum Beispiel gerade Xerxes oder Miltiades oder Leonidas dieses oder jenes individuelle Karma hatten? Dieses individuelle Karma müssen wir als etwas betrachten, was für sich entschieden und hineinverflochten werden muß in den Plan der Menschheitsentwickelung. Anders ist die Sache durchaus nicht zu fassen. Und so ist es auch für die geisteswissenschaftliche Anschauung. Wenn aber das der Fall ist, müssen wir sagen: In diesem planvollen Fortgang der Menschheitsentwickelung müssen wir für sich etwas sehen, was in ähnlicher Weise in sich zusammenhängt, wie die karmischen Ereignisse im individuellen Menschenleben zusammenhängen. Und dann können wir weiter fragen: Was hat ein solcher Plan in der ganzen Menschheitsentwickelung für eine Beziehung zum einzelnen individuellen Karma des Menschen?

Betrachten wir zunächst einmal das, was man nennen könnte das Geschick in der menschlichen Entwickelung selber. Wenn wir zurückblicken, sehen wir, wie Kultur nach Kultur, Volksentwickelung nach Volksentwickelung aufsteigen. Wir sehen weiter, wie Volk für Volk dieses oder jenes Neue leistet, wie etwas bleibt als Unvergängliches aus den einzelnen Volkskulturen, wie aber geradezu die Völker sterben müssen, um das Volksgut, die Errungenschaften der einzelnen Völker zu retten für die entsprechend späteren Epochen der Menschheitsentwickelung. Da müssen wir doch verständlich finden, was die Geisteswissenschaft zu sagen hat, daß in diesem fortlaufenden Gang der Menschheitsentwickelung genau zwei Strömungen zunächst zu unterscheiden sind.

Betrachten Sie im ganzen Gang der Menschheitsentwickelung das, was wir als fortlaufende Strömung ansehen können, innerhalb welcher sich Welle nach Welle entwickelt, wobei aber das errungene Gut der vorangegangenen Welle für die nachfolgende erhalten bleibt. Wir würden ein Bild davon bekommen, wenn wir hinschauen auf die erste Kultur der nachatlantischen Zeit, auf das, was im alten Indertum an Großartigkeit geleistet worden ist. Wenn wir dieses Großartige aber vergleichen mit dem schwachen Nachklang, der in den Veden davon enthalten ist, die zwar immer noch bewundernswürdig sind, aber eben doch nur ein schwacher Abglanz sind von dem, was die Rishis geleistet haben und was uns die Geisteswissenschaft von dem großen Kultureinschlag der Inder berichtet, dann werden wir sagen müssen: Es war die ursprüngliche Größe dessen, was dieses Volk für die Menschheit zu leisten hatte, schon im Niedergange, als man daran ging, in jenen herrlichen dichterischen Darstellungen dieses Kulturgut der Menschheit aufzubewahren. Aber was die indische Kultur zunächst zu leisten hatte, das floß hinein in den ganzen Gang der Menschheitsentwickelung. Und nur unter dieser Voraussetzung konnte sich das später entwickeln, was wieder ein junges Volkstum brauchte – nicht ein altgewordenes Volk. Es mußten zuerst die Inder zurückgedrängt werden auf die südliche Halbinsel, und es entwickelte sich dann in Persien die Weltanschauung des Zarathustra. Was hatte diese Weltanschauung an Großem in der Zeit, als sie entstand – und wie war sie in verhältnismäßig gar nicht langer Zeit verfallen bei dem Volke, das sie geschaffen! Wir haben dann beim Ägyptertum und Chaldäertum denselben Vorgang. Dann sehen wir das Hinübergehen orientalischer Weisheit nach Griechenland, und sehen, wie die Griechen zurückschlagen das, was auf dem äußeren physischen Plan das Orientalische ist. Wir sehen dann, wie in den Schoß des Griechentums aufgenommen wird, was der ganze Orient geleistet hat, und wie es verwoben wird mit mancherlei, was bis dahin in andern europäischen Gebieten geleistet worden ist. Daraus wird dann ein neuer Kultureinschlag geschaffen, welcher auf vielen Umwegen fähig geworden ist, den christlichen Impuls aufzunehmen und ihn nach dem Westen weiterzuverpflanzen. Und so würden wir auch späterhin einen fortlaufenden Kulturstrom finden, in welchem wir Glied an Glied anreihen können, und jedes folgende Glied erscheint uns zugleich als eine Fortsetzung des vorhergehenden und immer als etwas Neues, was der Menschheit gegeben werden mußte. Aber woraus mußte das hervorwachsen, was sich so von Epoche zu Epoche weiterentwickelt?

Denken Sie an alles, was jedes einzelne Volk mit seinem Kulturgebiet erlebt! Denken Sie an alles, was in jedem einzelnen Volke vorgegangen sein muß als eine Summe von Gefühlen und Empfindungen bei unzähligen Menschen, von Wünschen und Enthusiasmus für das, was als das am höchsten Begehrenswerte erscheinen muß und was gerade auf diesem Gebiete als Kultureinschlag gegeben werden soll! Denken Sie, wie die Seelen der einzelnen Menschen bei dem einzelnen Kultureinschlag mit dem, was sie wünschen und erstreben, ganz dabei sein müssen! Und außerdem war notwendig durch unzählige Jahrhunderte der Menschheitsentwickelung hindurch, daß die Völker, wie sie die einzelnen aufeinanderfolgenden Kultureinschläge entwickelten, immer in einer Art Illusion lebten – in der Illusion, daß jedes solche Volk gerade den Kulturschatz, den es selber auszuarbeiten hatte, als etwas Ewiges und Unvergängliches betrachtete, was nimmermehr von ihm genommen werden könnte. Dadurch erst war das hingebungsvolle Arbeiten der einzelnen Völker an der Kultur möglich, daß diese Illusion immer wieder und wieder auftauchte: daß das, was da geschaffen wurde, mit allem, was daran hing, einen ewigen Bestand haben würde. Auch heute ist diese Illusion ja vorhanden; und wenn man sich ihr auch nicht mehr in so positiver Weise hingibt und von der «Ewigkeit» dieser oder jener Kultur redet, so ist sie doch in der Form vorhanden, daß man nicht an das Ende denkt – nicht im Kleinen und nicht im Großen –, daß man sozusagen keine Aufmerksamkeit darauf verwendet.

Da haben Sie zweierlei, was die Volkskulturen brauchten und was im Grunde genommen erst in unserer Zeit anfängt eine Art von Änderung zu erfahren. Denn das erste Gebiet menschlichen Geisteslebens, wo gründlich solche Illusionen nicht mehr erwachen werden, das wird das theosophische Geistesleben sein. Denn es wäre ein arges Mißverständnis, wenn jemand, der fest auf dem Boden unserer Geistesbewegung steht, glauben wollte, daß die Formen, in welche wir unsere Erkenntnisse gießen, daß die Gedankenausführungen, die wir heute geben können, daß das, was wir heute aus unserem theosophischen Denken, Fühlen und Wollen geben können, einen ewigen Bestand hätte. Sehr kurzsichtig wäre es, zu behaupten, in drei Jahrtausenden würde es noch Menschen geben, die genau ebenso sprechen würden von den theosophischen Wahrheiten, wie wir es heute tun. Wir wissen, daß wir durch unsere Zeitverhältnisse veranlaßt sind, etwas von dem fortlaufenden Entwickelungsprodukt in die gegenwärtigen Formen zu prägen und daß unsere Nachfahren in ganz anderen Formen des Erlebens diese Dinge zum Ausdruck bringen werden. Warum ist das so? Aus einem ähnlichen Grunde, weshalb es durch viele Jahrhunderte und Jahrtausende der Menschheitsentwickelung hindurch geschah, daß Volkskultur über Volkskultur die einzelnen Menschen vieles erleben lassen mußte, damit der Beitrag sich aus der gesamten Volksentwickelung herausbilden konnte. Denken Sie an die unzähligen Erlebnisse, die im alten Griechenland durchgemacht wurden, und denken Sie an das, was sich als Extrakt daraus für die spätere gesamte Menschheit ergeben hat! Da werden Sie sagen: Es steckt noch mehr darin als nur die einzelnen Strömungen. Es geschehen viele Dinge um dieser Kernströmung willen.

Deshalb haben wir zwei Dinge zu beobachten: Erstens etwas, was entstehen und zugrunde gehen muß, damit aus diesem Ganzen das zweite – der Quantität nach der kleinste Teil – als ein Bleibendes fortdauern kann. Wenn wir wissen, daß, seitdem das menschliche Einzelkarma besteht, in der Menschheitsentwickelung zwei Mächte wirken, die wir immer wirksam gefunden haben, Luzifer und Ahriman, dann erst werden wir den Fortgang der Menschheitsentwickelung verstehen. Denn das müssen wir zum Plan der Menschheitsentwickelung rechnen, daß zuletzt, wenn die Erde an ihrem Ziel angelangt sein wird, die Ergebnisse, die so aus den einzelnen Kulturen nach und nach der gesamten Menschheitsentwickelung einverleibt werden, fruchtbar gemacht werden für alle einzelnen Individualitäten, ganz gleichgültig, welche Schicksale sie durchgemacht haben. Auf dieses Ziel blicken wir aber erst dadurch, daß wir die Weltentwickelung in theosophischem Sinne ansehen. Denn man gebe sich keiner Täuschung hin: Solches Ziel in der richtigen Weise zu denken, unter vollem Bestande der menschlichen Individualität, ohne ein Verschwimmen der Individualität in irgendeine nebulose pantheistische Einheit, sondern so, daß die Individualität voll erhalten bleibt und wieder in sie dasjenige einfließt, was sich die Menschheit im Großen erobert hat – klar und scharf kann dieses Ziel erst der theosophischen Seelenkultur vor Augen stehen.

Wenn wir also auf die früheren Kulturen zurückblicken, können wir uns von vornherein sagen: Seit überhaupt menschliche Individualitäten sich inkarnieren, sind beteiligt an der Menschheitsentwickelung Luzifer und Ahriman. Luzifer ist daran so beteiligt, daß er an dem fortlaufenden Kulturstrom immer teilzunehmen sucht, indem er sich einnistet in die menschlichen Astralleiber und sie imprägniert mit dem luziferischen Impuls. Das ist, was Luzifer im Gange der Menschheitsentwickelung vollführt; er wirkt hinein in die menschlichen Astralleiber. Die Menschen könnten das, was Luzifer ihnen gibt, niemals bloß von denjenigen Mächten erhalten, welche den fortlaufenden, eben charakterisierten Kulturstrom bewirken. Trennen Sie diesen Kulturstrom aus dem ganzen Fortgang der Menschheit heraus, dann haben Sie das, was die normal fortschreitenden Geistwesen der Hierarchien herunterströmen lassen in die Menschheit als immer neue Reichtümer. Indem wir hinaufschauen zu den Hierarchien, müssen wir sagen: Diejenigen Geistwesen, welche ihre normale Entwickelung durchmachen, gaben der irdischen Kultur das, was bleibendes Gut der Menschheit ist, was zwar später umgewandelt wurde, aber doch bleibendes Gut der Menschheit geworden ist. Es ist gleichsam so, wie wenn wir einen Baum haben und in ihm das Mark. So gewinnen wir einen fortlaufend lebendigen Strom der fortlaufenden Kultur.

Durch diese Mächte, die eine normale Entwickelung für sich durchmachen, hätte es auf diese Weise geschehen können, daß der Mensch sein Ich immer mehr und mehr erfüllt hätte mit dieser fortschreitenden Bereicherung der menschlichen Entwickelung. Hineinfließen würde von Zeit zu Zeit das, was den Menschen weiterbringt; der Mensch würde sich immer mehr anfüllen mit den Gaben der geistigen Welt, und zuletzt, wenn die Erde an ihrem Ziel sein würde, wäre es selbstverständlich, daß der Mensch alles, was aus den geistigen Welten gegeben worden wäre, in sich hätte. Aber eines wäre nicht möglich: daß der Mensch ureigensten, heiligen Eifer entwickelte, Hingebung und Feuer für das, was da geschaffen wird von Kulturepoche zu Kulturepoche. Aus demselben Untergrunde, aus dem jeder Wunsch und jede Begierde herauswächst, erwächst auch der Wunsch nach den großen Idealen, erwächst auch die Begierde nach Menschenbeglückung, nach Leistungen der Künste in den aufeinanderfolgenden menschlichen Kulturepochen. Aus demselben Grunde, aus dem verderbliche, nach dem Bösen gehende Begierden erwachsen, erwachsen auch die Bestrebungen nach dem Höchsten, was auf der Erde geleistet werden kann. Und es würde das nicht da sein, für was die menschliche Seele als für ein höchstes Gut entbrennt, wenn es nicht auf der andern Seite möglich wäre, daß dieselbe Begierde auch nach der andern Seite in das Laster und in das Böse hinuntersinken kann. Daß es diese Möglichkeit in der Menschheitsentwikkelung gibt, das ist das Werk der luziferischen Geister. So dürfen wir nicht verkennen, daß die luziferischen Geister für die Menschen Freiheit gebracht haben zugleich mit der Möglichkeit des Bösen, freie Empfänglichkeit für das, was sonst in die menschliche Seele nur einfließen würde.

Aber wir haben auch gesehen, daß alles, was Luzifer herausfordert, seine Antwort findet durch Ahriman. So sehen wir Luzifer mit seinem ganzen Heere wirken in dem, was dann im Konkreten den Einschlag der griechischen Kultur der ganzen menschlichen Entwickelung geben soll: in den griechischen Heroen, in den griechischen Helden und Künstlern. Luzifer dringt hinein in die astralischen Leiber, läßt sie entbrennen für das, was sie als das Höchste verehren. So wird dasjenige, was mit dem Griechentum in die Entwickelung einfließen soll, zugleich zum Enthusiasmus der Volksseele. Gerade da steckt Luzifer darinnen. Und weil Luzifer der Mond-, nicht der Erdentwickelung seine Kraft verdankt, fordert er Ahriman heraus; und indem Luzifer von Zeitepoche zu Zeitepoche seine Tätigkeit entwickelt, gliedert sich Ahriman dazu – und verdirbt dasjenige stückweise, was Luzifer auf der Erde bewirkt hat. – Es ist die Weltentwickelung der Menschen ein fortwährendes Wirken zwischen Ahriman und Luzifer. Wirkte Luzifer nicht in der Menschheit, so fehlte der Eifer und das Feuer für den fortlaufenden Strom der Menschheitsentwickelung; wäre Ahriman nicht da, der von Volk zu Volk wieder zerstört, was nicht aus dem fortlaufenden Strom, sondern nur aus dem luziferischen Einschlag kommt, dann würde Luzifer die Einzelkulturen ewig fortführen wollen. So sehen Sie hier Luzifer sein eigenes Karma sich heraufbeschwören, das eine notwendige Folge der Entwickelung auf dem alten Monde ist. Und die Folge ist nun, daß er Ahriman immerfort an seine Ferse ketten muß. Ahriman ist die karmische Erfüllung des Luzifer.

Da blicken wir hinein in das Karma der höheren Wesenheiten an dem Beispiel der ahrimanischen und luziferischen Wesenheiten. Da oben ist auch Karma. Überall ist Karma, wo Iche sind. Und Luzifer und Ahriman bergen natürlich Iche in sich; deshalb können die Wirkungen ihrer Taten auf sie selber zurückschlagen. Auf viele dieser Geheimnisse wird erst im Sommer bei dem Zyklus über die biblische

Schöpfungsgeschichte hingewiesen werden können; nur auf eine Stelle möchte ich schon hier hinweisen, die Ihnen so recht wird zeigen können, von wie unendlicher Tiefe jedes einzelne Wort in den wahren okkulten Urkunden ist.

Haben Sie nie darüber nachgedacht, warum in der biblischen Schöpfungsgeschichte am Ende eines jeden Schöpfungstages der Satz steht: «Und die Elohim sahen das Werk, und sie sahen, daß es sehr gut war», daß es «aufs beste war»? Das ist ein bedeutungsvolles Wort. Warum steht es da? Der Satz zeigt ja selber, daß er als eine Charakteristik der Elohim gemeint ist, die sich auf dem Monde in normaler Weise entwickelt haben und deren Gegner Luzifer ist. Es ist etwas, das zur Charakteristik der Elohim gehört, daß sie nach jedem Schöpfungstag sahen, daß es «aufs beste war». Aus dem Grunde wird es angegeben, weil dieser Grad die Errungenschaft der Elohim war. Sie konnten auf dem Monde das Werk nur so lange sehen, als sie es taten, konnten nicht ein nachträgliches Bewußtsein davon haben. Daß sie nachträglich zurückschauen können im nachschauenden Denken auf das Werk, das ist eine besondere Stufe im Bewußtsein der Elohim. Das war erst auf der Erde möglich; und zwar zeigt sich ihr innerer Charakter darin, daß das Willensmäßige so herausströmt aus ihrem Wesen, daß, wenn sie es ansahen, sie sahen, daß es aufs beste war. Das waren die Elohim, welche ihr Werk auf dem Monde abgeschlossen hatten und die, wenn sie es auf der Erde hinterher beschauten, sagen konnten: Es kann bleiben, es ist aufs beste! – Dazu mußte aber die alte Mondentwickelung vollendet sein.

Wie ist es nun mit den luziferischen Wesenheiten, also mit denjenigen Wesenheiten, die ihre Mondentwickelung nicht vollendet haben? Die werden also auf der Erde auch versuchen müssen, ihr Werk hinterher anzuschauen, so zum Beispiel wenn sie den Beitrag gegeben haben an Feuer und Enthusiasmus in der griechischen Kultur. Und sie werden dann sehen, wie es ihnen stückweise Ahriman abgebröckelt hat! Und sie werden sagen müssen, weil sie es nicht vollendet haben: Sie sahen ihr Tagewerk, und sie sahen, daß es nicht zum besten war, daß es ausgelöscht werden mußte!

Das ist die große Enttäuschung der luziferischen Geister, daß sie immer von neuem ihr Werk versuchen, immer von neuem das Pendel nach der andern Seite zum Ausschlag bringen wollen – und immer von neuem ihr Werk durch Ahriman zerstört finden. Sie müssen sich innerhalb der Menschheitsentwickelung ein Auf-und-ab-Wogen denken, ein fortwährendes Anfachen von neuen Kräften durch Wesenheiten, die höher sind als wir selber, und daß diese Wesenheiten fortwährende Enttäuschungen erleben. Das ist enthalten in dem Erleben der luziferischen Geister in der Erdentwickelung. Und dieses Karma mußte die Menschheit in sich aufnehmen, weil der Mensch nur dadurch zur wirklichen Freiheit kommen konnte. Freiheit kann nur dadurch ersprießen, daß der Mensch sich den höchsten Inhalt seines Erden-Ich selber gibt. Dasjenige Ich, das der Mensch haben würde, wenn ihm alle Ziele am Ende der Erdentwickelung gegeben würden, kann nicht frei sein; denn es ist von vornherein bestimmt gewesen, alle Güter der Erdentwickelung in die Menschen einfließen zu lassen. Frei werden konnte der Mensch nur, indem er zu diesem Ich ein anderes, irrtumfähiges Ich hinzuschafft, das in der Lage ist, immer wieder und wieder nach der Seite des Guten und nach der Seite des Bösen zu pendeln und das immer wieder hinaufstreben kann zu dem, was der Inhalt aller Erdentwickelung ist. Das niedere Ich mußte dem Menschen beigegeben werden durch Luzifer, damit das Hinaufarbeiten des Menschen zum höheren Ich seine ureigenste Tat sein kann.

Nur so ist auch freier Wille in der Menschheit möglich. Freier Wille ist etwas, was sich der Mensch nach und nach erringen kann; denn der Mensch ist dazu so gestellt, daß ihm im Leben der freie Wille als ein Ideal vorschwebt. Wo ist denn in einem Mittelzustand der Entwickelung der menschliche Wille frei? Er ist niemals frei, weil er in jedem Augenblick dem luziferischen und ahrimanischen Element verfallen kann; er ist nicht frei, weil jeder Mensch, wenn er die Pforte des Todes durchschritten hat, in der aufsteigenden Zeit der Läuterung – vielleicht durch Jahrzehnte hindurch – einen ganz bestimmten Eindruck hat. Das ist das Wesentliche des Kamalokalebens, daß wir sehen, in welchem Grade wir selber unvollkommen sind durch das, was wir an Unvollkommenem in der Welt getan haben, daß wir Stück für Stück sehen, in welcher Weise wir unvollkommen geworden sind. Daraus geht dann die entschiedene Absicht hervor, alles wieder auszumerzen, was wir unvollkommen gemacht haben. So ist das Leben in der Kamalokazeit, daß Absicht zu Absicht gefügt wird und der Gesamtentschluß gefaßt wird: Du mußt alles das wieder ausbessern, was du so gedacht und getan hast, daß es dich heruntergebracht hat! – Was der Mensch da fühlt, das prägt er seinem weiteren Leben ein und tritt mit dieser Absicht bei der Geburt ins Dasein – und ladet dadurch sein Karma auf sich. Daher können wir nicht sagen, daß wir, wenn wir durch die Geburt ins Dasein getreten sind, einen freien Willen haben. Einzig und allein können wir davon sprechen, daß wir uns einem freien Willen in dem Maße nähern, als es uns gelungen ist, Herr zu werden über die Einflüsse Luzifers und Ahrimans. Und Herr werden über die luziferischen und ahrimanischen Einflüsse können wir durch nichts anderes als durch Erkenntnis. Einmal durch Selbsterkenntnis, indem wir uns immer fähiger machen – auch im Leben zwischen Geburt und Tod –, unsere Schwachheiten in allen drei Seelenmerkmalen kennenzulernen, in Denken, Fühlen und Wollen. Wenn wir uns immer mehr bemühen, uns keiner Illusion mehr hinzugeben, dann wächst ja in unserem Ich die Kraft, den luziferischen Einfluß entbehren zu können, denn dann werden wir immer mehr fähig, zu entscheiden, welche Hingabe die Güter der Menschheit, die nach und nach erobert wurden, verdienen. Sodann durch Erkenntnis der Außenwelt, die sich ergänzen muß mit der Selbsterkenntnis; beide müssen zusammenwirken. Selbsterkenntnis und Erkenntnis der Außenwelt müssen wir mit unserem Wesen vereinigen; dann werden wir imstande sein, ein klares Verhältnis zu Luzifer zu gewinnen.

Das ist gerade die Eigentümlichkeit dessen, was wir uns als theosophische Erkenntnis aneignen, daß wir Aufschluß gewinnen darüber, wie weit an jedem menschlichen Tun Neigung und Leidenschaft, Luzifer und Ahriman beteiligt sind. Was haben wir in dieser Reihe von Vorträgen anderes getan, als uns Aufklärung verschafft darüber, wie luziferische und ahrimanische Kräfte in der mannigfaltigsten Weise in unser Leben hineinwirken! In dem gegenwärtigen Zeitalter aber kann die Aufklärung über die luziferischen und ahrimanischen Kräfte beginnen. Und der Mensch muß aufgeklärt sein, wenn er wirklich etwas beitragen will zur Erreichung des Erden-Menschheitszieles. – Wohin Sie den Blick richten, überall wo menschlich gefühlt und gedacht wird, können Sie sehen, wie weit die Menschen noch entfernt sind von einer echten, wahren Aufklärung über die Einflüsse Luzifers und Ahrimans. Da sehen Sie den weitaus größten Teil der Menschheit überhaupt keine solche Aufklärung wollen. Da sehen Sie einen großen Teil der Menschen in einen gewissen religiösen Egoismus verfallen: nur ja mit dieser Seele selbst jenen Zustand des Wohlbefindens zu erreichen, den man sich nur vorstellen kann. Das ist ein Egoismus, von dem sich die Menschen gar nicht bewußt sind, daß sich da die größten Begierden hineinmischen können. Und nirgends mischt sich Luzifer mehr in unsere Gefühle hinein als da, wo die Menschen aus ihren Leidenschaften und Begierden heraus nach dem Göttlichen streben, ohne das Göttliche durchleuchtet zu bekommen mit dem Licht der Erkenntnis. Glauben Sie nicht, daß Luzifer gerade da vielfach am Werke ist, wo die Menschen glauben, nach dem Höchsten zu streben? Aber die Formen, die in dieser Weise erstrebt werden, werden ebenfalls zu den Enttäuschungen Luzifers gehören müssen. Und diejenigen, die nun glauben, aus den wüsten Begierden diese oder jene Form einer geistigen Kultur erhalten zu können, die immer wieder und wieder predigen, daß diese Theosophie so schlimm ist, weil sie etwas Neues glaubt, die sollten bedenken, daß es nicht vom Menschenwillen abhängt, wenn sich Ahriman an die Fersen des Luzifer heftet. Und was entstanden ist im Laufe der Entwickelung an Formen, das wird, weil Ahriman sich hineinmischt, durch Luzifer auch wieder untergehen. Retten wird sich allein der fortlaufende Strom der Menschheitsentwickelung.

So schauen wir dadurch zurück auf eine vorangegangene Entwickelung, wo als Opfer für uns zurückgeblieben sind gewisse Wesenheiten. Wir wissen jetzt, daß diese Wesenheiten ihr Karma ausleben müssen um unsertwillen, damit wir in normaler Weise ausleben können, was diese Wesenheiten uns einflößen können. Ja, wahrhaftig, Jahve hat dem Menschen ursprünglich eingeflößt durch den göttlichen Odem die Fähigkeit zum Ich; aber wäre nur der göttliche Odem gekommen, der im menschlichen Blut pulsiert, und nicht auch das, was immer wieder abirren kann von dem, was der Jahve-Odem geben kann, würden nicht darinnen arbeiten sowohl luziferische wie ahrimanische Impulse, so würde der Mensch zwar das Was erlangen können der Jahve-Gabe, aber nicht das Wie: daß er es mit einem selbstbewußten freien Ich empfindet. So liegt es doch im Sinne der Weltentwickelung, daß gewisse Wesenheiten auf dem alten Monde zurückgeblieben sind.

Wir leben heute in einem Zeitalter, wo wir in der Tat zurückblicken dürfen auf viele Enttäuschungen Luzifers, wo wir aber auch hinblicken können auf eine Zukunft, in der wir immer mehr verstehen lernen, was der fortlaufende Strom der Entwickelung ist. Und Theosophie wird das Instrument sein zum Verständnis für diesen fortlaufenden Strom der Entwickelung, damit wir uns immer bewußter zu den Einflüssen Luzifers stellen können und immer mehr in die Lage kommen können, luziferische Impulse in uns selber zu erkennen und sie in der richtigen Weise nutzbringend für die Menschheitsentwickelung bewußt zu verwerten, während sie vorher in der Menschheit als ein dunkler Drang gewirkt haben, dessen sich der Mensch nicht bewußt war. Und ebenso ist es mit den ahrimanischen Einflüssen.

Hier ist eines der Gebiete, wo man darauf aufmerksam machen kann, wie sozusagen gerade in der Gegenwart eine wichtige Entwickelungsepoche der Menschheit vorliegt, nämlich jene Epoche, in der in gewisser Beziehung tatsächlich die Seelenkräfte sich umkehren. Für viele von Ihnen ist es ja schon charakterisiert worden, daß wir vor einer Epoche stehen, in welcher gewisse Menschen, einzelne Menschen, andere Seelenfähigkeiten entwickeln werden als diejenigen, die man heute gelten läßt. Was heute zum Beispiel die Theosophie aus den Erkenntnissen der Geistesforschung heraus zu sagen weiß, daß der Mensch einen Ätherleib hat außer dem physischen Leib, das wissen aus der Anschauung heraus heute nur die, welche eine methodische Schulung durchgemacht haben. Aber noch vor Ablauf der Mitte des 20. Jahrhunderts – das wissen wir aus dem Lesen der Akasha-Chronik – wird es Menschen geben, die eine natürliche Entwickelung haben werden für ein ätherisches Hellsehen und die, weil die Menschheit an diesen Zeitpunkt gekommen ist, wo sich diese Dinge als natürliche Gabe entwickeln werden, als den physischen Leib durchdringend und am Rande über ihn hinausragend den Ätherleib wahrnehmen werden. Wie der Mensch von einem Hineinschauen in die geistige Welt sich herunterentwickelt hat zum heutigen nur äußerlichen physischen Wahrnehmen und verstandesmäßigen

Begreifen der Außenwelt, so beginnt er sich jetzt zu neuen, aber bewußten Fähigkeiten nach und nach zu entwickeln. Diese neuen Fähigkeiten treten zu den alten hinzu, und eine besondere Fähigkeit wird die sein, die ich so charakterisieren kann:

Es wird Menschen geben – einzelne zunächst, denn erst im Laufe der nächsten zwei bis drei Jahrtausende wird sich bei einer größeren Anzahl diese Fähigkeit entwickeln, und die ersten Vorläufer werden da sein noch vor Ablauf der ersten Hälfte des 20. Jahrhunderts –, bei denen wird etwa folgendes eintreten: Die Menschen werden irgendeine Tat erlebt haben, und sie werden versucht sein, etwas zurückzutreten von der Tat. Sie werden dann ein Bild vor sich haben, das von der betreffenden Tat kommt. Sie werden es zuerst nicht kennen, werden keinen Bezug finden zu dem, was sie getan haben. Aber dann werden sie vielleicht schon etwas von der Geisteswissenschaft gehört haben, und dann werden sie erfahren, daß dieses Bild, das ihnen wie eine Art bewußtes Traumbild erscheint, das Gegenbild der eigenen Handlung ist, das Bild für jene Handlung, die geschehen muß, damit das, was eben getan worden ist, seine karmische Erfüllung findet.

So steht die Menschheit in der Tat vor einer Epoche, in der sie anfangen wird, Karma nicht nur zu begreifen nach den Lehren und Darstellungen der Geisteswissenschaft, sondern wo sie anfangen wird, Karma nach und nach zu schauen. Während bisher Karma für die Menschen ein dunkler Drang, eine dunkle Begierde war und erst im nächsten Leben ausgelebt werden konnte, erst im Leben zwischen Tod und neuer Geburt umgewandelt werden konnte in eine Absicht, entwickeln sich allmählich die Menschen dahin, daß sie in die Lage kommen, bewußt die Schöpfungen Luzifers wahrzunehmen, zu sehen, wie sie sich ausnehmen werden in ihren Wirkungen. Allerdings werden mit diesem ätherischen Hellsehen nur diejenigen Menschen etwas anfangen können, die Erkenntnis und Selbsterkenntnis angestrebt haben. Immer mehr und mehr werden die Menschen im normalen Zustande vor sich haben die karmischen Bilder für ihre Handlungen. Das wird etwas sein, was die Menschen immer weiterbringen wird, weil sie dadurch wissen werden, was sie der Welt noch schuldig sind, was in ihrem Karma noch als Schuldkonto dasteht. Das ist es ja, was den Menschen unfrei macht, daß er nicht weiß, was er der Welt noch schuldig ist. So darf man also beim Karma gar nicht von vornherein von einem freien Willen sprechen. Das Wort «freier Wille» ist schon falsch; denn man muß sagen: Frei wird der Mensch erst durch seine sich immer steigernde Erkenntnis und dadurch, daß er immer höher steigt und immer mehr hineinwächst in die geistige Welt. Dadurch erfüllt er sich immer mehr und mehr mit dem Inhalt der geistigen Welt und wird immer mehr ein Wesen, das seinen Willen bestimmt. Nicht der Wille kann frei werden, sondern der Mensch als solcher kann frei werden, indem er sich durchdringt mit dem, was er auf dem vergeistigten Gebiet des Weltendaseins erkennen kann.

So blicken wir auf die Enttäuschungen Luzifers und seine Taten und sagen: So ist seit Jahrtausenden der Grund gelegt zu dem, wo wir stehen; denn würden wir nicht dort stehen, wo wir stehen, so würden wir uns nicht zur Freiheit entwickeln können. Nachdem wir uns aber Aufklärung verschaffen können über Luzifer und Ahriman, können wir ein anderes Verhältnis zu diesen Mächten gewinnen, können die Früchte ziehen von dem, was getan worden ist, können Luzifer und Ahriman sozusagen ihre Arbeiten abnehmen. Da werden sich allerdings die Taten des Luzifer, die er bewirkt hat und die immerfort zu Enttäuschungen geführt haben, wenn sie von uns selbst begangen werden, sich in ihr Gegenteil verkehren müssen. Die Taten Luzifers mußten Begierden erregen, mußten den Menschen hinführen zu dem, was in das Böse einmünden konnte. Wir haben ja gesehen, was für eine gegenteilige Kraft es sein muß, die Luzifer entgegenwirkt: Wenn wir selber Luzifer entgegenwirken sollen, wenn wir seine Angelegenheiten in der Zukunft besorgen sollen, wird es bei uns nur die Liebe sein können, die an die Stelle der Taten des Luzifer treten kann; die Liebe aber wird es sein können. Und ebenso wird es dasjenige sein können, was uns auch aus der Außenwelt fließt, indem wir immer mehr die Dunkelheit wegnehmen, die wir einweben in die äußere Materie. Wenn wir immer mehr diese Dunkelheit hinwegbringen, wenn sie schwindet, und wir dazu gelangen, den ahrimanischen Einfluß auf diese Weise völlig zu überwinden, dann werden wir in der Lage sein, die Welt so zu erkennen, wie sie wirklich als Erdenwelt ist. Dann werden wir uns allmählich nähern solcher Erkenntnis, wie sie heute nur Gut der Geisteswissenschaft sein kann: Wir werden durchdringen zu dem, was die Materie wirklich ist, zu der Natur des Lichtes. Heute gibt sich selbst die Wissenschaft immer noch über die Natur des Lichtes den mannigfaltigsten Täuschungen hin. Mancher glaubt, daß man das Licht mit physischen Augen sieht. Das ist nicht richtig. Mit physischen Augen sieht man nicht Licht, sondern nur beleuchtete Körper; man sieht Farben an den Körpern. Man sieht nicht Licht, sondern man sieht durch das Licht. Alle solche Täuschungen werden weggeräumt sein. Dadurch wird sich verwandeln das Bild der Welt, das notwendigerweise unter dem Einflusse Ahrimans von Irrtum durchwoben sein mußte, und es wird sich durchsetzen mit dem Inhalt der Weisheit. Indem der Mensch zum Licht vordringt, wird er selbst das seelische Gegenbild des Lichtes entwickeln. Und das seelische Gegenbild des Lichtes ist die Weisheit.

Dadurch wird Liebe und Weisheit in die menschliche Seele einziehen. Und Liebe und Weisheit werden die praktische Kraft sein, der eigentliche Lebensimpuls, der sich aus der theosophischen Weltanschauung ergeben soll und ergeben wird. Weisheit, die das innere Gegenbild des Lichtes ist, Weisheit, die sich verbinden kann mit der Liebe, und Liebe, die sich mit Weisheit durchdringt, werden den rechten Weg finden, um wieder zurückzuwirken auf das, was in die Weisheit der äußeren Welt eingetaucht ist. Wenn wir nach und nach der andern Hälfte der Entwickelung teilhaftig werden sollen, Luzifer und Ahriman wieder zu überwinden, dann müssen wir uns durchdringen mit Weisheit und Liebe. Indem wir Weisheit und Liebe entwickeln, entwickeln wir diejenigen Elemente, die wieder von unseren Seelen selber ausfließen werden als Gaben für die, die in der ersten Hälfte der Erdentwickelung sich hingeopfert haben als luziferische und ahrimanische Mächte, um uns das zu geben, was wir zur Erringung unserer Freiheit brauchen. Diesen Mächten werden wir geben müssen, was wir an Weisheit und Liebe so entwickeln werden. Wir müssen uns aber bewußt sein: Weil Leben in der Welt sein muß, müssen wir Kulturen annehmen, die uns Ausdrucksmittel dieses Lebens sind. Wir wollen uns gern und mit Liebe einer theosophischen Kultur hingeben, die nicht ewig sein wird, aber wir wollen es mit Enthusiasmus hinnehmen und mit Liebe das schaffen, wozu wir früher unter dem Einfluß Luzifers getrieben worden sind. Weil wir jetzt erkennen, daß wir aus Liebe das schaffen müssen, wozu wir früher durch den luziferischen Einfluß, durch Begierden und Leidenschaften getrieben werden mußten, werden wir jetzt hinter alldem desto mehr überschüssige Liebe entwickeln. Wenn wir nur die notwendige Liebe entwickeln würden, würden wir es nicht dahin bringen, Kultur über Kultur zu entwickeln. Theosophie soll etwas sein, was jede der Zeit entsprechende Forderung mit Hingabe und Liebe leistet, mit demselben Enthusiasmus, mit dem einst die Menschen unter dem Einflusse Luzifers gewirkt haben. Wir werden nicht mehr die Illusion haben, daß das, was wir tun, ewig dauern wird. Aber indem wir in immer sich steigernder Liebe Kultur über Kultur schaffen, schaffen wir damit überschüssige Liebe. Die kommt Luzifer zugute; dadurch werden auch seine Enttäuschungen gutgemacht. An uns liegt es, daß an Luzifer wieder das gutgemacht werden kann, was er an Enttäuschungen erleiden muß, wenn wir nach der andern Seite das zurückgeben, was für uns geleistet worden ist.

Das ist der andere Teil des Karma der höheren Wesenheiten, daß wir eine Liebe entwickeln, die nicht bloß in der Menschheit bleibt, sondern die dazu berufen ist, in den Kosmos einzudringen. In Wesenheiten, die höher sind als wir, werden wir die Liebe einströmen lassen können, und diese Wesenheiten werden sie als Opfer empfinden. Es wird Seelenopfer sein. Seelenopfer wird hinaufströmen zu denen, die einst ihre Gaben herunterströmen ließen, wie einst die Rauchopfer hinaufstrebten zu den Geistern in Zeiten, wo Menschen die spirituellen Güter noch hatten. Damals konnten die Menschen nur die symbolischen Rauchopfer zu den Göttern hinaufsenden. In der Zukunft werden die Menschen Liebesströme hinaufsenden zu den Geistern, und aus dem Liebesopfer wird wieder etwas herunterströmen: dem Menschen werden zuströmen höhere Kräfte, die, von Geistigem dirigiert, mit immer größerer Macht eingreifen werden in unsere physische Welt. Das werden dann im wahren Sinne magische Kräfte sein.

So sehen wir den Gang der Menschheitsentwickelung, indem sich Menschheitskarma und Karma der höheren Wesenheiten auslebt. Und wir begreifen jetzt auch, wie sich der Plan der Entwickelung zum einzelnen menschlichen Karma stellt. Nehmen wir an, eine übermenschliche Individualität hätte im Jahre 1910 dieses oder jenes gewirkt, das dann auf dem physischen Plan durch einen Menschen ausgeführt wurde, so ist dadurch ein Kontakt geschlossen zwischen dieser übermenschlichen Individualität und dem Menschen. Der Mensch ist dann verwoben in das Karma der höheren Wesenheiten. Das ist eine abgeschlossene Korrespondenz. Dann strömt ihm aber zu aus den höheren Welten eine Strömung, die ihm etwas in sein Leben hineinbringt; darin hat er nun einen neuen Posten, der zu seinem Karma hinzugefügt ist und der nach der einen oder andern Seite den Ausschlag gibt. So wird menschliches Karma befruchtet von dem allgemeinen Karma, das durch die Welt strömt.

Sehen wir zum Beispiel auf Miltiades oder irgendeine andere Persönlichkeit: Da hatten sie zu stehen auf dem großen Plan der Geschichte ihres Volkes, da war dies oder jenes durch das Karma der höheren Mächte bedingt – und da wurden sie hingestellt auf ihren Posten. In ihr einzelkarmisches Konto strömte ein, was der ganzen Menschheit zuteil werden sollte. Und indem sie es ausführten, indem sie Taten und Leistungen daran anschlossen, wurde es ihr Einzelkarma. – So leben und weben wir auch mit unserem einzelnen Karma in dem Makrokosmos als eine kleine Welt, als ein Mikrokosmos.

Damit sind wir zwar am Ende des Kursus, wenn auch nicht am Ende der Sache. Aber das geht ja nicht anders. Wenn ich nur mit zwei Worten noch sagen darf, daß ich diese Reihe von Vorträgen, gerade über jene menschlichen Fragen, die so tief das menschliche Herz bewegen können und die doch wiederum mit dem größten Schicksal selbst höherer Wesenheiten zusammenhängen, wenn ich sage, daß ich diesen Kursus gehalten habe wirklich aus tiefster Seele heraus und froh bin, daß es möglich war, in einem theosophischen Zweige auch einmal über diese Dinge zu sprechen, unter theosophischen Freunden, die von allen Seiten herbeigeeilt waren, um sich den Betrachtungen über diese Fragen zu widmen, so spreche ich auch diese Worte aus tiefstem Herzen heraus. Diejenigen, welche Gelegenheit haben werden, weitere Kurse zu hören, werden sehen, daß mancherlei von dem sich beantworten wird, was jemand im Anschluß an diesen Zyklus auf der Seele haben wird. Aber auch die, welche diese Sommerkurse nicht hören können, werden später Gelegenheit haben, so etwas mit mir zu besprechen. Und so darf ich auch diesmal wieder sagen, daß ich die Dinge, die zu besprechen waren, so entgegengenommen haben möchte, daß sie nicht bloß abstrakte Erkenntnisse sein sollen, sondern solche, die übergehen in unser ganzes Denken, Fühlen und Wollen, in unser ganzes Leben. So daß man an den Theosophen in der Welt sehen möchte Gleichnis und Bild dessen, was man die tiefsten theosophischen Wahrheiten nennen kann. Versuchen wir, uns ganz zu einem solchen Bild und Gleichnis zu machen; dann erst haben wir in der Welt eine theosophische Geistesströmung. In unserem engen Kreise muß diese theosophische Geistesströmung zunächst Betrachtung der spirituellen Erkenntnis sein. Dann aber müssen – zunächst in unserem Mitgliederkreise – diese Erkenntnisse Gesinnungen werden und als solche der Welt gegenübertreten. Und die Welt wird nach und nach einsehen, daß es nicht umsonst war, daß es um die Wende des 20. Jahrhunderts ehrliche und aufrichtige Theosophen gegeben hat, Leute, die aufrichtig und ehrlich an die Gewalt der spirituellen Mächte geglaubt haben. Und indem sie daran geglaubt haben, sind sie selbst durchsetzt worden mit der Kraft, auch dafür zu wirken. Schneller und schneller wird die Kultur in unserem Leben gehen, wenn Sie selber das, was Sie hören, umwandeln in Gesinnung, in Handlung und Tat. Nicht dadurch, daß wir die Menschen überzeugen! Dazu ist die gegenwärtige Kultur nur wenig geeignet. Wahrhaft überzeugt werden immer nur die werden, die aus tiefstem Drang des Herzens an die Theosophie herankommen; die andern werden nicht überzeugt werden. Dieses Karma haben wir auch in geistigen Kreisen als etwas, was der Materialismus hat hervorrufen müssen, und wir müssen diese Schädigungen als etwas betrachten, demgegenüber Geisteswissenschaft sich erweisen muß als eine geistige Macht.

So müssen wir das, was wir der Welt geben können, aus unserer Gesinnung heraus geben. Jeder, der Theosophie in das innere Leben der Seele umgewandelt haben wird, wird ein spiritueller Kraftquell sein. Und wer an das Übersinnliche glaubt, darf durchaus die Überzeugung haben, daß unsere theosophischen Erkenntnisse und Gesinnungen spirituell wirken, das heißt, sich unsichtbar in die Welt hinaus verbreiten, wenn wir uns wirklich zu einem bewußten, von dem theosophischen Leben durchdrungenen Werkzeug machen.

THEOSOPHISCHE GESELLSCHAFT (ADYAR)

PYTHAGORAS-ZWEIG, HAMBURG.

In der Zeit vom 15. bis 28. Mai dieses Jahres wird Dr. RUDOLF STEINER in HAMBURG einen Zyklus von Vorträgen halten über das Thema:

„DIE OFFENBARUNGEN DES KARMA"

Wesen und Bedeutung des Karma in Einzelpersönlichkeit, Individualität, Menschheit, Erde, Welt. — Karma und Tierreich. — Krankheit und Gesundheit in Beziehung zu Karma. — Heilung und Unheilbarkeit in Beziehung zu Karma. — Natürliche und zufällige Erkrankungen in Beziehung zu Karma. — Lebensunfälle in Beziehung zu Karma. — Elementarereignisse, Vulkanausbrüche, Erdbeben, Epidemien in Beziehung zu Karma. — Karma der höheren Wesenheiten. — Tod und Geburt im Verhältnis zu Karma. — Freier Wille und Karma in der Zukunft der Menschheitsentwicklung.

Wir laden alle Mitglieder der Theosophischen Gesellschaft hierzu herzlichst ein.

Der Zyklus wird mit einer Pfingstfeier am Pfingstsonntag, abends 6 Uhr, im „Patriotischen Hause" (beim alten Rathause) eröffnet werden.

Alle übrigen Vorträge werden pünktlich abends 8 Uhr im „Patriotischen Hause" beginnen.

Für Dienstag, den 24. Mai, ist ein öffentlicher Vortrag vorgesehen, worüber Näheres noch bekanntgegeben wird.

Anmeldungen zum Besuche des Vortrags-Zyklus werden baldmöglichst erbeten an Herrn G. F. Scharlau, Hamburg, Repsoldstr. 21a, woselbst auch die Einlaßkarten gegen Einsendung des auf Mk. 10.— festgesetzten Beitrages zu haben sind.

Auskunft über Wohnungsangelegenheiten erteilt Fräulein Victoria Paulsen, Tarpenbeckstraße 31, Mathildenstift.

Wir hoffen, recht viele theosophische Freunde bei uns begrüßen zu können und sind

mit theosophischem Gruß

Pythagoras-Zweig, Hamburg.

HAMBURG, März 1910.

Zu dieser Ausgabe

Der Zyklus «Die Offenbarungen des Karma» fand auf Einladung des theosophischen «Pythagoras-Zweiges» im «Patriotischen Hause» beim alten Rathaus in Hamburg vom 15. bis 28. Mai 1910 statt (siehe Programm S. 226–227). Bemerkenswert ist, daß auf dem im März 1910 vorliegenden Programm die Titel der einzelnen Vorträge genannt werden.

Zum Thema «Offenbarungen des Karma» siehe auch den Band «Wiederverkörperung und Karma», GA 135, die Vorträge «Das Karma des Berufes des Menschen in Anknüpfung an Goethes Leben», GA 172, sowie die sechs Bände «Esoterische Betrachtungen karmischer Zusammenhänge», GA 235 bis 240.

Zum Gebrauch der Worte «Theosophie» und «theosophisch»: Diese Worte sind im Sinne von Rudolf Steiners grundlegendem Werk «Theosophie» (1904, GA 9) zu verstehen. Rudolf Steiner wirkte von 1902 bis 1913 als Generalsekretär der deutschen Sektion der damaligen Theosophischen Gesellschaft (Adyar), dann, als es im Zusammenhang mit Zerfallserscheinungen in dieser Gesellschaft zum Ausschluß der deutschen Sektion kam, im Rahmen der von ihm und anderen begründeten «Anthroposophischen Gesellschaft». Er hat von Anfang an ausschließlich die *Ergebnisse seiner Geistesforschung* vertreten. «Niemand blieb im unklaren darüber, daß ich in der Theosophischen Gesellschaft nur die Ergebnisse meines eigenen forschenden Schauens vorbringen werde» (aus «Mein Lebensgesang», GA 28). Von einer Ersetzung des Ausdrucks «Theosophie» durch «Anthroposophie», wie sie in den ersten zwei Jahrzehnten nach der Trennung von der Theosophischen Gesellschaft auf Rudolf Steiners eigene Weisung hin vorgenommen worden ist, wurde in dieser Ausgabe Abstand genommen; der Leser muß sich jedoch bewußt sein, daß mit «Theosophie», wie sie hier gemeint ist, *die von Rudolf Steiner geschaffene Anthroposophie identisch ist.*

Textgrundlagen: Der Text der vorliegenden Ausgabe ist, abgesehen von geringfügigen Abweichungen, mit dem Text des Manuskriptdruckes von 1911 (Zyklus XII) identisch. Dieser wurde anhand von Teilnehmernachschriften erstellt und vom Vortragenden nicht durchgesehen. Die Originalstenogramme liegen nicht mehr vor.

Der Titel des Bandes und die Titel der Vorträge entsprechen den Titeln des damaligen Vortragszyklus.

Nachweis früherer Veröffentlichungen: 1. Aufl. als Manuskriptdruck (Zyklus XII) in Berlin (1911) / 2. Aufl. (1. Aufl. in Buchform) Dornach 1932 / 3. Aufl. Dornach 1944 / 4. Aufl. Dornach 1949 (photomechanischer Nachdruck der 3. Aufl.) / 5., durchgesehene, mit den vorhandenen Unterlagen verglichene Aufl., Gesamtausgabe Dornach 1956 / 6., durchgesehene, im wesentlichen unveränderte Aufl. Gesamtausgabe Dornach 1968 / 7., unveränderte Aufl., Gesamtausgabe Dornach 1975.

Die im wesentlichen unveränderte 8. Auflage, 1992, wurde von Robert Friedenthal und Martina Sam durchgesehen, die Hinweise zum Text überarbeitet und erweitert sowie ein Namenregister und ausführliche Inhaltsangaben hinzugefügt.

Hinweise zum Text

Werke Rudolf Steiners innerhalb der Gesamtausgabe (GA) werden in den Hinweisen mit der Bibliographie-Nummer angegeben.

zu Seite

26 *Christoph Kolumbus,* 1446–1506, entdeckte 1492 auf der Suche nach einem Seeweg nach Indien zunächst Kuba und Haiti, von 1493–1504 auch Mittel- und Südamerika. – Über die Bedeutung der Entdeckung Amerikas für die Menschheit siehe auch den Vortrag vom 25. Juni 1923 in «Rhythmen im Kosmos und im Menschenwesen. Wie kommt man zum Schauen der geistigen Welt?», GA 350.

Entdecker der Dampfmaschine: Dem Eisenhändler Newcomen (1663–1729) gelang zusammen mit seinem Kompagnon Cowley die Konstruktion einer Kolben-Dampfmaschine, die von 1712 an zu praktischen Zwecken verwendet wurde. James Watt (1736–1819) ermöglichte durch Verbesserungen der Konstruktion eine Nutzung der Dampfmaschine auf breitestem Felde, so daß sie zu einer der Grundlagen der Industrialisierung im 19. Jh. wurde.

27 *Johannes Kepler,* 1571–1630, Mathematiker, Physiker, Astronom. Er stellte auf den Grundlagen des kopernikanischen Planetensystems und der Beobachtungsdaten seines Lehrers Tycho de Brahe seine drei Planetengesetze auf, mit denen er die Dynamik der Planetenbahnen zu deuten versuchte und das Kräftezentrum in die Sonne verlegte. Vgl. über Kepler auch «Die geistige Führung des Menschen und der Menschheit», GA 15, S. 52 und 83; zu den drei Planetengesetzen «Das Verhältnis der verschiedenen naturwissenschaftlichen Gebiete zur Astronomie», GA 323, insbesondere die Vorträge vom 3. und 4. Januar 1921.

28 *Kepler, sagt von sich selbst:* Aus der Vorrede zu Keplers Buch «Harmonices mundi» («Weltharmonik», Linz 1619), 5. Buch: «Die vollkommene Harmonie in den himmlischen Bewegungen und die daher rührende Entstehung der Exzentrizitäten, Bahnhalbmesser und Umlaufszeiten».

Erfindung des Fernrohres: Wohl um das Jahr 1608 in Holland.

31 *Auf diese Tatsache wurde hingewiesen von der Geisteswissenschaft 1906:* Siehe den Vortrag vom 11. Juni 1906, enthalten in GA 94 «Kosmogonie». Vgl. Edouard Schuré «Esquisse d'une cosmogonie psychologique d'après des conférences faites à Paris en 1906 par Rudolf Steiner», Paris 1928, S. 101.

32 *Zyanverbindungen in der Kometenatmosphäre:* Über die Rolle der Zyanverbindungen und ihrem Vorkommen in der Kometenatmosphäre siehe auch die Vorträge vom 10. Oktober und insbesondere vom 24. Oktober 1923 in «Mensch und Welt. Das Wirken des Geistes in der Natur. Über das Wesen der Bienen.», GA 351. – Über Kometen im allgemeinen vgl. auch die Vorträge vom 5. März 1910 in «Das Ereignis der Christus-Erscheinung in der ätherischen Welt», GA 118; vom 25. Oktober 1909 und vom 9. März 1910 in «Der Christus-Impuls und die Entwickelung des Ich-Bewußtseins», GA 116; vom 10. April 1912 in «Die geistigen Wesenheiten in den Himmelskörpern und Naturreichen», GA 136; vom 17. November 1923 in «Der übersinnliche Mensch anthroposophisch erfaßt», GA 231; vom 18. Januar 1921 in «Das Verhältnis der verschiedenen naturwissenschaftlichen Gebiete zur Astrono-

mie», GA 323, und vom 13. September 1924 in «Die Schöpfung der Welt und des Menschen», GA 354.

32 *Halleyscher Komet:* So genannt nach dem ersten Berechner seiner Bahn, dem englischen Astronomen Edmund Halley (1656–1742). Ihm war bei seinen Berechnungen aufgefallen, daß die Bahn des großen Kometen von 1682 den Bahnen der Kometen von 1531 und 1607 ähnelte. Daraus schloß er, daß es sich bei allen drei Erscheinungen um ein- und denselben Kometen handeln müsse. Halley sagte seine Wiederkunft entsprechend diesem Zyklus von 75/76 Jahren für 1759 richtig voraus. Somit war der erste periodisch wiederkehrende Komet entdeckt. – Dies war insofern von großer Bedeutung, als damit «die geheimnisvollen Kometen ... ihres Nimbus entkleidet und in den Gültigkeitsbereich der allgemeinen Naturgesetze eingereiht worden waren» (Max Gerstenberger, Kometen – Außenseiter am Himmelszelt. Stuttgart 1951). Außerdem meinte man dadurch zumindest den wiederkehrenden Kometen wie den Planeten eine elliptische Bahn zugrunde legen zu können. – Über die Aufgabe des Halleyschen Kometen siehe auch die Vorträge Rudolf Steiners vom 25. Oktober 1909 und 9. März 1910 in «Der Christus-Impuls und die Entwickelung des Ich-Bewußtseins», GA 116, und vom 5. März 1910 in «Das Ereignis der Christus-Erscheinung in der ätherischen Welt», GA 118.

35 *Cartesius in seinen Gedanken über die Tierwelt:* Vgl. «Discours de la méthode», 5. Abschnitt, ferner «Traité de l'homme» sowie «Primae cogitationes circa generationen animalium».

41 *Wir wissen, daß unserer Erdenentwickelung vorangegangen ist die Mondentwickelung:* Siehe hierzu das Kapitel «Die Weltentwickelung und der Mensch» in Rudolf Steiners «Die Geheimwissenschaft im Umriß», GA 13.

44 *Leidenschaften:* Es könnte sich eventuell um einen Hörfehler handeln und statt «Leidenschaften» «Eigenschaften» geheißen haben.

57 *«wie wir es heute so herrlich weit gebracht haben»:* Wagner in Goethes «Faust I», Nacht, Vers 570–574: «Verzeiht! es ist ein groß Ergetzen, / Sich in den Geist der Zeiten zu versetzen; / Zu schauen, wie vor uns ein weiser Mann gedacht, / Und wie wir's dann zuletzt so herrlich weit gebracht.»

69 *wie unendlich viele Erlebnisse, Erfahrungen und Eindrücke es gar nicht bis zur Vorstellung bringen:* Vgl. hierzu auch Rudolf Steiners Vortrag vom 18. April 1918 in «Das Ewige in der Menschenseele. Unsterblichkeit und Freiheit», GA 67.

77 *Joseph Dietl,* 1804–1878, studierte Philosophie und Medizin. Als Krankenhausarzt in Wien beschäftigte er sich vor allem mit der Lungenentzündung und veröffentlichte eine Abhandlung über den «Aderlaß in der Lungenentzündung». Ab 1865 Professor für innere Medizin in Krakau; daneben auch als Landtags- sowie Reichstagsabgeordneter und als polnischer Schriftsteller tätig. Vertreter eines krassen Nihilismus.

Joseph Skoda, 1805–1881, bedeutender Internist, Professor in Wien. Er beschäftigte sich insbesondere mit den physikalischen Methoden der Krankenuntersuchung; seine Abhandlung «Über Perkussion und Auskultation» (1839) begründete die moderne Diagnostik. In der Therapie dagegen verhielt er sich eher zurückhaltend; zusammen mit Carl Rokitansky (1804–1878) Hauptrepräsentant der jüngeren «Wiener Schule» in der Medizin.

92 *Wie können wir zu einem karmischen Verständnis auch dann kommen, wenn wir zum Beispiel unter die Räder eines Eisenbahnzuges kommen?:* Über die karmischen Zusammenhänge von Zivilisationskatastrophen siehe auch Rudolf Steiners Vortrag vom 29. Juni 1924 in «Esoterische Betrachtungen karmischer Zusammenhänge. Zweiter Band», GA 236.

105 *ein geistreicher Herr:* Frederik Troels-Lund (1840–1921), dänischer Historiker und Professor an der Militärakademie in Kopenhagen, der den hier erwähnten einzelnen Ansichten über die Herkunft der Krankheiten in seinem Buche «Gesundheit und Krankheit in der Anschauung alter Zeiten» (Leipzig 1901) jeweils ein ganzes Kapitel widmet. Dieses Buch befindet sich in der Bibliothek Rudolf Steiners.

106 *ein geistvoller Mann im 18. Jahrhundert:* Vermutlich Voltaire; konnte jedoch noch nicht nachgewiesen werden.

107 *Galileo Galilei,* 1564–1642, italienischer Physiker, Mathematiker und Astronom.

Martin Luther, 1483–1546, Inaugurator der deutschen Reformation. Vgl. auch Rudolf Steiners Ausführungen über ihn in den Vorträgen vom 11. und 18. September 1917 in «Menschliche und menschheitliche Entwicklungswahrheiten. Das Karma des Materialismus», GA 176.

114 *in einer Familie wie die des Musikers Bach:* Johann Sebastian Bach (1685–1750), der größte Musiker in der Reihe bedeutender Komponisten, die die thüringische «Musikerfamilie» Bach im 17. und 18. Jh. hervorbrachte. Vgl. hierzu auch Rudolf Steiners Vortrag vom 26. November 1906 in «Das Wesen des Musikalischen», GA 283.

119 *Meister Eckart,* 1250–1327, Dominikaner und bedeutender Denker der deutschen Mystik; in seinem letzten Lebensjahr der Häresie angeklagt.

Johannes Tauler, um 1300–1361, Dominikaner, Schüler Meister Eckarts. – Zu Tauler, Meister Eckart und die Mystik im allgemeinen vgl. auch Rudolf Steiners Schrift «Die Mystik im Aufgange des neuzeitlichen Geisteslebens und ihr Verhältnis zur modernen Weltanschauung», GA 7.

Und lesen Sie in der «Deutschen Theologie»: «Theologia deutsch – Die leret gar manchen lieblichen underscheit gotlicher warheit und seit gar hohe und gar schone ding von einem volkomen leben», nach der einzigen bis jetzt bekannten Handschrift hrsg. von Franz Pfeiffer, 2. verbesserte und mit einer neudeutschen Übersetzung vermehrte Auflage 1855.

120 *«Nicht ich, sondern der Christus in mir»:* Galater 2, 20 «Ich lebe aber; doch nun nicht ich, sondern der Christus lebt in mir».

«Die Geheimwissenschaft im Umriß» (1910), GA 13.

121 *«Aus der Akasha-Chronik»* (1904–1908), GA 11.

136 *Der ahrimanische Einfluß bewirkte dann:* In der 7. Auflage 1975 hieß es «Der luziferische Einfluß», was den Korrekturvorschlägen einiger Leser entsprach. Jedoch sind die Herausgeber nach gründlicher Prüfung zu dem Ergebnis gekommen, daß es zweifellos «Der ahrimanische Einfluß» heißen muß, da dies aus dem weiteren Vortrag eindeutig hervorgeht; siehe insbesondere S. 142f. «Was ahrimanischem Einfluß zuzuschreiben ist ...»

144 *mit der Urkunde des Alten Testamentes:* Genesis 3.

146 *daß Wesenheiten ... in ähnlicher Art damals ihre Menschheitsstufe durchgemacht haben:* Siehe Kap. «Das Leben auf dem Monde», S. 187ff. in «Aus der Akasha-Chronik», GA 11, und das Kap. «Die Weltentwickelung und der Mensch», S. 208 und 215 in «Die Geheimwissenschaft im Umriß», GA 13.

158 *daß sich im Laufe von zehn Jahren seine Physiognomie verändert:* Vgl. hierzu auch die Ausführungen Rudolf Steiners über den Zusammenhang der Begriffe mit der Gesichtsphysiognomie im Vortrag vom 30. August 1919 in «Allgemeine Menschenkunde», GA 293.

163 *Karl der Große,* 742–814, König der Franken und römischer Kaiser.

Aristoteles, 384–322, Schüler Platos, Erzieher Alexander des Großen, grundlegend für die kulturelle und wissenschaftliche Entwicklung des Abendlandes waren vor allem seine Werke über die Logik.

Martin Luther, siehe Hinw. zu S. 107.

164 *das Zusammen-Untergehen bei einem Erdbeben:* Vgl. hierzu auch die Vorträge Rudolf Steiners vom 27. und 29. Juni 1924 in «Esoterische Betrachtungen karmischer Zusammenhänge, Zweiter Band», GA 236.

165 *wir haben ... hingewiesen auf eine Individualität:* Siehe hierzu auch die Ansprache Rudolf Steiners vom 28. September 1924 in «Esoterische Betrachtungen karmischer Zusammenhänge, Vierter Band», GA 238, und die Einzelausgabe von vier Vorträgen «Das Weihnachtsmysterium. Novalis, der Seher und Christuskünder».

177 *desto größer wird der Unterschied zwischen Mann und Frau in bezug auf ihr Leben:* Über den Gegensatz von Männlichem und Weiblichem vgl. auch die Vorträge vom 5. und 13. März und vom 10. Mai 1910 in «Das Ereignis der Christus-Erscheinung in der ätherischen Welt», GA 118.

204 *Ludwig Deinhard,* 1847–1917, Ingenieur und Industrieller. Mit Hübbe-Schleiden zusammen ältestes Mitglied der deutschen Theosophischen Gesellschaft und 1894–96 Leiter eines der ersten theosophischen Zweige in München. Er wirkte seit 1900 mit Günther Wagner für die Bildung einer deutschen Sektion und gehörte 1902 bis 1908 zu deren Vorstand. Nach anfänglichen Bedenken schloß er sich später immer enger an Rudolf Steiner an. Sein Buch «Das Mysterium des Menschen im Lichte der psychischen Forschung. Eine Einführung in den Okkultismus», Berlin 1910, wurde von Rudolf Steiner sehr geschätzt. Vgl. auch den Vortrag vom 19. Mai 1917 im Band «Mitteleuropa zwischen Ost und West», GA 174a, und «Zur Geschichte und aus den Inhalten der ersten Abteilung der Esoterischen Schule 1904–1914», GA 264.

205 *Frederick W. H. Myers,* 1843–1901, Dichter, Spiritist, Schriftsteller, Freund von Sir Oliver Lodge; 1882 einer der Gründer der Society for Psychical Research in London. – Über die Vorkommnisse um ihn im Zusammenhang mit Sir Oliver Lodge spricht Rudolf Steiner ausführlich im Vortrag vom 27. November 1916 in dem Band «Das Karma des Berufes», GA 172.

206 *Perserkriege:* Die von 490–449 v. Chr. zwischen Persern und Griechen geführten Kriege; von den Persern unternommen, um die Griechen für ihre Teilnahme am ionischen Aufstand zu bestrafen und zu unterwerfen. Trotz zehnfacher Übermacht wurden die Perser von den Griechen unter Miltiades' Führung 490 bei Marathon geschlagen; die Flotte des Perserkönigs Xerxes wurde 480 v. Chr. bei Salamis besiegt.

209 *Xerxes,* um 520–465 v. Chr., Perserkönig, Sohn des Dareios; er zog gegen Hellas, um die Niederlage seines Vaters bei Marathon zu rächen, erzwang den Durchgang durch den von Leonidas besetzten Engpaß Thermopylä, unterlag jedoch ebenfalls in der Schlacht bei Salamis 480.

Miltiades, athenischer Feldherr, schlug die Perser 490 v. Chr. bei Marathon (siehe Hinw. zu S. 209).

Leonidas, († 480 v. Chr.), spartanischer König, fiel im Kampf mit dem Perserkönig Xerxes um den Engpaß Thermopylä.

214 *im Sommer bei dem Zyklus über die biblische Schöpfungsgeschichte:* Elf Vorträge in München vom 16. bis 26. August 1910; «Die Geheimnisse der biblischen Schöpfungsgeschichte. Das Sechstagewerk im 1. Buch Moses», GA 122.

215 *in der biblischen Schöpfungsgeschichte:* 1. Buch Moses (Genesis), 1.

NAMENREGISTER

(* = nicht namentlich erwähnt)

Wesen und Bedeutung des Karma in Einzelpersönlichkeit, Individualität, Menschheit, Erde, Welt

Elemente zur Erläuterung des Karmabegriffes. Das Kreuzen verschiedener karmischer Strömungen: (1) Persönliches Karma (a) im einzelnen Menschenleben: geradliniges (Schicksalsereignisse als Ursache und Wirkung) und zyklisches (Zusammenhänge zwischen Erziehung und Alter) Karma; (b) der Individualität: Herbeiführen karmischer Gesetzmäßigkeiten durch das umfassende Bewußtsein zwischen Tod und neuer Geburt. (2) Menschheitskarma: die Verschränkung individuellen und menschheitlichen Karmas am Beispiel von Kolumbus und Keplers Entdeckungen, der Erfindung des Fernrohres und der Perserkriege. (3) Erdenkarma am Beispiel der Aussonderung des Mineralreiches und seiner Folgen. (4) Weltenkarma: Das Zurückbleiben von Wesen und Substantialitäten auf der Mondenstufe. Die Kometen als Bewahrer alter Mondensubstantialität in Form von Zyanverbindungen: ein Beispiel für die Bestätigung geisteswisssenschaftlicher Aussagen durch die Naturwissenschaft. Der Halleysche Komet als äußerer Ausdruck eines neuen Impulses des Materialismus.

Karma und Tierreich

Karma und Tierreich. Das unterschiedliche Verhältnis zu den Tieren in Buddhismus und Christentum. Die Ausprägung der inneren Organisation beim Menschen statt der äußeren Geschicklichkeit wie beim Tier als Voraussetzung zur Aufnahme der Ich-Individualität. Das Zurückbleiben gewisser Wesenheiten als Notwendigkeit für den Fortschritt der anderen: Das Ausscheiden der Naturreiche während der Weltentwicklung. Der Mondenaustritt und die Entstehung des Tierreiches; das Wirken der tierischen Gattungsseele von der geistigen Welt aus, das Einziehen der menschlichen individuellen Seele in den Leib. Die Hinwegnahme der menschlichen Seelen während der Verhärtungszeit durch die luziferischen Geister; das Aufnehmen des luziferischen Einschlags. Das Zurücklassen der gröberen astralischen Eigenschaften im Tierreich. Die Fähigkeit der Tiere zum Leiden ohne die karmische Gesetzmäßigkeit des Ausgleichs. Bewahrung des Mitgefühls für die Tierwelt im Osten aus der Urweisheit heraus; Wiederauftauchen desselben durch Aufnahme spiritueller Weisheit. Menschheitskarma und Tierwelt.

RUDOLF STEINER GESAMTAUSGABE

Gliederung nach: Rudolf Steiner – das literarische und künstlerische Werk. Eine bibliographische Übersicht (Bibliographie-Nrn. *kursiv* in Klammern)

A. SCHRIFTEN

I. Werke

Goethes Naturwissenschaftliche Schriften, eingeleitet und kommentiert von R. Steiner, 5 Bände, 1884–97, Neuausgabe 1975 *(1a–e)*; separate Ausgabe der Einleitungen, 1925 *(1)*
Grundlinien einer Erkenntnistheorie der Goetheschen Weltanschauung, 1886 *(2)*
Wahrheit und Wissenschaft. Vorspiel einer «Philosophie der Freiheit», 1892 *(3)*
Die Philosophie der Freiheit. Grundzüge einer modernen Weltanschauung, 1894 *(4)*
Friedrich Nietzsche, ein Kämpfer gegen seine Zeit, 1895 *(5)*
Goethes Weltanschauung, 1897 *(6)*
Die Mystik im Aufgange des neuzeitlichen Geisteslebens und ihr Verhältnis zur modernen Weltanschauung, 1901 *(7)*
Das Christentum als mystische Tatsache und die Mysterien des Altertums, 1902 *(8)*
Theosophie. Einführung in übersinnliche Welterkenntnis und Menschenbestimmung, 1904 *(9)*
Wie erlangt man Erkenntnisse der höheren Welten? 1904/05 *(10)*
Aus der Akasha-Chronik, 1904–08 *(11)*
Die Stufen der höheren Erkenntnis, 1905–08 *(12)*
Die Geheimwissenschaft im Umriß, 1910 *(13)*
Vier Mysteriendramen: Die Pforte der Einweihung – Die Prüfung der Seele – Der Hüter der Schwelle – Der Seelen Erwachen, 1910–13 *(14)*
Die geistige Führung des Menschen und der Menschheit, 1911 *(15)*
Anthroposophischer Seelenkalender, 1912 *(in 40)*
Ein Weg zur Selbsterkenntnis des Menschen, 1912 *(16)*
Die Schwelle der geistigen Welt, 1913 *(17)*
Die Rätsel der Philosophie in ihrer Geschichte als Umriß dargestellt, 1914 *(18)*
Vom Menschenrätsel, 1916 *(20)*
Von Seelenrätseln, 1917 *(21)*
Goethes Geistesart in ihrer Offenbarung durch seinen Faust und durch das Märchen von der Schlange und der Lilie, 1918 *(22)*
Die Kernpunkte der sozialen Frage in den Lebensnotwendigkeiten der Gegenwart und Zukunft, 1919 *(23)*
Aufsätze über die Dreigliederung des sozialen Organismus und zur Zeitlage 1915–1921 *(24)*
Kosmologie, Religion und Philosophie, 1922 *(25)*
Anthroposophische Leitsätze, 1924/25 *(26)*
Grundlegendes für eine Erweiterung der Heilkunst nach geisteswissenschaftlichen Erkenntnissen, 1925. Von Dr. R. Steiner und Dr. I. Wegman *(27)*
Mein Lebensgang, 1923–25 *(28)*

II. Gesammelte Aufsätze

Aufsätze zur Dramaturgie 1889–1901 *(29)* – Methodische Grundlagen der Anthroposophie 1884–1901 *(30)* – Aufsätze zur Kultur- und Zeitgeschichte 1887–1901 *(31)* – Aufsätze zur Literatur 1886–1902 *(32)* – Biographien und biographische Skizzen 1894–1905 *(33)* – Aufsätze aus «Lucifer-Gnosis» 1903–1908 *(34)* – Philosophie und Anthroposophie 1904–1918 *(35)* – Aufsätze aus «Das Goetheanum» 1921–1925 *(36)*

III. Veröffentlichungen aus dem Nachlaß

Briefe – Wahrspruchworte – Bühnenbearbeitungen – Entwürfe zu den vier Mysteriendramen 1910–1913 – Anthroposophie. Ein Fragment aus dem Jahre 1910 – Gesammelte Skizzen und Fragmente – Aus Notizbüchern und -blättern – *(38–47)*

B. DAS VORTRAGSWERK

I. Öffentliche Vorträge

Die Berliner öffentlichen Vortragsreihen, 1903/04 bis 1917/18 *(51–67)* – Öffentliche Vorträge, Vortragsreihen und Hochschulkurse an anderen Orten Europas 1906–1924 *(68–84)*

II. Vorträge vor Mitgliedern der Anthroposophischen Gesellschaft

Vorträge und Vortragszyklen allgemein-anthroposophischen Inhalts – Christologie und Evangelien-Betrachtungen – Geisteswissenschaftliche Menschenkunde – Kosmische und menschliche Geschichte – Die geistigen Hintergründe der sozialen Frage – Der Mensch in seinem Zusammenhang mit dem Kosmos – Karma-Betrachtungen – *(91–244)*
Vorträge und Schriften zur Geschichte der anthroposophischen Bewegung und der Anthroposophischen Gesellschaft *(251–265)*

III. Vorträge und Kurse zu einzelnen Lebensgebieten

Vorträge über Kunst: Allgemein Künstlerisches – Eurythmie – Sprachgestaltung und Dramatische Kunst – Musik – Bildende Künste – Kunstgeschichte *(271–292)* – Vorträge über Erziehung *(293–311)* – Vorträge über Medizin *(312–319)* – Vorträge über Naturwissenschaft *(320–327)* – Vorträge über das soziale Leben und die Dreigliederung des sozialen Organismus *(328–341)* – Vorträge für die Arbeiter am Goetheanumbau *(347–354)*

C. DAS KÜNSTLERISCHE WERK

Originalgetreue Wiedergaben von malerischen und graphischen Entwürfen und Skizzen Rudolf Steiners in Kunstmappen oder als Einzelblätter: Entwürfe für die Malerei des Ersten Goetheanum – Schulungsskizzen für Maler – Programmbilder für Eurythmie-Aufführungen – Eurythmieformen – Entwürfe zu den Eurythmiefiguren, u. a.

Die Bände der Rudolf Steiner Gesamtausgabe sind innerhalb einzelner Gruppen einheitlich ausgestattet. Jeder Band ist einzeln erhältlich.